"十三五"国家重点出版物出版规划项目

中國财政学会
财政与国家治理系列丛书

Local Tax and Local Governance

地方税与地方治理

刘尚希　张学诞　等／著

中国财经出版传媒集团
经济科学出版社
Economic Science Press

财政与国家治理系列丛书编委会

总　　　编：刘尚希
副 总 编：高培勇　李俊生　郭庆旺
编委会成员：王卫星　王光坤　王浦劬
　　　　　　王朝才　白重恩　白景明
　　　　　　李万甫　李晓超　陆　磊
　　　　　　罗文光　孟　春　欧文汉
　　　　　　祝宝良　傅志华

总　序

实现中华民族伟大复兴，是一百多年以来无数海内外中华儿女的梦想。今天，我们比历史上任何时期都更接近、更有信心和能力实现中华民族伟大复兴的目标。当我们端起历史的望远镜，回看一百多年来我们走过的路，我们看到财政与国家命运的关系是如此紧密，国家命运的变化和兴衰背后竟然隐藏着深刻的财政密码。

公元 1840 年，天干地支纪年法为庚子年。这一年发生了第一次鸦片战争，西方列强敲开了封闭的清朝的大门。1842 年，清政府签订了丧权辱国的《南京条约》，使中国陷入了近代半殖民地社会的泥潭。在此之后，列强侵略、军阀割据、生灵涂炭。虎门陷落，英军侵入珠江；甲午战败，北洋水师覆没；卢沟桥事变，日军全面侵华，中华民族经历了太多的屈辱史。但是谁能想到，近代国运衰弱的背后，隐藏着鲜为人知的财政密码。拿当时的中国和英国相比较，鸦片战争前中英工业制造能力、军事实力的巨大差距只是表象，深层次里是财政制度、国家治理体系和治理思想的巨大差异。英国 1668 年的"光荣革命"，议会永久地把国王的财政权力关进法律的笼子里，并逐步建立起现代财政制度。"光荣革命"确立的税收法定原则，为英国工业革命奠定了基础，也为英国殖民战争提供了财力支撑。2000 多年前就已确立的中央集权统治和财政制度没有与时俱进，在清政府的财政收入中地丁、盐课、关税是主要来源，其中地丁一项几乎占到政府收入的 2/3 左右。重农抑商的财政制度使中国的发展长期停留在以农业为主的状态，国家的综合实力难以壮大。而且，在有限的政府财力中用于国防的也十分有限，财政权被滥用，腐败严重，不少支出化为皇室、大臣奢侈享乐等政府消费性支出。即使面临严峻的军事威胁，这种惯性也难以迅速改变。财政无法把经济、政治和国防整合起来，国家综合实力不能通过财政的转化而增强，国家衰败是不可避免的。

1

公元 1949 年，天干地支纪年法为己丑年，这一年中华人民共和国成立。当毛泽东主席在天安门城楼上宣告中国人民从此站起来了的时候，很少有人想到，无数人为之奋斗的这一天的到来，背后也隐藏着财政密码。毛泽东 1938 年发表的《论持久战》中有这样一句话："抗日的财源十分困难，动员了民众，则财政也不成问题，岂有如此广土众民的国家而患财穷之理？"1949 年，毛泽东发表的《我们是能够克服困难的》一文中写道："二十二年的人民解放战争告诉我们，在任何一个驱逐敌人建立人民政权的区域，必不可免地要经过一个困难的时期。……为着克服困难，必须完成几项根本性质的工作，这就是：（一）消灭封建势力，使农民得到土地；（二）实行精兵简政，简省国家开支；（三）在上列两项基础之上初步地恢复和发展一切有益的工业和农业生产。"毛泽东所谈到的三项根本性质的工作，每一项都与战时财政制度密切相关。中国共产党战时废除苛捐杂税、减租减息等财政制度为中国革命奠定了强大的经济基础、社会基础和政治基础。

公元 1978 年，天干地支纪年法为戊午年，这一年中国共产党十一届三中全会召开。1978 年的中国，是中华民族 5000 年历史上具有重要意义的一年。如果说 1949 年中国的变化是让中国人民站了起来，那么 1978 年的变化则是中华民族走向富裕道路的开始。但是，当年我国面临着十年"文革"带来的严峻局面：经济凋敝，科技落后，人民贫困。与世界其他国家相比，我国经济不仅与发达国家的差距进一步扩大，而且还被一些发展中国家和地区远远地甩在了后面。邓小平强调，不改革开放，总有一天会被开除"球籍"。可以说，贫困与落后，生存危机与开除"球籍"的危险，是撬动中国改革开放最大的动力。解决短缺问题的根本途径是提高生产力，提升经济效率，市场化无疑是唯一出路。要建立充满生机的社会主义经济体制，增强企业活力是经济体制改革的中心环节。而这个时候，是财政改革率先打破高度集中计划经济体制的缺口，也是财政改革为市场化改革奠基铺路。财政改革是围绕"增强企业活力"展开的，而"利改税"则是增强企业活力、确立企业市场主体地位的关键一步。

在人类史上，没有哪个国家的发展是一帆风顺的；没有哪个国家的发展没有遭遇过重大风险，甚至危机。审视历史，其背后都隐藏着财政密码，左右历史变迁的进程，从历史的波澜中都能找到财政的身影，重大的历史变革无不指向财政。面对风险和危机，果断地进行财政变革，就能化风险为动力、化危机为转机；如果拖泥带水、停滞不前，等待的就只能是灭亡。美国的"进步时代"和苏联的解体是对此最好的诠释。"进步时代"之前，美国财政制度既杂乱又低效，藏污纳垢，完全不对民众负责。国家面临的问题，也是腐败横行、假冒伪劣猖獗、重大灾难屡屡发生、社会矛盾异常尖锐。在"进步时代"，美国从收入和开支两方面对其财政制度进行了彻底的改造，建立了现代财政制度，其现代国家的基础就是在这个时期奠定的。到20世纪20年代，美国已建立了一个高效的现代国家机器。没有在"进步时代"打下的财政制度基础，美国资本主义的命运也许完全会是另外一种结局。反观苏联解体，最大的原因也是因为苏联一直实行高度集权的财政制度，导致整个社会毫无活力和动力，风险长期积累，遇到问题冲击时"帝国"便分崩离析。

历史是一面镜子——知兴衰，明得失，可照现实，可照未来。当我们审视人类历史的长河时，发现财政与国家治理的关系是如此紧密。尤其是人类社会已经进入风险社会，其特征是高度不确定性。在风险社会，经济风险、社会风险、债务风险、金融风险，以及地缘政治风险等公共风险相互交织、叠加放大、全球互联，若处理不好会引发严重的发展危机。在这一背景下，研究财政与国家治理的关系尤为重要。基于此，中国财政学会推出了《财政与国家治理》系列丛书，丛书试图从各个角度解读实现国家治理体系和治理能力现代化背后的财政密码，为实现中华民族伟大复兴贡献智慧力量。

2018 年 5 月

前　　言

"郡县治，则天下安。"地方治理作为国家治理的重要组成部分，事关地方的稳定与发展，也关乎国家治理现代化，影响我国全面实现现代化的进程。党的十八届三中全会将"推进国家治理体系和治理能力现代化"作为全面深化改革的总目标，这既是对我国40年改革经验的总结，也意味着我国改革进程发生了历史性变化，进入一个新的改革阶段，从以经济改革为主转向"五位一体"的全面整体改革。国家治理现代化，是一个全新的目标，丰富了国家现代化的内涵，对国家权力运行以及作为载体的经济政治社会各个领域体制机制构建提出了全新的要求。很显然，作为一个发展中大国，地方治理是国家治理的基础。地方治理好了，也就表明国家治理好了。

从历史经验来看，财税问题居于国家治理中枢，是国之命脉，万事之本。地方税问题，不只是地方治理问题，而是一个涉及全局的国家治理问题，于我国人多地广这样的大国而言，更是至关重要。

如何看待地方税问题呢？应从国家治理、地方治理和地方税的相互关联来认识，基于整体观来看待地方税的构建。

首先，地方税是一个治理问题。凡税都涉及各方面的利益，影响社会不同主体的行为取向，更是深深嵌入公共风险的变化之中。老百姓对税收的社会心理，企业对税收的实际感受，通常会使税收制度和税收政策发生调整变化。而地方税，则会对地方政府行为产生重大影响，进而对政府与市场关系、政府与社会关系、中央与地方关系等带来全局性影响，使公共风险发生边际变化。就此来看，地方税不只是地方治理问题，其实也是国家治理问题。

其次，地方税是一个财政体制问题，是财政体制中的一个基本要素。财政体制或说中央与地方财政关系，有三大基本要素：事权、财权、财力。地方税基于定义的不同，属于财权问题，也属于财力问题，不只影响地方公共服务、

1

地方政府履职能力，也影响整个财政体制框架的构建。或者说，财政体制如何改革，地方税是重要的考量因素。反过来看，地方税如何构建，必须从财政体制改革这个整体来考虑，不能就地方税来谈地方税，更不能仅仅基于税种的属性来进行教科书式的讨论。

最后，地方税也是一个税收制度问题。税收制度是构建地方税的基础，税收制度变化往往会使地方税体系发生变化。例如，营业税改为增值税的这项重大税制改革，对我国原有地方税产生了重大影响，中央与地方之间的收入划分不得不跟进调整。就此来观察，税收制度与财政体制是互动关系，相互制约，互为条件的。而地方税恰恰寓于两者之中，把两个方面关联起来。地方税的构建，既要考虑到税收制度的变化趋势，更要看到财政体制基于国家治理现代化进程的要求。一个有效的地方税体系，对地方治理能力的提升，对国家治理的现代化是至关重要的。

从现实来看，我国现行地方税基本框架，是在 1994 年分税制改革的基础上形成的。这一制度安排符合当时经济社会发展的状况，调动了中央和地方两个积极性，确保了财政收入的稳定增长，为我国经济和各项社会事业的发展奠定了坚实的财力基础。但是，随着经济社会的发展和各项改革的深入推进，我国现行的地方税逐渐与两级分权治理体系不相适应，出现了诸多问题。例如，政府间税权划分缺乏稳定、法治化的规则；税权过度集中于中央，而财权又较为分散；地方税种改革滞后，不能适应新形势需要；税收征管能力跟不上国家治理的要求等。这些问题，制约了地方治理能力的提升。

当前，我国经济社会有了新发展，出现了新变化，这不仅对地方治理提出了新的挑战，而且对地方税构建提出了新的要求。具体而言，主要体现在以下几个方面：一是财力与事权、权力与责任相匹配对完善地方税的压力与要求。财力与事权不匹配、权力与责任不对称，制约了地方治理能力，构建地方税必须对此做出回应和妥善的安排。二是完善我国地方税体系需要赋予地方适当的税权，保持地方税体系的差异性和灵活性，这样既可以符合地方差异性要求，提升治理的质量与效率，又有助于提升地方公共服务水平与质量，增强地方应对公共风险的能力。三是完善地方税制度应体现公众权利意识与诉求的变化，构筑社会稳定的基石。四是完善地方税应坚持征管能力与地方税特点相匹配的原则，进一步完善征管体制。因此，需要依据地方治理变革的要求，针对存在的问题，加快地方税体系建设。

为此，中国财政科学研究院在 2014 年就开始组建研究团队专门研究这个问题，由于地方税的复杂性、敏感性，以及现实的快速变化，我们的研究一直也在做跟踪调整，呈现在读者的面前的这本书是集体研究成果，是大家共同智慧的结晶。全书共分十章，梁季撰写第一章和第五章，陈龙撰写第二章和第三章，施文泼撰写第四章和第六章，张学诞撰写第七章，邢丽撰写第八章，许文撰写第九章和第十章。

地方税建设，不仅是一个重大的理论问题，也是一个紧迫的现实问题，更是一项重要的财税改革任务，对提升地方治理能力、促进国家治理现代化具有重要意义，需要我们持续不断地予以关注和研究。因此，希望本书能起到抛砖引玉的作用，中国财政科学研究院的研究团队期待与学界同仁共同努力，不断深化地方税问题的研究，为财税改革和国家治理建言献策。

刘尚希
2018 年 6 月 25 日于新知大厦

目录

第1章

地方政府与地方税

1.1 分层治理下的多级政府

多级政府并存是现代国家政府结构的主要实践形式，它的存在是出于提高管理和治理效率的考虑。多级政府中的地方政府[①]多为两级以上，且数量多，各级政府均承担着重要且不可替代的职责。在多级政府框架下，必然存在政府间的分工与合作，存在政府职责在政府间的划分。

1.1.1 多级政府：基于治理效率的分析

除极少数国土面积不大、人口不多的国家（如新加坡、安道尔）无须存在地方政府外，世界上绝大多数国家存在多级政府。多级政府存在的最关键原因在于政府的有效管理，即提高治理效率的考虑。多级政府存在的理论基础主要包括：

1. 满足多样化需求、提高服务效率

各个地区的地理自然环境、民族特点以及历史文化传统决定了各地居民生产生活特点的不同，相应对政府要求和侧重点也不尽相同。而多级政府，尤其是地方政府，可以基于某个地区特点，提供有差别、针对性更强的公共服务。同时，从效率角度而言，任何组织都有其最优规模，这既包括组织管理人口数量，也包括管理地理半径，政府也不例外。因此，对于地域广阔的国家而言，

---

① 此处地方政府是相对于中央政府而言，是省及以下各级政府的总称，后文如无特殊说明，均是省及以下各级政府。

需要管辖范围远小于其人口总数和地域环境的地方政府来为当地居民提供服务。由于地方政府更接近于当地居民，更了解本地环境特点和居民需要，相对于中央政府而言更具有信息获取和处理优势，从而可以提高服务效率。美国经济学家斯蒂格勒（Stigler，1957），在其著作《地方政府①功能的合理范围》（*the tenable range of functions of local government*）中分析了地方政府存在的必要性，其主要理由为：一是地方政府更接近本地居民，因此具有信息优势，从而能够更好地配置公共资源，为居民提供多样化便利服务；二是从权利公平的角度分析，一国内不同地区的人们有权选择自己偏好的公共服务种类和数量，地方政府可为其提供个性化服务，但中央政府无法顾及各类个性化需求。承认地方政府存在的必要性，也间接地认可了多级政府存在的必要。

2. 提高政府的反应能力，强化问责机制

由于地方政府与居民空间距离较小、联系更为密切，能够更敏锐和及时地觉察到本地居民的需求，同时更了解本地的环境和条件，且机构相对小，决策程序相对简单，决策周期更短，对居民偏好调整的应对更直接、更迅速及时，即"船小好调头"，尤其是对突发事件处理和特色化公共产品提供方面，反应更快。此外，地方政府承担的责任以及地方政府官员更贴近当地百姓，所提供的公共产品多具有"辖区性"特点，涉及面小，参与人数相对较少，从而更容易问责，保证责权的对等和对称性。

3. 经济上更可行、效率更高

任何类型的机构都存在管理半径问题，也就是说任何一个公共服务机构都存在着一个最佳的管理空间和人数范围，如超过这个半径，管理效率则会下降。传统管理理论认为，在金字塔形管理结构中，一个上级最多管理7~8个下级，再多效率就会下降。另外，从分工的角度来看，如果一个政府机构事无巨细地管理所有问题，专业化程度不高，效率则会打折扣，因此也需要多层次政府（职能部门）来体现更高的管理效率，体现投入产出效益的最大化。所以，多层次政府必然会出现数量众多的同级政府，例如，截至2016年底，我国31个省（自治区、直辖市，不包括香港、澳门、台湾地区）下辖293个地级市政府、2851个县级政府，政府间必然存在竞争，相应地政府分层也有利

---

① 此处的地方政府是指最基层的政府。

于促进政府间的竞争，从而提高经济效率（提供公共产品的效率）。

4. 大国的理由

大国是指人口数量多或管辖地域空间大的国家，中国两特点兼具。在这种情况下，中央政府需要地方政府作为中介，上传下达，向下贯彻执行中央政府的政令，向上反映其辖区内民众的需求和诉求，以及中央政令在地方执行的反馈等。

1.1.2　多级政府中的地方政府

对于绝大多数国家而言，多为一个中央政府对应着若干个层级、若干数量的地方政府。至于设置几级地方政府，多少个地方政府，其考虑的首要因素仍是政府职责是否可以高质、高效、低成本地得以履行。究其本质，是从公共产品供给角度（供给质量和效率）来衡量地方政府层级的设置。一般而言，地方政府的层次和数量取决于以下三个因素。

1. 人口因素

政府最重要的职能是改进居民福利，满足居民对公共服务的需求，所以人口因素就成为重要的参考因素，地理因素虽然也是设置政府层次和规模的重要因素，但社会毕竟是特定的人类社会，且地理特点最终也可从居民需求予以反映，相应人口因素是政府层级和地方政府数量的第一因素。

2. 行政成本

与其他任何组织和机构类似，政府也存在最优规模，即管辖地域范围和人口数量和行政成本之间存在一个最优平衡。管辖范围（地理和人数）范围小，固定成本较高。同时，尽管管辖范围大可以摊薄固定成本，但却会增加变动成本、降低管理效率。因此综合而言，也并不是管辖范围越大，行政成本越低。这意味着，组建政府也存在着规模经济问题。不过，就成本比较而言，需要区分政府提供公共服务和购买服务两种不同条件下，行政成本的高低问题。依照政府理论来看，如果政府负责某种公共服务，例如，垃圾处理，那么政府就应该实实在在地雇用人员和进行监督管理，以便提供较好的公共服务。但是，近年来西方发达国家政府更多地采取向私人购买服务，这就使得确定下级政府的合理规模更为复杂。因为如果没有购买服务，相对而言规模更大的政府显然具有提供公共服务的规模经济优势，但将公共服务的生产委托承包给私人后，规模经济问题在一定程度上就成为私人生产的规模经济问题了，而不一定是决定政府合理规模的一个重要因素，但政府存在管理成本，例如，发包、监督执行成本等。

专栏1-1　我国历代地方政府层级设置的变迁过程

中央与地方关系产生于中央集权制形成之后，并非自古以来就有。商周的政治制度由昭穆制、宗法制与封建制组成。封建制的基本特征是分土而治，土地一经分封，统治权即行变化，封国各自为政，诸侯为一国之最高统治者，与天子分疆而治，对天子的义务只是朝聘、贡献与助征伐而已。既各自为政，则无所谓中央与地方的关系。春秋战国时期，以郡县制为表征的中央集权制逐渐形成。所谓中央集权制指的是中央政府和地方政府的一种分权形式。中央政府把全国领土划分成不同层的行政管理区域，在各个区域内设置地方政府，并分配或授予地方政府以一定的行政、军事、财政、司法等权力。郡与县就是两级行政区域的名称。秦始皇统一天下，把郡县制推向四海，分全国为三十六郡，郡置守、尉、监，这是一个标志性的年代与一个标志性的事件，全国范围内的中央与地方关系从此开始。中国历代地方政府层级结构变迁情况表现为：秦汉时期为郡—县二级制，到了东汉后期和魏晋南北朝时期，形成了州—郡—县三级制。而在隋代及唐前期又形成了州（郡）—县二级制。到了唐后期及宋辽金则形成了路（府）—州—县三级制。在元代，由于疆域面积广大而实行了多级复合制，在中央政府实际控制的地区分立11个行中书省，省下设有路、府（州）、县三级，从中央到地方实行四级制。到了明清及民国初年则实行了简化了的多级制。因此，按照层级的变化情况，可以将秦代到民国初年分成三个大的阶段。第一个阶段是秦汉魏晋南北朝时期，历时八百年，地方组织从两级制变成三级制；第二个阶段是隋唐五代宋辽金时期，历时约七百年，重复了从两级制变成三级制的循环；第三个阶段是元明清时期及民国初年，历时六百五十年，从多级制逐步简化到三级制，以至短时的二级制。

历代地方政府层级设置的变迁评析

通过纵观历代地方政权层级变化的过程可以发现，地方政府层级的结构，如创设和变迁，首先要服从于政治目的和政治需要，因此两千年来地方组织和行政区划诸要素（层级、幅员、边界等）也就随着中央地方关系的变化而变化，未尝稍息。对于中央与地方的关系，古人曾用内外轻重之说来

进行分析。所谓"内",指的是中央政府或中央集权,"外"则是地方政府或地方分权。在中央集权削弱,地方分权偏重的时候,就被称为"外重内轻",反之则为"内重外轻"。理想的目标当然是"轻重相维",亦即在中央集权的前提下使地方政府有适度的分权,但是要做到这一点并不容易。"轻重相维是一种不稳定状态,一旦处置失当,就会失去平衡,不是向外重内轻滑坡,就是向内重外轻倾斜,如同钟摆不可能停在最低点一样。"而行政区划地方组织层级的变迁就最明显地反映了中央与地方关系之间的这种变化。

就中央政府的主观愿望而言,是力图尽量简化层级,以便加强对地方的控制,只有在形势不许可的情况下才被迫增加层级。秦汉时期的郡县二级制被认为是"轻重相维"的体现。层次简单既有利于加强控制和提高管理效率,也可以让地方享受较大的分权,既促进地方发展,又不担心割据分裂。后人念念不忘的秦汉雄风和盛唐气象,实际上是中央和地方共同参政的结果。当然隋唐时期的州县二级制,已比秦代不如,地方的军权、财权和部分政权已被剥夺,但大致尚能维护中央与地方的正常关系。作为"外重内轻"表征的三级制,无论在汉在唐,都是被迫采用的。在汉是为了镇玉黄巾起义,而把监察区改为行政区,在唐是为了平定安史之乱而于各地遍设方镇。因此中央和地方关系出现由"轻重相维"到"外重内轻"的变化,在政区与政府层级上就表现为二级到三级的再度反复和循环。层级是行政区划与地方政府组织体系的基础。"政区层级必然要随着中央地方关系的变化而变化",为了加强中央集权,中央政府总是尽量简化层级,力图不设高层政区,然而,无法简化的层级就会成为不完善的形态,或者更进一步使政区层级与政权等级不相一致,这就是历代行政区划与地方政府层级变化的实质,从中也就可以看到中央地方关系变化的一个侧面。

地方行政制度变迁的核心之一,是政府组织层次级数的变化,这一变化集中地体现了中央集权与地方分权之间此长彼消的过程。通过对历代地方政权层级变迁的研究,对于我国正在进行的行政区划调整和政府机构改革无疑具有重要的"以史为镜"的意义。

资料来源:李砚忠:《中国历代地方政府层级设置的变迁分析》,载于《公共行政》2007 年第 7 期。

1.1.3 多级政府间的分工与合作：政府分权

既然存在多级政府，就会形成政府间的分工与合作，也就自然产生政府间的分权，具体是指政府职责在中央与地方，以及地方内部之间的分工与合作。

1. 政府间职责划分的原则

政府职责即我国财政界常说的"事权"。一般而言，政府间的事权划分应遵循三原则。

（1）受益性原则。

也就是根据公共产品所覆盖地域范围来划分政府间职责。具体而言是指受益面越广的公共产品，其供给职责越应由层级高的政府提供，例如，全国性公共产品和公共服务受益遍及全国，则最好由中央政府提供；地方性公共产品受益范围仅局限于地方，则由地方政府提供，受益面覆盖全省则由省级政府提供，受益面仅局限于市县，则由市县政府来提供；具有外溢性的地方性公共产品和公共服务，由地方政府联合提供，或中央政府补助地方政府提供，或直接由中央政府提供。当然，也可以借助于地方之间的协商机制予以提供。

（2）信息优势原则。

信息优势原则是指由占有公共产品提供的相关信息最充分的那一层政府来提供相应的公共产品，以此提高公共产品提供的效率和效益。相比较而言，中央政府在宏观经济和收入分配方面更具有优势，相应由中央政府承担宏观调控和收入分配方面的职责。而对于一些具有地域特色的公共产品，例如，各地根据本地产业发展所开设的职业培训学校，由于当地政府更加了解本地产业发展的需要，因而由地方政府提供更具有效率。

（3）规模经济原则。

事权划分中还要注意事权承担中的规模经济。某些事权由地方政府可能无法发挥规模经济效应，而通过中央政府承担事权，可以发挥节约成本的作用。

2. 中国政府的两级分权、两级治理模式

从分权与治理来观察，中国是两级分权、两级治理，即治理级次分为国家和地方两级。所谓治理，就要有两个主体，中央发号施令、地方执行的模式是管制而非治理。国家治理要有两级架构，一级为国家层面，另一级为地方层面，目前这种架构实际上已经日益清晰，除了立法体制、税收征管早已实行国家、地方两级之外，司法制度、监管制度也开始趋向两级架构。从中央政府对地方政府的监督管理来看，省一级政府具有较大的自主裁量权，省以下各级政府人事任命权、职责划分、收入划分以及转移支付均由省级政府根据本地情况确定并加以实施。中央对地方政府行为的干预也大多下达至省级政府，由省级政府根据各地具体情况，在不违反中央政府基本精神和原则下，因地制宜，制定相应的具体措施。

财政体制改革也应遵循这个思路：国家层面的治理，主要解决中央与地方的关系；地方层面的治理，主要解决省、市、县、乡之间的关系。所以，地方的巨大差异决定了在推进省直管县改革的进程中，不能以所谓"规范"的名义搞"一刀切"的制度安排，而应在两级治理的框架下，因地制宜，赋予地方更多自主选择权。例如，从两级治理框架来看，省直管县或市管县，不属于国家层面的问题，应归属于地方治理范畴。如果把层次搞错了，或者中央不授权地方，当成国家治理范畴的内容在全国实施，那么就会带来严重的治理风险。在分税制改革的问题上，当时的做法是明智的。国家分税制就是解决中央与地方的财政关系，至于地方搞何种体制，让地方自主选择。有的省份没有搞分税制，如浙江，而多数省份则是模仿国家体制，在省以下按照"财权与事权相匹配"，各级政府之间都实行分税制，直到乡镇一级。在主体功能区规划提出之后，这种状况得到了一定程度的扭转。但在地方主张推行分税制的依然大有人在，在税种不够分的情况下，他们又提出全面实行省直管县改革。这种改革逻辑是脱离实际的，给经济的区域一体化成长、城镇化的健康发展以及公共服务的规模化提供带来重大风险隐患。

1.2　分层治理理念下的财政分权

1.2.1　财政分权的经典理论

政府间税收划分理论包括税收为什么需要在政府间划分以及如何划分问题。税收是政府收入的主要形式之一，是为政府提供公共产品的筹资方式之一，因此政府间税收划分的必要性源于政府间的财政分权，相应政府间财政分权是政府间税收划分的逻辑起点。对于如何划分而言，理论上主要是从满足各级政府支出需求以及各税种内在属性和特点角度进行分析。

财政分权理论也称财政联邦主义，其创始者为蒂布特（Tiebout，1956）、奥茨（Oates，1972）和马斯格雷夫（Musgrave，1959），因而分权理论也被称为 TOM 模型。它以公共产品理论为逻辑起点，将公共产品理论中对全国性公共产品需求分析扩展到地方性公共产品的需求分析，从而得出公共产品的供应具有层次性的结论，为财政分权的合理性提供支撑，同时分析了影响分权决策的主要因素。分权理论先驱者奥茨（1999）将分权理论概括为，以新古典经济学的规范理论作为分析框架，考虑政府职能在不同政府级次间进行合理配置以及相应的财政工具如何分配的问题。

1. 财政分权的必要性

支持分权理论的两大经济理由是信息和竞争优势。一是与中央政府相比，地方政府更接近公众，对公众的偏好与需求较之于中央政府具有信息上的优势，因而他们提供的地方性公共产品更符合民众的需求，其决策更具有效率；二是人们通过地区间充分流动，寻找地方政府所提供公共产品与当地征收的税收之间的一种组合，在使其效益最大化的地区居住下来（即著名的"用脚投票"理论）。民众的这种充分流动行为使得地区间存在竞争，因而激励地方政府提供更好的公共产品和服务，提高政府服务的质量和效率。可见，地方财政的存在，使公民具有了公共产品消费的选择自由，从而为公共产品提供的寻优过程创造了条件。信息和竞争优势为地方财政存在提供了必要的支持，因而也成为财政分权的理论基础。

2. 财政分权的决定因素

在分析财政分权存在的合理性之后，接下来所需要处理的就是如何分权的问题，也就是包括各项税权在内的财权在中央政府和地方政府之间如何配置的问题。解决这一问题，首先要充分把握好财政分权的决定因素。一般而言，分权决策所要考虑的因素有五个：居民偏好的区域差异、辖区竞争和分工、规模经济和外部性、政治因素、地理和人口条件。居民偏好存在区域差异是财政分权的基础，因而也是分权决策中应考虑的重要因素。一般而言，对于那些各地区偏好未必相同的产品和服务，应当由地方政府负完全责任，因而将比由中央政府提供更有效率。辖区竞争和分工同居民偏好的区域差异类似，对于能够带来辖区间竞争且产生正面效应的公共产品，应交由地方政府提供。规模经济和外部性。公共产品具有规模经济特点意味着，随着产量的增加，公共产品和服务的平均成本下降，因而集中供给将降低成本，提高效率。因此，通常来看，对具有规模经济和外部效果的公共产品和服务，例如，环境保护、国防等，交由中央政府负责更符合分权的效率要求。地理和人口因素。辖区规模和人口也是决定分权决策的重要因素。辖区规模越大，个人偏好之间差别也越大，因而分权化收益则较高，越是地域广阔的国家，财政分权的重要性越为重要。此外，对分权决策有重要意义的变量是城市化的程度，一个地区的城市化程度越高，分权化的困难也将越小。以上这些因素，共同构成了国家财权配置的外部环境，其对财政分权与否以及财政分权的范围和度量均起着决定性作用。

财政职能实施分权之后，为公共产品融资的财政收入在政府间的划分成为必须解决的问题。现代政府财政的主要收入来源是税收，因此税权划分无疑成为政府间财权划分的核心，政府间税收划分的最终目的是取得与其事权相应的财力保障。

1.2.2　财政分权主要内容

财政分权的内容主要包括：事权划分、税权（包括税收收入）划分和转移支付三部分内容。其中事权划分已在前文中有所叙述，本部分主要简述税权划分和转移支付相关内容。

1. 税权划分

如前文所述，政府间税收划分的目的是保证各级政府具有与其事权相适应的财源，满足居民的各种不同需求，实现社会福利的最大化。同时，各级政府还承担着除提供产品之外的其他经济社会职能，相应税收划分还应兼顾这些职能。在这种思路下，国内外学者提出了若干政府间税收划分的标准，最著名的是马斯格雷夫的七原则、世界银行专家罗宾·鲍德威等人的六原则、加拿大学者杰克·M. 明孜的五原则以及塞利格曼的三原则等。其中马斯格雷夫和世界银行专家更多地从政府三职能和各税种内在属性出发，侧重经济视角，而杰克·M. 明孜和塞利格曼则更侧重行政管理和税收管理的效率和公平，提出税收划分的原则。综合国内外学者观点，政府间税收划分应遵循如下标准。

一是收入充裕，保证各级政府履行事权。税收最基本的属性是筹集收入，为政府提供公共产品融资，因此，保证各级政府收入充裕是税收划分的重要原则。基于事权不断下移的现实，地方政府应掌握支配更多的税收收入。

二是收入稳定，各级政府所提供的公共产品的种类和数量相对稳定，因此就要求税收收入稳定，以使政府能够稳定地提供公共服务。

三是税收中性。发挥市场配置资源的基础作用是市场经济国家遵循的基本规律，这要求税收在政府间划分时，对微观经济主体经济行为选择的影响越小越好。因此，对流动性生产要素征的税，税基流动性大，如流转税和所得税，如划分给地方政府，则会加剧地方政府间竞争，影响资源配置，因此适宜作中央税。而对非流动性生产要素征的税（典型如财产税），税基不易流动，且受益性明显，适宜作地方税。

四是与政府的调节职能相适应。各级政府除提供产品外，还负有其他经济职能，典型如中央政府的经济调节职能以及调节收入分配职能，同时不同税种通过制度设计也具有除筹集财政收入以外的调节功能，因此在政府间税收划分时，应遵循政府职能与种功能相顺应的原则。典型的如个人所得税和社会保障税，具有调节收入分配和财富再分配职能，因此适合作中央税。

五是行政效率原则。政府间税收划分还应遵循降低稽征成本原则。

六是其他政治考虑。如为发挥中央的"控制力"，应将税基大的税种配置于中央。对于税基分配极不均衡的税种，如资源税，应考虑作为中央税，避免地区间财力不均。但从税基的不可移动性角度来看，资源税恰又适宜做地方税。对于受益税收性及收费等可适用于各级政府税种，从信息优势及事权比重来看，倾向于划为地方收入。

按照上述划分原则，目前在世界范围内普遍的适用的税种具体划分情况为：

（1）关税。为减少地区间税收差异，避免外贸扭曲以及国家独立经济主权的考虑，一般应归属于中央或联邦政府。

（2）增值税。增值税税基的流动性以及税负的转嫁性，要求增值税应归属于中央政府。

（3）公司所得税。公司所得税的税基也具有较大的流动性，收入波动性较大，一般归属中央或联邦政府。

（4）个人所得税。因税基具有流动性，同时其具有调节收入分配职能，因此应作为中央税。

（5）资源税。由于资源分布不均匀，税源具有不稳定性和不可预见性，因此，应将其作为中央收入。

（6）遗产与赠与税。遗产与赠与税比较适合中央政府征收。

（7）房地产税。税基流动性很小，且地方政府征管方便，因此应划归地方政府。

（8）特别消费税。特别消费税调控意图明显，应作为中央税。

（9）使用费和规费。从付费与受益相对应的特点来看，适合各级政府，但从征管便利以及地方政府事权比配大的角度考虑，应将其作为地方政府收入。各类税收收入的具体划分情况如表1-1所示。

表1-1　　　　　　　　各类税收收入在各级政府间的具体划分情况

税种分类	决定权		征收管理	评述
	税基	税率		
关税	F	F	F	国际贸易税
公司所得税	F	F	F	流动性因素、稳定的工具
资源税、资源租金（利润、收入）税	F	F	F	税基配置极不平衡
版税、规费、使用费、采掘税、财产税等	S、L	S、L	S、L	受益税、州和地方政府服务收费
自然资源保护税	S、L	S、L	S、L	保护地方环境
个人所得税	F	F、S、L	F	再分配、流动性因素
赠与税（对资本、财富、财富转移、继承和赠与的征税）	F	F、S	F、S	再分配
工薪税	F、S	F、S	F、S	社会保障受益收费
增值税	F	F	F	潜在的稳定工具，在中央主管下可以按照疆域进行税收调整
单环节销售税： A 选择 B 选择	S F	S、L S	S、L F	较高的遵从成本 和谐的、较低的遵从成本
不良行为税收： 烟酒消费税 赌博税 彩票税 赛马税	F S、L S、L S、L	F S、L S、L S、L	F S、L S、L S、L	健康责任 州和地方政府责任 州和地方政府责任 州和地方政府责任

续表

税种分类	决定权		征收管理	评述
	税基	税率		
公害品税收：				
碳税	F	F	F	反污染
BTU 税	F、S、L	F、S、L	F、S、L	污染可能会影响全国、省和地方
机动车燃油	F、S、L	F、S、L	F、S、L	联邦、州和地方公路收费
废水收费	F、S、L	F、S、L	F、S、L	解决城市间和地方的污染问题
拥挤收费	F、S、L	F、S、L	F、S、L	国道、省道和地方道路费
停车费	L	L	L	控制地方拥挤状况
机动车辆：				
车辆登记和过户费，以及年费	S	S	S	州政府责任
驾照费	S	S	S	州政府责任
营业税	S	S	S	受益税
消费税	S、L	S、L	S、L	基于居民征收
财产税	S	L	L	完全非流动因素、受益税
土地税	S	L	L	完全非流动因素、受益税
店面修缮费	S、L	L	L	弥补成本
选举费	F、S、L	F、S、L	F、S、L	服务收费
使用费	F、S、L	F、S、L	F、S、L	就提供服务收费

注：（1）F、S、L 分别指联邦（中央）政府、州（省）和地方政府；（2）本表来源 Anwar Shan, The Reform of Intergovernmental Fiscal Relations In Developing & Emerging Market Economies, Policy and research Series No. 23, World Bank, 1994。转引自李萍：《中国政府间财政关系图解》，中国财政经济出版社 2006 年版。

2. 转移支付

（1）转移支付存在的理由。

理由之一：弥补纵向不平衡

按税种划分收入（即税基配置），属于分税制财政体制框架下的题中应有之义和关键特征。政府所有的规制和行为，均应以不影响或尽量少影响生产要素自由流动和市场主体自主决策为标准，相应的收入（税基）划分，则需要考虑税种对生产要素流动影响以及中央、地方分层级的宏观、中观调控功能实现等因素。税种在中央、地方间的划分即税基的配置，一般认为要遵循以下基本原则：与国家主权和全局性宏观调控功能关系密切或税基覆盖统一市场而流动性大的税种，应划归中央；而与区域特征关系密切、税基无流动性或流动性弱，以及税基较为地域化、不会引起地区间过度税收竞争和需要"因地制宜"的税种，应划归地方。按此原则，例如，关税、个人所得税、增值税、社会保障税等应划归中央，房地产税、资源税、特定地方税等应划归地方。在商品经济发达的现代社会，税基多为具有流动性的生产要素和商品，相应这些税基多应作为中央收入，即现实形成了"财权"上移的格局；而从信息优势、满足居民偏好的角度来看，越来越多的公共产品适合由基层政府提供，因此形成了"事权下移"的态势。在这种情况下，中央本级、地方本级不可能各自收支平衡，客观上需要以基于"中央地方纵向不均衡"的自上而下的转移支付制度，调节"纵向不均衡"。

理由之二：弥补横向不平衡

"实现共同富裕"是我国建立社会主义市场经济的目标，体现在财政方面，即为基本公共服务均等化。现实中，各地经济发展情况差异较大，在统一税收划分框架下，必然出现地区间地方政府收入的差异，同时各地因地理人文环境的差异，公共产品的供给成本差异较大，且多是经济越不发达地区，其公共产品供给成本越高，政府自有收入越少，从而导致财政收支地区间的"横向不均衡"，在基本公共服务均等化目标下，需要中央转移支付作为支撑，促进区域间基本公共服务均等化。

理由之三：政治控制

促进资源合理流动和国内统一市场的运作效率。在没有矫正机制的情况下，劳动力和资源倾向于流入那些税收负担较低而公共服务较好的地区，容易造成不公平。出于财政因素的要素流动往往是无效率的，应当加以避免。而实现净财政收益均等化的政府间转移支付则可以解决这一问题。

基于稳定目标的转移支付应该是不规定具体用途的、非配套要求的转移支付。转移支付在稳定方面具有双重作用：在反周期时，由于纵向和横向平衡的转移支付总量和结构是多样化的，例如，中央可以根据稳定的目标调节用于纵向平衡转移支付的总量，也可以调整对下级政府的转移支付时间，以控制辖区的开支水平。同时，转移支付所解决的不仅是经济问题，还有着重要的政治动机。一个均等效果好的转移支付制度，在缩小地区差别的同时，也在很大程度上加强了地区间的团结，增加国家的凝聚力，实现社会政治目标。

（2）转移支付的分类。

基于上述理由，转移支付通常分为一般性转移支付和专项转移支付两种。一般性转移支付又称为无条件转移支付或均衡补助，其目的在于促进基本公共服务均等化，实现"共同富裕"目标。专项转移支付往往指定资金用途，旨在实现国家宏观调控需要。

我国一般性转移支付主要包括：均衡性转移支付、国家重点生态功能区转移支付、民族地区转移支付、调整工资转移支付、资源枯竭型城市转移支付、农村税费改革转移支付、缓解县乡财政困难转移支付、成品油税费改革转移支付和其他一般性转移支付9类。我国专项转移支付多达200多项（2009年），覆盖教育、卫生、公检法、环境保护等领域。

1.3 地方税：地方治理的重要制度安排

1.3.1 地方治理制度安排概述

当代地方治理思想和实践发源于20世纪80年代初中期的英国。为规避政府部门的官僚主义和低效率，撒切尔夫人（1979年）上台后，开始将私人部门管理理念，例如，引入竞争机制和以客户为导向等理念，引入公共部门管理实践中，学界将其称为"新公共管理改革"。但这充分反映新自由主义的理念在实践中的效果并不尽如人意。在这种背景下，地方治理作为一种创新思维获得越来越多的支持，并不断发展完善，最终形成一套较为完整的理论体系且在实践中得以应用。之后，英国当代地方治理的思想和实践向欧洲大陆国家（法国、德国、西班牙等）、北美国家（美国、加拿大）和大洋洲国家（澳大利亚、新西兰）扩展，逐渐成为20世纪80年代以后发达国家政治与行政改革的一个重要方向。20世纪90年代中期以后，在联合国、世界银行、OECD、亚洲发展银行等国际组织的推动下，地方治理的理念及其实践经验被逐渐引入亚洲、非洲、南美洲等一些发展中国家。

总体而言，当代地方治理理念具有以下几个特征：（1）强调次中央政府权力和自主管理权力，强调公民的自我管理；（2）强调合作，这种合作既包括不同层级间的合作，也包括次中央政府与私人部门之间、次中央政府与非企业组织之间的合作与伙伴关系，也就是时下我国在各个领域尝试的 PPP（公司合作关系）。传统的地方政府概念已经难以覆盖这一新体制的内涵与外延，为此学界将其称为地方治理，并将该演变过程称为"从地方政府到地方治理"。

地方治理是整个治理思想和多层治理结构的重要组成部分。随着理论与实践发展，也演变出复杂多样的概念体系，例如"新地方主义和地方化"（new localism or locality）、"地方治理"（local governance）"公民治理"（citizen governance）、"社区治理"（community governance）、"地方民主治理"（local democratic governance）、"分权的治理"（decentralized governance）、社会协和治理（societal associated governance）等。鲍法德和洛夫勒（Bovaird & Loffler）分析了经合组织国家推行治理的经验，对地方治理作了如下定义：地方治理是一套包括正式与非正式的规则、结构以及过程，即地方治理包含下列四项意涵：①多元治理；②正式与非正式的规则；③除了新公共管理所强调的市场机制外，也重视政府固有的核心权威以及协调合作的网络关系；④基于政治运作传统，考虑各利害关系人之间权力互动以及促进自身利益的情境，不能交由管理主义者或精英来掌控治理。皮埃尔和彼得斯（Pierre & Peters）将地方治理概念视为结构、过程和分析之架构，以进一步澄清其概念意涵。

随着地方治理的发展，组织与组织之间不再是科层制的等级关系，不是控制与被控制、管理和被管理关系，而更强调其间的合作与协作关系，因此从主体地位关系来说，是平等互助、优势互补和资源共享的关系。在这种情况下，相关方共同参与规则制定，反映共同诉求，实现多元目标，利益共享。当然，各主体在合作中所希望分得的利益表现可以有所不同。典型如 PPP，对于参与 PPP 的公司部门而言，其利益表现为经济利润，而对参与方中的政府而言，其利益表现为社会公共利益最大化。在权力和资源的相互依赖下，游戏规则不再完全由政府来主导，往往需要通过资源交换和基于共同目标的谈判来实现，如通过规制、市场签订合约、回应利益的联合、发展忠诚和信任的纽带等方式。随着现代服务提供和实践变得越来越复杂，地方治理机制也日益复杂化。莱斯特·萨拉蒙在《政府的工具》一书中写道:"公共行动的工具,解决公共问题的手段、方法已经大规模增多了。以前,政府的行为主要限制在官僚组织直接提供公共产品和服务上;而现在,政府的行为包括许许多多令人眼花缭乱的方式:借贷、抵押、补助、合同、社会规制、经济规制、保险、税收支出、优惠购货券等。"①

专栏1-2 近30年中国地方政府的改革与变化:治理的视角

各级地方政府是地方治理的首要主体。这样讲有两个根本原因。一是地方政府是国家在地方的代表,它们拥有一套完整的组织系统,并且垄断着暴力以及其他重要资源;二是地方政府是地方治理涉及的各种关系的聚集点。在中国,这些关系体现为党政关系、政府间关系、政企关系、政社关系等。地方治理改革实际上就是这些关系的调整,而地方政府在其中发挥着重要作用。

然而,在集中体制下,地方政府要成为地方治理的首要主体,必须获得相对独立于上级的决策与行动的自主性,即获得上级的授权。自主性的获得也意味着地方政府代表的辖区利益以及政府自身的利益得到了承认。对地方政府来说,自主性和自利性不过是一枚硬币的两面。没有自主性,自利性的合法追求就没有保障;没有自利性,自主性的发挥也没有激励。

从改革开始,下放权力就成为打破权力过度集中,提高地方、社会、企业自主性和活力的一项重要措施。邓小平同志在1980年的讲话中,尖锐地提出党和国家领导制度的主要弊端就是权力过分集中。他说:权力过分集中,妨碍社会主义民主制度和党的民主集中制的实行,妨碍社会主义建设的发展,妨碍集体智慧的发挥,容易造成个人专断,破坏集体领导,也是在新的条件下产生官僚主义的一个重要原因。

首先要在法律上重新明确各级地方政府的地位和职权。地方自主权加强主要是通过三个方面的放权实现的,即干部管理权的下放、财政收入关系的重新划分以及社会经济事务管理权的下放。

---

① 转引自〔英国〕杰瑞·斯托克著,楼苏萍译:《地方治理研究:范式、理论与启示》,载于《浙江大学学报》(人文社会科学版)2007年第3期。

　　地方政府的自利性不仅复苏了，而且加强了。这集中体现在四个方面：一是地方政府以财政包干体制为制度条件，与中央和上级政府在财政收入分配以及其他任务分派方面形成了明显的讨价还价关系。实际上在计划体制时期，这种关系也已经存在了，但是财政分配关系的清晰化使它更为突出，并且使用范围更广了。二是地方政府的"辖区"意识更为强烈。在集中体制下，上级任命的官员只要完成好上级交付的各种任务就可以了，但是在分权过程中，地方政府还必须负责本地的发展，为本地区争取更多的利益。自 20 世纪 80 年代开始，"为官一任、造福一方"逐渐成为官员的口头禅，地方官员无论在自我决策还是执行上级命令中都有了更明显的辖区意识。为了本地发展，地方政府加强了对国有企业的影响和支持，要求本地银行为其提供信贷，司法系统为其提供必要的保护。有的地方政府为了增加财政收入，开始积极扶植乡镇企业、私营企业、外资企业等非国有或非公有制经济的发展，推动"体制外经济"的发展。还有的地方政府变通上级或中央政策，为本地发展提供有利的制度支持。正是由于对本地发展目标的追求，才使得地方政府的自主性得到了切实发挥。三是地方政府的地区利益、部门利益得到了强化，并开始干扰和制约中央政令的贯彻。地方保护主义和诸侯经济在 20 世纪 80 年代中期成为经济发展的阻碍。地方政府为了获得更多的财政收入，开始加强对预算外收入的征收，这推动了政府职能部门的"乱收费、乱罚款、乱摊派"现象的泛滥。而为了确保财政收入，地方政府对职能部门的行为也采取放任态度，后者的部门利益也从而得到了强化。最后，在搞活经济的过程中，官员个人的利益意识也增强了。这一方面表现在一些官员开始"下海"，从事各种形式的经济活动，成为专业或业余的"红顶商人"；另一方面体现为一些官员开始使用所掌握的公共权力为个人或小团体谋取利益，腐败现象逐渐盛行起来。利用公共权力谋取个人或部门利益的腐败是政府自利性最为极端的表现形式。

　　在某种意义上来说，只有地方治理改革成功，才会有成功的国家治理转型。总结近 30 年地方治理改革的经验，我们至少可以归纳出其产生的三个贡献：首先，地方治理改革丰富了国家治理转型的路径。自下而上的改革路径一直被认为是中国改革成功的经验之一，而地方治理改革恰恰体现了这种改革路径，并且随着中央与地方博弈关系的制度化，也使这种路径向上下互动的路径演变，降低了自上而下单向转型的风险。其次，许多地方的治理改革解决了当地面临的紧迫问题，提高了治理的效果，从而弥补了中国国家规模庞大、内部多样性造成的中央治理的局限性，从整体上提高了国家治理的合法性。最后，地方治理改革为国家层次的制度创新提供了经验基础和主体条件。成功的制度变革是需要设计的，但必须以实践经验为基础，并获得治理实践主体的承认和贯彻。地方治理承担着这个双重角色。

随着市场化、全球化、城市化、工业化等多重进程的推进，治理问题急剧增加和变化，对地方治理改革提出了严峻挑战。近30年来，地方治理通过改革创新比较好地适应了新的环境与变化，保证了地方治理的有效性，避免了整体性治理危机的出现。

上述责任和职能，都有具体负责的部门，并配备相应的人员和财力。但在实际运行中，地方政府对于各项责任和职能的完成并不均衡。换言之，有的责任和职能会处于优先的地位，并得到了相应的人力、物力、财力的支持。这种不均衡的责任体系也导致了地方政府形成了一套能够有效动员资源向特别领域倾斜的治理机制。

地方政府责任的不均衡主要体现在三个方面：首先，在责任内容上，加快当地经济增长和保障当地社会稳定是各级地方政府必须完成的压倒一切的核心责任；其次，在责任取向上，对上级政府负责优先于对当地公众负责；最后，在具体的地方，地方领导人的偏好常常能改变地方政府在一定时期内的责任内容。

在地方治理变革过程中，除了地方政府外，资本、公民个人、公民组织等成为地方治理中的活跃分子，带来了地方治理主体数量的增加，关系的复杂化，地方治理的空间也产生着变化。这里所说的治理空间指的是治理关系运行所处的地理空间、社会空间以及公共空间。这里说的社会空间指的是社会关系集聚的地点，公共空间指的是个体行为者可以共享的空间。这三种空间并非相互隔离的，而是交织在一起的，这就需要地方政府来调整自身，以适应不同空间的需要。

改革创新作为近 30 年整个国家治理变革的主题，贯穿于各级地方的治理过程中。在 20 世纪 80 年代，随着权力下放，中央大力鼓励地方政府进行改革创新，尤其是在率先进行的农村改革和企业改革方面进行创新。村民自治、企业承包经营责任制以及县级机构改革等是这个时期几个有代表性的改革。

早在 1956 年，毛泽东在《论十大关系》一文中就提出要发挥中央与地方的两个积极性。

1995 年，江泽民在《正确处理社会主义现代化建设中的若干重大关系》一文中，再次强调了发挥地方积极性的意义，以及协调地区之间关系的重要性。这说明，在改革开放过程中，地方政府不仅已经成为具有高度自主性、自利性和能动性的治理主体，对中央与地方关系，地方之间的关系，国家与社会的关系，国家与国际社会的关系等都产生着影响。

地方复兴了。在地方这个层次上，尽管地方政府依然是治理的首要主体，但是我们可以清楚地看到新的治理主体的出现，新的治理关系的运行以及治理资源的丰富。因此，地方的复兴不仅是地方政府主体性的增强，更是地方治理的多元化。这些变化提高了集中体制的内部多样化，推动了整个国家的治理转型。

资料来源：摘自杨雪冬，《近 30 年中国地方政府的改革与变化：治理的视角》，载于《社会科学》2008 年第 12 期。

1.3.2　多维视角下的地方税

对地方税的理解有四个角度：一是从税种属性来理解，税基流动性小、比较稳定的税适合做地方税，这是学术意义上的地方税。二是法律意义上的地方税，即地方政府有立法权、管理权和调整权的税。三是财政体制意义上的地方税，即随着财政体制的变化而变化，财政体制调整时划给地方征收的是地方税，划给中央的是中央税。四是收入意义上的地方税，即在财政初次分配中，能够给地方政府收入做贡献的税种，均为地方税。按此口径，则意味着目前的地方税和共享税均为地方税。目前我国只有体制意义上的地方税，没有学术意义上和法律意义上的地方税。

此外，地方税收收入规模、地方税权等内容也是当前各界讨论的重点和热点。基于问题导向的研究方法，我们认为，应该以更开阔的视野，全方位、多层次研究探讨我国地方税（体系）改革与完善，地方税基的选择、地方税种的重构、共享税的收入划分调整、地方税权的下放等均应纳入研究范围。基于此，本书认为：（1）地方税体系是包括地方税种以及共享税种在内的所有能为地方政府筹集税收收入的多税种的有机组合；（2）地方税权不仅应包括税种选择权和税率调整权，还包括条件成熟时地方政府因地制宜的设税权。

1.3.3 地方税：地方治理的重要制度安排

财政是国家治理的基础和重要支柱，作为财政半边天的税收是国家治理体系中重要组成部分。地方税制度体系安排也成为地方治理制度安排的重要内容，其制度安排方式、收入规模以及征管方式对地方政府治理能力、治理效果有重要影响。

1. 地方税体系是中央激励和约束地方政府的重要制度安排

作为集权、转轨、存在多层级政府国家的地方政府，既要处理政府—市场、政府—公民、政府—社会关系，还要处理和平衡好中央—地方以及地方政府内各层级关系。既要强调地方政府的自主性和自立性，也要服从和服务于国家利益、全局利益和宏观调控目标，在这种情况下，地方税体系的制度安排便成为中央政府在激励和约束地方政府行为的重要载体。典型如为发挥地方政府积极性，将税基大且与经济发展关系密切的税种作为共享税，同时为约束地方政府为做大"财政蛋糕"而出现抢夺"税源"，从而阻碍生产要素流动和全国统一大市场的形成，相应对于税基具有流动性特点的税种在兼顾发挥地方政府积极性的同时，又不可使地方政府分享比例过高，进而导致地方政府行为扭曲。再如，地方税权（税基决定权、税率制定权和政策调整权）也是中央政府约束地方政府行为的重要制度安排。中国处于转轨时期，构建全国统一大市场的任务艰巨，为避免地方保护主义、形成政策洼地，中央政府对地方税权的下放慎之又慎也是典型反映。中央政府的制度安排对地方政府治理能力有重要影响，作为税收制度高度集中于中央政府的当下中国而言，地方税体系安排对地方政府行为具有重要的导向和约束作用，相应对地方政府治理能力有重要影响。

2. 地方税制度安排影响政府与市场、民众关系

地方税制度安排包括税基的选择、税收制度的制定程序等。地方税税基对民众行为的选择有两种影响，如果税基与当地民众（自然人和法人）息息相关（如房地产、财产等），那么民众与地方政府之间形成一种较为明确的"委托—代理"关系，对地方政府支出行为的监督力度更大。如果地方税税基多易流动、税负易转嫁，征税规模与民众负担关系部密切，从"搭便车"的角度考虑，当地民众在某种程度上不会关心和关注地方政府的理财行为，甚至在某种程度上会鼓励地方政府多"花钱"。此外，地方税税基如果多为自然人，则征管难度大，易导致政府与民众关系紧张，但对市场的影响较小；如果地方税基多为法人，则征管相对容易，但易造成政府对法人的正常经营的非正常干预，对政府与市场关系造成不良影响。

另外，地方税制度的制定程序也会影响地方政府和民众的关系。例如，地方税制度的制定要通过民众参与来制定，制度中反映了民众的意愿，相对而言地方税制度便可以密切地方政府与民众关系，从而形成政府与民众之间的良性互动，且制度执行也更为有效。反之，有可能会出现地方税制度的制定会激起民众情绪，恶化政府与民众关系，从而弱化地方政府治理能力。

3. 地方税是地方治理能力的重要基础和保障

"手中没有米，叫鸡鸡不来"，财力是地方治理能力的重要方面，也是其他治理能力的基础和保障。作为地方政府筹资的重要制度安排，地方税体系对于自主安排地方事务、提高行政管理能力和提升公共产品能力具有非常重要的意义。

1.3.4　地方税制度与非税制度、地方债务关系

1. 地方税与地方非税的关系

（1）我国非税收入在地方政府收入占有一席之地。

非税收入是指除税收之外的所有其他政府收入，按照官方的定义，政府非税收入（以下简称非税收入）是由各级人民政府及其所属部门和单位依法利用行政权力、政府信誉、国家资源、国有资产或提供特定公共服务征收、收取、提取、募集的除税收和政府债务收入以外的财政收入，包括行政事业性收费、政府性基金、国有资源有偿使用收入、国有资产有偿使用收入、国有资本

经营收入、彩票公益金、罚没收入、以政府名义接受的捐赠收入、主管部门集中收入、政府财政资金产生的利息收入十类。各类非税收入的取得依据有所不同，行政事业性收费、政府性基金、罚没收入和主管部门集中收入是利用行政权力征收的，具有强制性；国有资源有偿使用收入、国有资产有偿收入、国有资本经营收入是利用国家资源和国有资产所有权取得的，体现了国家作为所有者或出资人的权益；彩票公益金、以政府名义接受的捐赠收入是依托政府信誉募集的，遵循自愿原则。

非税收入历来是我国地方政府收入的重要来源。表1-2为2010~2016年地方公共财政预算中，非税收入的绝对规模和占比情况。从表1-2中可以看出，非税收入始终占据我国地方公共预算收入的20%左右，尤其是地方政府层级越低，非税收入占比越高。

表1-2   2010~2016年地方政府非税收入占公共预算收入的比重

年　度	非税收入（亿元）	占比（%）
2010	7911.55	19.5
2011	8349	19.0
2012	13759.21	22.5
2013	15120.28	21.9
2014	15604	20.8
2015	21760	26.2
2016	22000	25.9

资料来源：财政部。

（2）我国公有制性质决定非税收入在政府收入中的地位。

非税收入在我国政府收入中的重要地位有其制度基础。我国宪法规定：矿藏、水流、森林、山岭、草原、荒地、滩涂等自然资源，都属于国家所有，即全民所有；由法律规定属于集体所有的森林和山岭、草原、荒地、滩涂除外。这意味着，自然资源一旦成为非生产性资产，政府便以产权所有者身份获取其产生的财产性收入。所以，公有制经济的制度特点与资产累积决定了我国政府较其他国家拥有更多的自然资源、资产和资本，相应政府以所有者身份取得非税收入有其理论依据和现实需要，特别是随自然资源（土地、矿产等）的日益稀缺致使其经济价值凸显的情况下，加之市场化定价制度的改革，政府非税收收入攀升也在所难免，土地出让收入便是其典型案例（见表 1 - 3）。土地交易市场化改革的前一年（2003 年），我国国有土地使用权出让收入为 5421 亿元，截至 2017 年，该收入规模已达到 52059 亿元，各年份全国国有土地出让收入情况如表 1 - 3 所示。

表 1 - 3　　　　　2003 ~ 2017 年国有土地使用权出让收入情况

年度	土地出让收入（亿元）	增速（%）	地方财政收入：土地出让收入
2003	5421		1 : 0.55
2004	5894	8.7	1 : 0.49
2007	7285		1 : 0.31
2008	10375.28	42.4	1 : 0.36
2009	13964.8	34.6	1 : 0.43
2010	29109.9	108.5	1 : 0.72
2011	33477	15.0	1 : 0.63
2012	28886.31	- 13.7	1 : 0.47
2013	39073	35.3	1 : 0.57
2014	40385.86	3.4	1 : 0.53
2015	30783.80	- 21.4	1 : 0.37
2016	35639.69	15.8	1 : 0.4
2017	52059.01	46.1	1 : 0.57

资料来源：财政部网站。

（3）地方税和地方非税收入二者不可相互替代，关系尚需厘清。

税收收入是政府以社会管理者身份对居民（包括自然人和法人）和非居民（包括自然人和法人）征收的收入，而非税收收入中的产权收入是政府以所有者身份获取的收入，二者性质不同，因此不可相互替代。典型的如国有企业既要向政府缴纳各种税收，也要向政府上缴国有资本经营收益；矿产资源开采者既要向政府缴纳矿产资源补偿费，也要向政府缴纳资源税等各类税收。

因此，地方政府财权包括税权、财产权和使用者付费，三者需要统一考虑。正税清费的基本方向正确，行政性收费应该减。但如果是财产性收入，不仅不应该"减"，而且还应该"增"。我国作为公有制为主体的国家，大量资源和资产属于国家所有。如果国家的财产收益流失了，那么，也就意味着国家所有权的丧失。这个问题同时还是我国贫富差距迅速扩大的原因之一。国家财产性收益应在中央与地方财政关系上体现，与地方税体系构建紧密联系起来。财政体制的一个重大盲区是国家财产性收益，长期以来只看到了"分税"，而忽视了公有制背景下如何"分产"，土地、矿产资源等大量财产性收益搁置在中央与地方财政关系之外。地方的税权和财产权不能割裂开来，地方税改革需要与公共产权改革结合起来。关于使用者付费的问题，世界上有很多通用的做法也可以借鉴。地方税体系构建不是一个独立的问题，涉及各个方面，需要统筹考虑。

2. 地方税与地方债务的关系

作为独立的经济利益主体，地方政府可以其信用和所拥有的资产到市场上融资，以弥补当期的入不敷出。在现代国家中，债务是各国各级政府的重要筹资手段，我国隐形地方债务存在多年，并于 2009 年中央代发地方债，地方政府债务正式破冰，2014 年修订的《预算法》正式允许地方政府"有限制地发债"。在这种情况下，地方税、非税以及地方债、中央对地方的转移支付形成地方政府收入。从本质上看，债务是对未来税收的预支，且债务有相对比较明确的支出方向。

（1）地方债与地方税支出方向不同。

政府债务最早产生于美国，用于弥补战争造成的财政亏空，之后在凯恩斯需求理论的影响下，债务演变为政府宏观调控的手段，即在经济衰退时期，扩大赤字振兴经济。对于地方政府而言，因不承担宏观调控的职能，相应地方债的主要功能是弥补财政赤字。从严格意义上来看，地方债务不是地方政府收入，只是增加了地方政府当期可支配资金。地方债通常有明确的用途，即用于政府资本性支出，由于资本性支出的受益具有跨期特点，因此将债务用于资本性支出可以较好地实现收支在时间跨度上的配比，因此"地方政府借款与债务几乎总是无一例外地被限制用于资本投资"①，而地方税（非税）等政府收入多用于政府当期费用性支出，二者支出方向上较为不同。随着世界范围内城镇化浪潮，各国政府资本性投资需求大大增加，地方债务问题也成为世界性普

---

① 梅尔维尔·麦克米兰：《地方政府与地方财政建设》，中信出版社 2005 年版，第 90 页。需要说明的是，此处地方政府是指基层政府。

遍问题，我国也进入城镇化加速期，可预计，地方债将成为我国地方政府可支配资金常态，成为地方税的重要补充。

（2）地方债务是对未来地方税（非税）的预支。

从终极意义而言，地方税（非税）才可以形成地方政府的真实收入，而地方债是地方政府的负债，需要偿还，资金来源则为未来的政府收入，即地方税（非税），所以，地方债务是未来地方税（非税）的提前预支。

第 2 章

国家治理、地方治理与地方税

党的十八届三中全会将"推进国家治理体系和治理能力现代化"作为全面深化改革的总目标，这既是对我国改革经验的总结，也是应对当前一些现实问题的必然选择。我们应从国家治理看待地方税及其构建，国家治理、地方治理和地方税是相互关联的，后两者都应当服务于国家治理现代化进程。地方治理相对于中央治理或国家层面的治理，从属于国家治理体系。作为地方财政收入的重要来源，地方税是地方治理的重要基础。地方税对地方治理的影响，主要体现在两个层面：其一，地方税的结构及收入状况，直接影响地方政府的治理能力；其二，地方税对辖区居民责任与能力产生一定的影响。同时，治理体系结构和治理能力是影响地方税构建的重要因素。一个高效的地方税体系，应与地方治理结构和能力相匹配。

2.1 地方税是地方政府治理能力的物质基础

地方政府是地方治理的主体之一，地方政府的治理能力在很大程度上决定了地方治理的成效。地方政府的治理能力不仅依赖于制度、规则，而且需要一定的物质基础。地方税是地方财政收入的重要来源，成为地方政府治理能力的物质基础。地方税状况，不仅影响地方财政收入和地方公共服务供给状况，而且还对地方政府责任、地方稳定、地方治理效率等产生重要影响。具体而言，主要体现在以下五个方面。

2.1.1 影响地方财政收入

从收入来源角度来分析，地方财政收入一般包括税收收入、非税收入、中央税收返还和转移支付、地方债务收入以及其他收入等。其中，税收收入是地方财政收入的主要组成部分。例如，2017 年广东省一般公共预算收入 11315.21 亿元，其中税收收入 8869.91 亿元，非税收入 2445.3 亿元，税收收入占一般公共预算收入比重为 78.4%，剔除基金转列因素后，税收收入占比为 84%；2017 年江苏省一般公共预算收入 8171.53 亿元，同口径增长 4.6%。其中，税收收入 6484.33 亿元，同口径增长 4.7%，占一般公共预算收入的 79.4%。因此，地方税体现了地方政府的汲取能力和地方经济社会发展状况，直接影响地方财政收入的总量与结构。

2.1.2　影响地方公共服务供给状况及能力

公共服务一般被认为是为满足公共需求，具有非排他性和非竞争性等特征的服务或产品。它是相对于私人服务或私人产品而言的。与此相应，地方公共服务，通常则是指受益范围局限于或主要局限于特定区域的公共服务。

如何有效地提供公共服务，是地方治理的基本目标之一，也是实现国家治理现代化的必然要求。对于市场而言，这只"看不见的手"通过内部的供求、价格、竞争和风险等机制对市场经济主体的行为进行调节，进而决定产品的供给。现实世界中市场机制的运行偏离了理想的完全竞争、完全信息状态，市场信息不对称、复杂多变的市场结构使市场的运作出现盲动、滞后、无序等问题，致使资源无法进行优化配置和组合。特别是在公共服务供给中存在着"市场失灵"。由于公共服务具有非竞争性和非排他性特征，容易产生"搭便车"行为，追求自身利益最大化的市场主体无法通过市场交换机制有效提供公共产品。"市场失灵"带来供给不足，这就为政府提供公共服务提供了理论支持。但是，市场的缺陷并不是把问题交给政府去处理的充分条件，政府与市场一样存在缺陷。政府在公共服务供给中也存在着"政府失灵"。例如，随着社会的发展，公共服务的范围会出现扩大，而政府却不能及时足额的提供各类公共服务，并且政府作为公共产品的直接提供者，存在动力和激励不足，容易受官僚主义弊端拖累，影响提供的效率。针对这种状态，一个理想的公共服务供给模式应该是能够将政府和市场的优势结合起来，改善供给效率与质量。在以提高效率为中心的新公共管理和以协调为中心的整体性治理理念下，公共服务的供给呈现多元化供给的方式。

可以说，在现代社会，地方公共服务的有效提供依赖于政府、市场与社会三者的互动关系，依赖于地方政府的行为及地方政府与中央政府、政府与社会组织以及公众之间的互动状况，其中地方政府扮演者主要角色。由于地方政府更接近居民需求，并且能对当地的偏好及环境作出反应，可以在一定程度上解决公共服务供给中的信息不对称问题，有利于提高供给效率。有效提供辖区内公共服务，既是地方政府的职责和行为目标，也是其实现区域利益最大的工具或手段。

地方政府承担公共服务供给职责，必须有相应的资金来源作为保障，而财政收入是这一资金来源的主要部分。一个地方的公共服务供给能否满足居民需求，不仅取决于地方政府的供给能力、组织能力和居民的需求偏好状况，而且取决于财政投入的规模和结构。作为地方财政收入的重要来源，地方税是地方政府为公共服务融资的基本工具。可以说，地方税状况影响地方公共服务的供给状况。

专栏 2 - 1　公共服务的特征与分类

公共服务，又可称为公共产品或公共品，它是相对于私人产品而言的。公共产品的经典定义是保罗·萨缪尔森在《公共支出纯理论》一文中给出的。按照他的定义，纯粹的公共产品（公共服务）是指每个人对这种物品的消费并不会导致任何其他人消费的减少。

与私人产品相比较，公共服务具有如下特点：一是效用的不可分割性。即公共服务是向整个社会共同提供的，整个社会的成员共同享用公共服务的效用，而不能将其分割为若干部分，分别归属于某些个人、家庭或企业享用。或者，按照谁付款谁受益的原则，限定为之付款的个人、家庭或企业享用。二是消费的非排他性。即在技术上没有办法将拒绝为之付款的人排除在公共服务的受益范围之外，或者即使在技术上是可行的，但由于成本较高，因而是不值得的。当排他性不可行时，只要有人供给某一产品，任何人都可以从该服务中受益。三是消费的非竞争性。即某一个人对某种公共服务的享用，并不会排斥、妨碍其他人的同时享用，也不会因此而减少其他人享用的数量和质量。

　　根据性质的不同，公共服务可分为纯公共服务和准公共服务。纯公共服务是指具有充分的非排他性和非竞争性，并且不能确定价格的服务，即指完全意义上的公共服务。例如，国防、国家安全、法律秩序等属于典型的纯公共产品。

　　有些公共服务只具有有限的非竞争性或有限的非排他性，可被称为准公共服务。准公共服务的范围十分广泛，它介于私人服务和纯公共服务之间。相对于纯公共服务而言，它的某些性质发生了变化。一类准公共服务的使用和消费局限在一定的地域中，其受益的范围是有限的，如地方公共服务（并不一定具有排他性）；另一类准公共服务是公共的或是可以共用的，一个人的使用不能够排斥其他人的使用。然而，出于私益，它在消费上却可能存在着竞争。由于公共的性质，产品使用中可能存在着"拥挤效应"和"过度使用"的问题，这类产品如地下水流域与水体资源、牧区、森林、灌溉渠道等。还有一类准公共服务具有明显的排他性，由于消费"拥挤点"的存在，往往必须通过付费，才能消费，它包括俱乐部产品、高速公路、收费桥梁等。

　　资料来源：作者根据相关资料整理。

2.1.3　对地方政府责任和行为价值取向的影响

　　地方政府责任意识的强弱和行为价值取向，是影响地方治理效果的重要因素。政府作为代表全体人民的社会组织，理应以追求公平、正义为价值取向，以满足公共需要、追求公共利益为行为目标。亚里士多德认为，凡是"正宗政体"，其行为的价值取向自然是公共利益；只有"变态政体"行为的价值取向才是统治者个人的利益或部分人的利益①。树立起较强的责任意识，并能以追求公共利益为目标，是一个地方政府的理想状态。在实际行为过程中，政府行为受自利性和偏私性等原因的影响，时常会偏离满足公共需要、追求公共利益这一基本目标，出现行为偏差，导致"公共利益内部化"，即部分公共利益通过财政决策转化为内部决策人和执行人的利益。正如韦伯所言："虽然在理

---

① ［古希腊］亚里士多德：《政治学》，商务印书馆 1996 年版，第 133～134 页。

论上科层组织只是非人格的部门，但实际上它却形成了政府中的独立群体，拥有本身的利益、价值和权力基础。"[①]"公共利益内部化"降低了公共资源乃至社会总资源的配置效率，对整个社会发展带来不良影响。提高地方治理能力，必须解决公共利益内部化问题，其中一个行之有效的措施就是增强地方政府责任意识，使其以公共利益为价值取向，并以制度加以约束，形成有效制约和规范机制。

地方政府的责任意识和行为价值取向，受道德因素、上级激励约束与监督机制以及辖区内公众的压力等影响较大。财力是政府运行和履行职责的基础。上级激励约束与监督机制以及辖区内公众的压力，对地方政府的责任意识和行为取向影响，又与财力的来源状况密切相关。一般而言，如果一个地方的财力过度依赖上级的转移支付或补助，则在责任意识和行为取向上趋向于上级政府或部门。由于地方税来自于辖区内的企业和居民，地方政府在征收地方税的同时，也就相应承担了追求公共利益的压力，因而更能产生较强的责任意识。

2.1.4 影响治理效率

一个良好的地方治理应符合效率原则，力争以较小的治理成本取得较大的治理成效。如果治理成本远大于治理效果，则就会出现治理低效或治理失败。

由于各地在资源禀赋、发展阶段、居民需求、区域位置、生态环境、基础设施等诸多方面存有较大差异，因此，并不存在一套具有普遍性的治理方式。提高治理效率，要求地方治理必须符合当地实际状况，依据各地的特点，实行差异化的治理方式。地方税，实质上体现了差异化治理的理念，有利于提高治理效率。这主要体现在三个方面。

第一，地方税是基于分权理念而设置的，目的是为地方提供公共服务融资，合理、有效的分权，带来公共服务供给效率的提高。公共服务供给效率是地方治理效率最直接的体现。以事权划分为基础的财政分权，必然也会提高地方治理效率。但这效率的提高，需要满足两个条件：一是只有事权和支出责任相适应，并与地方财力相匹配时，分权才能够有效改善公共服务供给效率；二

---

① 转引自杨冠琼：《政府治理体系创新》，经济管理出版社 2000 年版，第 317~318 页。

是虽然财政分权可以使地方政府更好地因地制宜提供当地所需的公共服务，但需要把握好放权的度，亦即确立合理事权和地方税规模，防止地方行为的变异。过度的放权，有可能降低社会治理的效率。

第二，地方税源状况，是地方经济社会发展状况的直接反映。通过税源状况，可以直接了解地方性信息，为实施差异化的治理提供基础，使治理方式更具针对性，进而提高治理效率。

第三，地方税有助于在官员利益和公共福利之间形成激励相容机制，使地方政府更好地履行自己的职责，促进治理效率的提高。

2.1.5　征纳关系影响地方稳定

地方税，特别是其中的财产税类，其征收一般较为接近公众和企业，所以给予社会产生的税负感也较为直接。地方税中所体现的征纳关系以及地方征收部门的征管能力，不仅影响税收的征收，事关征管成本的高低，而且对地方稳定状况起到非常重要的作用。良好的征纳关系、较强的征管能力，有利于促进地方税的征收、降低征管成本，有利于为地方经济社会发展创造和谐、稳定的环境。

能否形成良好的征纳关系，除了在征收中遵循公平正义原则之外，还要处理好征收的度和税收的使用等问题。征收的度，亦即要求税收的适度性，必须取之有度，不能超过生产力和社会发展的限度。在社会财富总量确定的前提下，政府以税收为主体取得的数量与企业、居民的财富总量呈此消彼长的关系。税收征收既不能过多，也不能过少，必须讲究适度。正如明代思想家丘浚所言："治国者，不能不取之于民，亦不可过取于民。不取乎民，则难乎其为国，过取乎民，则难乎其为民。"[1] 特别是对于地方税而言，其主要是为地方提供公共服务融资，更需把握好度的问题，这样才能有利于形成良好的征纳关系。同时，若要形成良好的征纳关系，还需要注重税收的使用，即公共服务供给情况。脱离了公共服务供给水平，就不能客观评价和认识税负水平和公众的税负感。良好的公共服务供给水平，将会间接降低公众的税负感。

---

① 《大学衍义补》卷二十二，《贡赋之常》。

2.2 地方税影响辖区居民责任与能力

公众是地方治理的主体之一，其责任和能力状况影响地方治理的质量和效果。由于地方税是对地方企业或居民征收，因此，它对辖区居民权利与责任意识、公共理性和公民能力等都能产生一定的影响。

2.2.1 没有合格的公民就没有有效的地方治理

公民是个法律上的概念，一般是指具有一定国家的国籍，依据法律规定享有政治权利和承担义务的人。"公民"的内涵不同于"公众"。公众是指一般的社会成员，它属于社会学上的概念。公众依据法律规定享有政治权利和承担义务，就成为法律意义上的"公民"。因此，可以说纳税是公众作为公民的一种资格体现。

在地方治理中公民至少扮演两个角色，一是公共治理的参与者，另一个是公共治理的对象。公民素质的高低，直接决定了地方治理的成本与效果。从公共治理参与者的角度而言，一个高素质的公民，在公共治理中就会发挥较好的主观能动性，能够更有效地参与社会治理，显然这有利于提高地方治理的效果。相反，如果一个公民的素质较低，即使赋予了他诸多社会治理参与权利，他也无法很好地去行使这些权利，也就无助于治理效果的提升。另外，从公共治理对象的角度而言，公民素质较高，地方治理成本就会较低，治理的效果也就会较好；相反，如果公民素质不高，那么，地方治理的成本就要大大增加，并且治理的效果也不一定会好。其中的道理不难理解。一般而言，公民的素质较高，他们就能产生较高的合作意愿，便于达成合作，这又必然会减少因社会协调、管理和执行等产生的治理成本。

我们可以通过税收遵从度的状况对此作进一步分析。一般而言，税收遵从度是指纳税人受主观心理态度的支配所表现出来的对税法的遵从程度。它较直观地反映出一国纳税人纳税意识和自觉依法纳税的状况，并间接反映出一国征管能力状况和税制的优劣。税收遵从度的高低，直接影响税收征纳成本的高低。较高的税收遵从度，将会降低税收征纳成本。影响税收遵从度的因素是多方面，其中公民的素质状况是一个重要方面。一般而言，税收遵从度与公民的素质呈现正相关关系。较高素质的公民，通常会遏制自己的偷逃税等税收不遵从行为，进而降低社会治理成本。

2.2.2　地方税对辖区居民权利与责任意识的影响

权利不是凭空得来的，责任意识也不会无端产生。居民在地方治理中所享有的权利，来自于居民对所在辖区的贡献。如果一个居民虽有纳税能力，但没有对该辖区税收做过贡献，权利就会失去基础，甚至失去合法性。

富兰克林曾说过，在这个世界上，人的一生中只有两件事情不可避免，那就是死亡和纳税。税收是居民对其所在国家或地区所作贡献的一种直接体现。纳税数额的多少，也通常意味着所做贡献的大小。做出了贡献，也就应该享受权利。因此，纳税的另一层含义就是应该享受其应有的权利。

一个居民对于社会的责任意识，主要来自由两个层面：一是道德层面。人作为社会集体中的一员，生活、生产于社会之中，与社会其他成员发生千丝万缕的社会关系。在集体环境之下，人为了维持生存和发展，必然要求体现出一种道德倾向，作为维系社会的基础，因此，个人对于社会具有责任意识，可以是社会存续的必然要求。二是权利层面。权利不是无端产生的，权利背后体现了一种责任意识。权利不应滥用，有权利就应有相应的责任意识，二者之间需要一种平衡关系。无责任的权利，将会使社会陷入一种异化。纳税，既是维持社会公共生活的必然需要，又是自身所享受权利的基础。因此，税收所体现的是一种社会责任意识。

作为地方提供公共服务筹资的主要手段，地方税使辖区内居民切实感受到对社会所做的贡献，并内含于人的意识和行为之中，从而增强其权利与责任意识。因此，地方税有利于培育负责任的公民。

2.2.3　地方税对公共理性和公民能力的影响

公共理性是现代社会有效运行的一个重要基础。何为公共理性？霍布斯把公共理性归结为"上帝的最高代理人的理性"，并认为，"我们不能每一个人都运用自己的理性或良知去判断，而要运用公众的理性，也就是要运用上帝的最高代理人的理性去判断。"① 康德公共理性是"普遍的人类理性""……而人

---

① ［英］托马斯·霍布斯：《利维坦》，商务印书馆 1985 年版，第 354～355 页。

类理性，除了在其中都有发言权的那种普遍的人类理性之外，并不承认其他裁决者"①。而对公共理性这一概念作出经典解释的是罗尔斯。他认为，"公共理性是一个民主国家的基本特征。它是公民的理性，是那些共享平等公民身份的人的理性。他们的理性目标是公共善，此乃政治正义观念对社会之基本制度结构的要求所在，也是这些制度所服务的目标和目的所在。"② 罗尔斯又写了《公共理性观念再探》一文，对公共理性作了进一步的解释：所谓公共理性就是指各种政治主体（包括公民、各类社团和政府组织等）以公正的理念，自由而平等的身份，在政治社会这样一个持久存在的合作体系之中，对公共事务进行充分合作，以产生公共的、可以预期的共治效果的能力。

公共理性源于国家、社会和个人的二元分离。这一分离，将生活领域分为公共领域和私人领域，公共领域又可分为政治生活领域和社会生活领域。基于各自的利益诉求，在每个领域的社会主体都形成了各自独特理性。公共理性实质上追求的是公共领域（公共生活）的正当、合理的价值尺度和行为标准，反映的是社会整体的利益诉求，同时，又能注重对每一个公民个体之合法权益的保障。公共理性根植于个体理性、组织理性之中，并依赖于个体的理智能力和道德能力，三者既有一致性，也有一定的矛盾和冲突。

然而，公共理性如何形成呢？单纯地规劝和教育，很难形成公共理性。公共理性来自于公共生活的锤炼。只有在公共交往、公共事务的处理等公共生活之中，才能使人们在个体理性的基础上，形成公共理性。地方税，构成地方公共生活的财力基础和物质保障。对于地方税的征收和使用，将有助于公共理性的形成。特别是在现代社会，地方税中所体现的公平、法治等原则，既是公共理性的体现，也是公共理性形成的基础。

一个有效的地方治理，需要实现公民两种角色的平衡和统一，即作为地方治理的参与者和作为地方治理的对象的有效统一。而要做到这一点，需要通过提升公民能力来实现。提升公民能力的一个重要途径是适度的公民参与。除了选举，民主制度的另一个重要维度就是国家向社会的分权——地方治理中的公民参与。公民参与体现了代议制民主和直接民主的结合，有利于解决代议制民主中存在的代表失职、容易产生政治冷漠等弊端。地方税面向地方居民和企业

---

① ［德］康德：《纯粹理性批判》，华中师范大学出版社 2000 年版，第 636 页。
② ［美］约翰·罗尔斯：《政治自由主义》，译林出版社 2011 年版，第 196～197 页。

征收，一方面，使辖区内居民参与到公共服务的融资中，这是一种带有义务性质的参与；另一方面，又参与到地方税收收入的使用中，监督其使用，这是一种带有权利性质的参与。通过这两方面参与，为提升公民的能力提供了一个有效的渠道。在这里地方税起到了一种物质中介作用，更能吸引居民的参与热情，这比单纯的说教方式，能够起到更加好的效果。

2.3　地方税应与地方治理结构和能力相匹配

地方税与地方治理的关系，体现在两个方面：一方面，地方税通过对地方政府的治理能力、辖区居民责任与能力等产生影响，来影响地方治理状况；另一方面，地方治理状况又影响地方税的建构，要求地方税应与地方治理结构和能力相匹配。

2.3.1　治理体系结构决定税制结构

一个国家的税制结构，取决于该国的治理体系结构。目前我国是实行中央与地方两级治理结构，与之相应，我国的税制结构也应大致分为中央和地方两级。

1. 我国两级治理体系

从现实情况来看，我国的国家治理呈现两级治理结构，即两级分权、两级治理：

一级为国家层面，是指以中央政府为核心的对国家整体层面的治理，也可称之为整个国家的治理或中央治理。

另一级为地方层面，是指以省级为单位的地方治理。目前，全国共有34个省级行政区（其中：23个省、5个自治区、4个直辖市、2个特别行政区），我国地方行政区划进行了多次演变和调整。我国宪法规定，我国的行政区划基本上划分为三级，即省（自治区、直辖市）、县（自治县、市）、乡（民族乡、镇）。改革开放之后，随着城市化和工业化的发展，我国出现了"地区改市""撤地建市"和"县改市""撤县建市"，原来作为省级政府派出机构的地区行署演变为"地级市政府"。这样除直辖市、特别行政区和中国台湾地区外，每个省、自治区的行政区划的管理无一例外按地级行政区（含副省级城市）、县级行政区（含副地级行政区域）和乡镇（含副县级行政区域）三级管理。

2. 构建与治理体系相符合的税制结构

两级分权、两级治理，是以事权的划分为基础的。中央与地方政府之间的事权划分应遵循以下原则：一是分职治事原则。即在政府事务与民间事务按效率原则合理分工的基础上，对政府有充足理由承担的事务，凡是地方政府能够有效处理的事务一般就不上交中央政府、凡是由中央政府处理效率较高的事务由中央政府处理。二是受益范围原则。即凡政府提供的服务，其受益对象为全国民众，则支出应属于中央政府的公共支出；凡受益对象为地方居民，则支出应属于地方政府的公共支出。三是行动原则。即凡政府公共服务的实施在行动上必须统一规划的领域，其支出应属于中央政府的公共支出；凡政府公共活动在实施过程中必须因地制宜的，其支出应属于地方政府的公共支出。四是法制原则。即中央与地方政府事权的确认、划分、行使及调整等应具有相应的法律保障，做到法制化、规范化并保持相对稳定性。五是效益原则。即从政府提供公共产品的效率角度考虑中央与地方政府事权划分。

事权与财权、财力相匹配，是一个治理体系有效发挥作用的前提。在"两级分权、两级治理"的治理体系结构，必然要求实行与之相应的税制结构。在事权划分比较清楚的基础上，中央与地方都应有比较稳定、规范的收入来源，其中很重要的一点就是各自要有稳定的税收来源，以满足各自事权需要。只有这样，才能做到事权与财权、财力相匹配。一般而言，将维护国家权益、实施宏观调控所必需的税种划分为中央税；将同经济发展直接相关的主要税种划分为中央与地方共享税；将适合地方征管的税种划分为地方税。这种划分主要是基于三个原则：一是经济原则。即以该税种是否有利于宏观经济调控为划分标准。如果该税种有利于经济稳定，调整产业结构，统一大市场的形成，就应划归中央政府，否则归地方政府。二是效率原则。即以征税效率高低为划分标准。某些税种能够实现规模效益，则宜于集中，应作为中央收入；一些收入灵性、分散的税种，集中管理的成本较高且容易流失，应作为地方收入。三是转移性原则。即根据税基的流动性进行划分。如果一个税种的税基具有可移动性，容易出现通过流动转移得以避税，而地方间为减少乃至消除这种税基移动，需要进行合作与协调，进而加大征税成本，则这类收入作为中央收入比较理想；而转移性不强或不具移动性的税种，可以作为地方收入。

由于地方的人口规模、地理环境、经济条件以及社会发展程度等不同，地方的税制结构不能搞"一刀切"，应该因地制宜地设计地方税体系，以符合地方特色和发展的实际情况，从而使地方税体系在满足权力与责任的对称的要求下，保持较高的效率和灵活性。

2.3.2 地方治理状况和治理能力影响地方税的设计

地方治理状况和治理能力是影响地方税构建的重要因素。如果脱离了地方这些实际状况，凭空设计地方税，就可能产生"淮橘为枳"的问题，达不到预期效果。因此，构建地方税，必须考虑这些因素的影响。

1. 税收征管能力是地方治理能力的一个重要体现

地方治理能力是一个综合、系统的能力集合，其中税收征管能力是其重要的一个方面。税收征管能力是指税务机关和税务人员贯彻执行税收政策、组织税收征管活动的能力和素养。它是衡量税收征管质量与税收征管效率的重要标尺。税收征管能力，反映的是地方为公共服务筹资能力，是地方治理能力的一个重要体现。如果税收征管出了较大问题，必然引起诸多不良反应，影响地方治理状况。

税收征管能力包含的内容也比较宽广，它一般是指在税收征收中的计划、组织、决策、指挥、控制、监督等方面的能力，是治税能力和水平的综合体现。具体而言，主要包括以下内容。

一是征管决策能力。决策是税收征管的核心，没有良好的决策，很难产生合意的效果。决策能力反映的是对税收征收状况总体的判断、规划和掌控能力。征管决策必须符合税收及其征管的内在规律，把握当地的实际情况，并体现前瞻性、科学性、目标性、合法性和创新性等。同时，要充分考虑短期利益与长期利益、征管成本与效益、需要与可能、公共利益与个体利益以及征收机关的利益与纳税人的利益等多方面的关系。

二是征收能力。征管是为组织税收收入服务的，征收能力是征管能力的最终反映。良好的征收能力要求最大限度地提高征收率，使实征税款尽量接近法定应征税款，做到应收尽收，构建经济与税收良性互动的收入增长机制。

三是依法治税能力。依法治税，是依法治国的有机组成部分，是指通过税收法制建设，使征税主体依法征税、纳税主体依法纳税，从而达到税收法治的状态。依法治税意味着要在制度建设的基础上，增强税收征收机关自我约束能力，使其认真执行税法，不得自立章法或滥用职权，有法不依，以权代法、以言代法。同时，要求通过有效征管，提高纳税人诚信纳税意识和税收遵从度，最大限度减少并有效控制偷漏骗税，为社会创造一个公平的税收环境。

四是税源监控能力。税源监控是指对税收的来源进行监督、管理、调节和控制。税源监控能力，就是使用一系列科学方法对所辖区域内各类纳税人的数量、结构、分布及其生产经营状况、税源产出状况、税源结构、税基规模以及税源的发展变化趋势等，进行监测和控制的能力。税源监控能力的大小直接影响征管质量。只有通过有效的税源监控和税收征管，才能将潜在的税源变成现实的税收收入。

五是征管要素的配置与优化能力。征管要素的配置状况，影响税收征管效率。征管要素即组织征管活动所必备的要件，包括人（征管主体）、财（资金）、物（征管场所、设备）及征管客体（税源、税基、征管信息）、征管结构（组织体系、业务流程、征管方式、征管制度）等。征管要素的配置与优化能力，首先体现在机构设置和人员配备状况上。税收征管效率与征管机构设置以及人员配备存在必然的因果关系，机构设置的简便精干和人员的高素质是税收征管优质高效的前提条件。其次，征管要素的配置与优化能力体现在征管业务流程的设计上。优化征管业务流程，可以提高税收征管效率和质量，优化纳税服务，降低征收成本和纳税成本。

六是征管信息资源的深加工与分析应用能力。这一能力是税收征管质量和效率得到全面提高的基础和保障。它主要是指利用现有信息资源和数据挖掘、分析技术，对系统信息资源集成、整合、深加工，以及数据分析应用。

2. 构建地方税需考虑地方治理状况和征管能力

构建地方税，首先需考虑地方治理状况。一个地区的社会经济发展，决定了该区域的税源分布情况。从广义上来说，税收来源于经济。离开经济的发展，税收即成为"无源之水，无本之木"。但从狭义上来说，税源则指各个税种确定的课税对象。从归宿上说，税源即税收的最终来源，也即税收的最终归宿。但不论是何种情况，税源都与当地经济社会发展密切相关。地方治理状况影响社会经济发展。从总体上而言，一个地区如果其地方治理状况优良，一般会促进该地区经济社会较好的发展，从而给地方税带来较为充裕的税源。否则，地方治理状况的不佳，将会影响该地区经济社会发展，进而影响其税源状况。

　　同时，构建地方税，还需考虑税收征管能力。从地方税的特点来看，地方税的主要是收入零散、规模相对较小的税种，数量多，征管难度大，需要较高的税收征管能力。如果其税收征管能力较弱，则会影响地方税的征收。一个合理的税收制度，必须与其征管能力相匹配。一个税收制度，无论其设计是多么的优美，如果不能通过有效的征管能力得以实施，最终会成为空中楼阁。因此，设计地方税，不能搞"一刀切"，需要与地方税收的征管能力结合起来，使地方税与地方征管能力相匹配，这样才能构建一个有效率的地方税体系。如果二者脱节，则会给地方财政收入、中央与地方财政分配关系等带来不利影响。

第3章

我国地方治理变革对地方税的新要求

3.1 我国地方治理面临五大挑战

当前，我国经济社会领域的一些新发展、新变化，使地方治理面临政府角色转变、地方差异性及发展的不平衡、公众权利意识的兴起、新型城镇化、潜在风险积聚五大挑战。

3.1.1 政府角色转变

由"管理"向"治理"的转变，需要转变政府职能，构建政府—市场—社会之间的新型关系。

确定政府的边界，亦即合理处理政府与市场、政府与社会的行为范围和权力边界划分问题。在经济领域，政府的边界不是简单的定位于"市场失灵"范围。政府与市场的有机联系以及其作用边界应从社会再生产和社会发展的整体中去理解。政府与市场"两者融合"于社会再生产和社会发展之中，二者之间呈现多种关系组合。一方面，作为市场的一个主体，政府与个人、企业等其他市场经济主体，在市场制度下平等参与市场交易；另一方面，作为国家与社会的管理者，政府在整个国民经济体系中对市场运行进行监督、调控和必要的补充。在这个层面上，政府与市场的关系实质上是指"政府干预"与"市场自由"在经济和社会中结合的程度，它主要体现的是一种宏观层面的关系。需要依据形势的变化，及时调整政府与市场关系的形式和内容，使其保持一种动态平衡。在社会领域，随着社会的自主性增强，必然要求政府向社会适当放权，社会自主管理权力的增加，意味着政府管理权力的减少。然而，这种对立性又是相对的，政府和社会组织之间还存在着相互影响、相互渗透的关系，并在特定条件下相互转化和构造。在这种情况下，如何有效地确定二者的边界，成为社会领域建构的重点和难题。

当前我国的经济社会发展与转型，既是经济社会结构一种整体、根本性的变革，也是各系统之间相互作用、相互影响、相互促进和制约的过程。经济社会转型，本身就是对政府的一个考验，首先需要政府自身实现转型。由于转型是一个新旧交替的过程，经济社会结构、功能的分化与变动，必然要求政府的结构、功能以及作用方式和领域等随之而变化、调整，以解决在与市场、社会关系中出现的"越位"和"缺位"问题。如果变化、调整不能随之到位，就可能出现功能性障碍，也就是政府权力的调整与现实需求相脱节，制约政府功能的有效发挥。

确定政府的边界，需要以政府角色转变为基础，总体而言，地方政府角色转变主要包括两个方面：一是服务角色转变。虽然我国已完成了由高度集中的计划经济体制逐步向社会主义市场经济体制的转变，社会主义市场经济体制进入深化改革阶段，但在一个相当长的时期内，我国政府管理体制仍带有转型期的烙印。在许多地方，为公众服务的意识仍没有建立起来，有的甚至还是原有"以统治为中心"的管理理念。二是经济角色的转变。经济社会转型，带来了经济运行系统的转变，必然要求政府经济职能和角色作相应调整。一方面，为了发挥市场的作用和调动社会积极性，政府需要调整自身的行为边界，退出一些领域，适当下放一些权力，消除公权对市场和社会发展的抑制因素；另一方面，需要政府适当集中一些权力，强化其在市场体系建构、维护产权与契约、保障社会平稳运行等方面的职责，提升其治理能力，为市场配置资源提供健全的制度体系和公正的外部环境。这就意味着并非要求政府简单的退出，而是要求其"进退并行"，成为一个有为的高效政府。忽视任何一方面，都很难形成高质量的市场和社会运行机制。从现实来看，我国许多地方的政府并没有实现经济角色的转变，政府直接参与市场运行，甚至干扰市场运行的现象较为突出。为此，需要继续推行"清单"管理，实施简政放权。完善包括权力清单、责任清单和负面清单在内的清单管理机制，在进一步推动行政审批事项的取消和下放、降低市场准入门槛、为市场主体"松绑"的基础上，规范和明确政府的权力边界和职责范围，激发市场活力。实现从强势政府到有为高效政府、从管控思维到治理和法治思维的转变，在缩减和调整政府职能范围的同时，将着力点放在增强包括制度产品在内的公共品和公共服务的供给、保障市场主体的权益以及维护市场和社会秩序上来，提升政府能力。

3.1.2　地方差异性及发展的不平衡

地方各具特色，以及区域、城乡等发展的不平衡，给地方治理带来一些挑战。

我国幅员辽阔，人口众多，是一个经济文化发展很不平衡的大国。我国各地区的自然条件、自然资源和社会经济条件的地域差异十分明显。从我国的地理区位分布来看，东部地区地理位置优越，气候条件好，地势以平原为主，交流便利，自然资源丰富。中部地区地势起伏大，地形复杂，大都处于高原向平原过渡地区，自然要素呈过渡性，自然条件敏感而脆弱。西部地区主要为荒漠和高寒环境，地理位置较差，交通不便，自然资源匮乏。

由于自然条件、人文、政策等方面的因素，我国东部、中部、西部三大地区之间，经济发展水平很不平衡，特别是改革开放后实行的先发展沿海、后发展内地的发展战略，使得本来就存在的三大地区的收入差距表现得更加明显。总体而言，改革开放以来各个地区的城镇和农村居民收入水平都有所增长，但增长速度却存在着明显的差异，东部地区增长最快，中部地区次之，西部地区最慢，东、中、西部地区的居民收入差距非常明显。在东部沿海实施非均衡战略初期，由于政策和投资环境上的优势，使资金、人才和技术等资源逐步向东部沿海地区聚集，并逐渐形成区域发展的增长极。增长极的形成，又会进一步发挥集聚效应，将周边地区的资金、资源和人才等进一步吸引过来，促进该区域进一步发展。反之，投资环境差的地方，特别是一些中西部地区，由于人才、资金等往往被吸引到投资环境好的区域，因此，其发展受到很大制约。可以说，在地区经济的发展中，东部发达地区凭借其天然的地理位置、深厚的历史基础以及先行对外开放与改革的先发优势，得以迅速发展，而中部和西部地区很少获得优惠政策，因而人们的收入水平提高缓慢，从而导致区域产生不平衡发展。经济发展水平的不平衡，也表现在经济结构方面。与中西部地区相比，东部地区不仅产业结构相对合理，第三产业相对较为发达，而且工业化程度高，产品的科技含量高，附加值大。中西部地区工业基础相对薄弱，第三产业发展滞后，长期以来扮演着东部能源和原材料供应基地的角色，产品附加值低，其资源优势难以转化为经济优势。

同时，我国城乡之间发展不协调问题也非常突出，主要表现在：一是城乡居民收入存在巨大差异。尽管这几年农民收入增长的速度较快，但仍然低于城镇居民收入的增长速度，城乡居民收入增长的相对差距和绝对差距仍在扩大。自 1978 年以来，我国城乡居民的收入都有较大幅度的增长，城乡居民的收入差距除在 20 世纪 80 年代前期有所缩小外，都呈现出不断扩大的趋势。虽然改革开放初期，由于在农村家庭联产承包责任制的率先实行，农民收入增长快于城镇居民，城乡居民收入差距曾一度缩小，但从整体上来看，城乡居民的收入差距呈扩张趋势。如果考虑到城镇居民还有住房、医疗等福利补贴，这个差距还会更大。

地方治理变革，必须既要考虑这些区域差异，使治理方式符合本区域的实际情况，又要兼顾公共服务均等化等一些要求，消除发展不平衡带来的诸多负面影响，提升治理水平和效率。

3.1.3　公众权利意识的兴起

公民权利的兴起，是现代社会的一个重要标志。公民权利的保障程度，反映了一个社会的现代文明程度。

近些年来我国社会的最大变化之一，就是公民权利意识的逐渐兴起。这是社会结构转化、物质水平和教育水平提高的必然反映。值得注意的是，信息化的发展，特别是互联网技术的发展，不仅给人们带来新的交流平台，而且减弱了信息的不对称现象，使人们的交流和组织方式发生变化，进一步催生了公众权利意识的提高。这些都在公共品供给、社会事务的参与、税收的关注度等诸多方面反映出来，从而对社会治理产生深远影响。

从西方国家的实践来看，现代财政制度的产生、税收法定原则的形成乃至西方福利国家的出现，都与当时公民权利意识的兴起息息相关。例如，享受政府所提供的公共品，成为西方国家公民权利的一个诉求，从而催生了西方福利国家。对于正处在转型期的我国而言，更需注重公民权利意识的兴起对社会治理的影响。如果忽视这种变化和影响，不能正确对待公民权利的诉求，就会促使权利与权力逐步走向对抗，引发和激化社会矛盾。显然，这对经济社会发展会产生极大的负面影响。从另一方面而言，如果缺乏有效的引导，对权利意识中的偏见听之任之、放任其发展，则可能使其走入歧途，导致种种极端思想和言行，使改革偏离正确的方向，这同样也会阻碍经济社会发展。因此，在这种情况下，如何引导公民权利诉求并维护其权益，关系社会治理的质量和国家发展大局。

总之，社会发展、物质生活以及教育等水平的提升，使公众的权利意识逐渐兴起。加之信息化发展所带来的信息不对称的减弱、交流和组织方式的变化，进一步催生了公众权利意识的提高。这必然反映到公共品供给、社会事务的参与、税收的关注度等方面，需要相应的治理方式的转变。

3.1.4 新型城镇化

城镇化是促进我国发展的一大动力，也是我国经济社会发展的必然历程。现代化，是由农业社会向工业社会、由农村向城市、由农民向市民转型、由乡村文明向城市文明转型和转变的过程。我国的城镇化，涉及 13 亿人口，这一转型涉及人口之多、流动性之大、区域之广，史无前例。我国的城镇化是人类历史上最大的一次人口转型，因而具有了世界性意义。诺贝尔经济学奖得主斯蒂格利茨曾将中国的城市化与美国的高科技发展并称为"影响 21 世纪人类社会发展进程的两件大事"。

我国当前的城镇化，不同于传统的城镇化，是一种新型城镇化。党的十八大明确提出了"新型城镇化"概念。习近平总书记明确指出："在我们这样一个拥有 13 亿人口的发展中大国实现城镇化，在人类发展史上没有先例。粗放扩张、人地失衡、举债度日、破坏环境的老路不能再走了，也走不通了。在这样一个关键的路口，必须走出一条新型城镇化的道路，切实把握正确的方向。新型城镇化要坚持以人为本，推进以人为核心的城镇化。"2016 年 2 月，习近平总书记进一步指出："要坚持以创新、协调、绿色、开放、共享的发展理念为引领，以人的城镇化为核心，更加注重提高户籍人口城镇化率，更加注重城乡基本公共服务均等化，更加注重环境宜居和历史文脉传承，更加注重提升人民群众获得感和幸福感。"可以说，新型城镇化的核心在于坚持以人文本，这必然要求由过去片面注重追求城市规模扩大、空间扩张，改变为注重提升城市的文化、公共服务等内涵，使城镇成为具有较高品质的适宜人居之所。

推进新型城镇化，必然使居民生活理念与方式、公共品需求的变化，这给地方治理带来了新的挑战。城镇化的快速发展，必然带来人们生产、生活方式的重大变化。如果农村治理和城市治理理念与方式不随之发生变化，国家治理能力将会受到一定影响，可能会产生一系列的社会问题。

3.1.5　潜在风险积聚

目前，我国潜在风险的积聚，既表现在经济层面，也表现社会层面。地方治理一个重要任务，就是化解和防范地方风险。从另一方面来说，正是这些经济、社会领域风险的积聚和变化，需要地方治理实现创新，以新的治理方式、方法化解和防范这些风险。

在社会层面，利益分化、共识阙如，以及由此而带来的社会问题丛生，是一个重要的风险集聚点。自 20 世纪 50 年代我国实行社会主义改造和建设以后，直至 20 世纪 70 年代末，我国各社会群体在经济地位上的差异性减少，利益结构相对单一。改革开放后，随着经济制度的变迁和经济体制的转换，我国原有的利益主体发生分化，新的利益主体相继产生，利益主体趋向多元化。特别是自 20 世纪 90 年代中期以来，我国阶层之间的界限越来越明显，其经济利益发生了很大变化，逐渐出现了各种各样的利益集团。随着利益分化和收入差距拉大，不同利益主体之间的利益矛盾和利益冲突日益成为影响社会稳定的重要因素。现代化发展与转型使中国社会结构发生分化，与之相对应，社会思想也由相对简单的一元性向多元性转变，社会思潮的交叉重叠，多元价值思想并存。社会不同思潮之间、传统价值与现代价值之间、道德价值与利益价值之间，所发生的各种冲突，使当代中国变成了一个"撕裂"的社会。对待同一问题，会有不同的观点和态度，有时甚至截然相反。同时，在物质主义、消费主义以及资本逻辑的诱导下，当今中国不同程度地出现了社会信任度下降、社会道德水平总体下滑、价值理想的虚无化和人生的无意义感、利他行为减弱、幸福感下降等现象。2013 年，中国社会科学院社会学研究所发布《社会心态蓝皮书》，认为社会的总体信任指标在 2012 年进一步下降，已经跌破及格线[①]。社会不信任加剧，不仅表现在官民、

---

① 　http：//news. xinhuanet. com/politics/2013 - 01/08/c_124201108. htm。

警民、商民、医患、富贫等群体间，也表现在不同阶层、群体之间，从而导致社会风险积聚、社会冲突增加，增加了我国社会治理的难度。

在经济层面，也存在诸多风险。例如，在新常态和增长速度换挡期地方经济运行的不确定风险加大。在经济风险中，对地方影响较大、较为突出的则属于地方债带来的风险。我国曾于2014年按照负有偿还责任的债务、负有担保责任的债务和可能承担一定救助责任的债务三个口径，对地方政府债务存量进行清理甄别。清理甄别之后的数据显示，截至2014年年末，地方政府负有偿还责任的债务余额为15.4万亿元，负有担保责任的债务和可能承担一定救助责任的债务余额为8.6万亿元。最新数据表明，我国截至2017年12月末，全国地方政府债务余额164706亿元，控制在全国人大批准的限额（188174.3亿元）之内。如果仅有这些公布的显性债务，地方债问题并不可怕，不必过于担忧。但地方政府还存在一定数额、未纳入规定统计口径的隐性债务。特别是近年来，由于地方融资的冲动、压力并没有得到根本解决，地方债"隐形化"和复杂化加剧趋势。例如，政府名义上的担保得到有效遏制，但以默许或私下承诺等方式出现的变相担保问题，致使地方债务更加"隐形化"；作为优化政府与市场关系而出现PPP、政府购买服务和投资基金等，对稳定经济、推进地方建设和提高财政资金效率发挥了积极作用，但也出现了超越使用条件和范围、假借其名搞变相融资等异化现象，积聚了新的财政金融风险。

地方债问题对地方的影响，不仅体现在积累了引发局部系统性风险和突发性财政金融风险的潜在因素，给地方经济社会发展所需的稳定环境带来压力，而且巨额的地方债务存量呈现出较大的"挤出效应"，降低了国有经济资源的使用效率，对地方新旧动能转换和高质量发展产生负面影响。因此，解决地方债问题，地方刻不容缓。

3.2 我国地方治理变革的目标及要求

尽管地方治理中的五大挑战，来自不同领域、不同层面，但归结起来，都与政府和居民的行为、能力有关。这些挑战，都源于经济社会形势的发展变化，对政府能力和居民素质提出了新的要求。例如，新型城镇化，意味着居民生产生活方式的变化，这不仅对政府供给公共品的能力和方式提出要求，也对居民的素质和能力提出了要求。再如，无论地方经济层面风险的积聚，还是社会层面风险的积聚，都涉及政府能力、政府活动边界、政府行为方式，以及政府与居民关系的变化等，这对政府和居民都提出了新的要求。因此，应对这些挑战，需要转变理念，加快地方治理变革，优化治理方式，提升地方政府治理能力和辖区居民的公民意识与参与能力。

3.2.1　我国地方治理变革的目标

自 20 世纪 90 年代中后期以来，一些国家将"少一些统治、多一些治理"作为新的执政目标，"治理"便成了国家建构中的一种新的理念。治理之所以不同于统治，在于治理更加强调协调、合作，注重主体间权力的互动性和依赖性，而不是压制、控制。党的十八届三中全会将"推进国家治理体系和治理能力现代化"作为全面深化改革的总目标，这既是对我国改革经验的总结，也是应对当前一些现实问题的必然选择。这一目标定位，不仅意味着我国国家管理理念的重大变革，也标志着我国改革将进入以推进国家治理现代化为目标的新阶段，这对于推进社会主义现代化建设、保障国家健康稳定发展具有极为重要的理论意义和现实意义。此外，党的十八届三中全会明确提出要创新社会治理体制，改进社会治理方式，这是在党的文件中第一次使用"社会治理"这一概念。在经济领域取得巨大成就之后，我国社会领域面临着前所未有的巨大变革，各类社会问题层出不穷，并不断发生变化，社会领域改革的重要性日益凸显。在这种情况下，"社会治理"必然顺势而生。总之，在"治理"成为我国改革目标和时代特色之时，推动地方治理变革也势在必行。

治理理念的产生与推广，与地方治理运动密不可分。"20 世纪 80 年代中期以后，地方治理运动逐渐发展成为一个遍及欧美发达国家及许多亚非拉发展中国家的国际性现象。……它是在民族国家受到经济全球化冲击，社会形态和国家权力性质发生重大变化的背景下，政府组织为有效回应环境变化和危机挑战而选择的一条新型发展道路。"① 对于地方治理的概念，学术界给出了诸多

---

① 孙柏瑛：《当代地方治理——面向 21 世纪的挑战》，中国人民大学出版社 2004 年版，第 1 页。

界定。例如，英国著名学者威廉·L.米勒、马尔科姆·迪克森和格雷·斯托克认为，地方治理是"关于地方服务的委托、组织和控制，这些地方服务包括地方区域内卫生、教育、治安、基础建设和经济发展等。"①

地方政府治理虽然涉及诸多方面，但基本上都是围绕政府与公民关系展开。地方治理的兴起和发展，实质上是一个分权于民的过程，即社会领域的分权。因此，地方政府应当着眼于重塑政府与公民关系，合理界定自身的角色。地方治理的目标是提升地方治理水平，培育负责任的政府与负责任的公民，实现地方政府与公民的良性互动。

1. 培育负责任的政府

目前我国正处于由计划经济体制逐步向社会主义市场经济体制过渡的历史转型阶段，在一个相当长的时期内，我国行政管理体制仍带有转型期经济体制的烙印。因此，政府的权力关系必须调整，政府的职能必须转变，政府要从统治的身份转为社会的服务者。从"以统治为中心"的管理走向"服务为中心"的管理。确立"以服务为中心"的管理，是对传统的政府管理提出了挑战，由此生发的政府管理目标和管理方式的变革是历史的必然。培育负责任的政府，要求政府必然以公众为重心、以公共利益为其基本的价值诉求。当前，我国地方政府公信力的下降以及地方治理中存在的诸多问题，都与政府的责任意识不到位有关。这也就意味着，解决地方治理中的诸多问题，实现地方治理变革，一个重要的方面就是在提高政府服务能力的基础上，打造一个透明、负责任的政府，即将政府由一个国家权力的拥有者提升为公共利益的组织者、保障者。

2. 培育负责任的公民

负责任的公民意识对于一个国家的发展和现代化进程发挥着重要作用，它不仅通过对经济、政治、社会、文化发展的导向作用，为现代化进程提供精神动力，并为国家和社会的有序运转提供伦理秩序、政治秩序和法制秩序基础。在整个社会形成负责任的公民意识，是一个文明的现代社会、一个成熟的市场经济最基本要求和特征。缺乏公民意识是我国与西方发达国家的一个显著差距，并且是影响最为深远的一个差距，这不仅与我国取得的巨大经

---

① 转引自曹剑光：《国内地方研究治理述评》，载于《东南学术》2008年第2期。

济、社会发展成不相匹配，而且已经成为阻碍我国经济发展和社会进步的一大障碍。正如《社会管理蓝皮书——中国社会管理创新报告》指出的，"一部分人只注重享受权利，不注重履行自己的责任和义务，由此导致公众权利意识强与社会责任意识弱并存这一现象的存在"。飞机航班延误，冲上跑道拦飞机；发生医患纠纷，把棺材花圈抬到医院；网上讨论辩论，动辄粗口相向，乃至暴力威胁……一些人为了维护个人权益，无视他人权益，罔顾公共利益，甚至更进一步，把他人权益、公共利益当作讨价还价的筹码，以实现个人利益最大化。

在政府与公民之间形成良好的互动关系，促进双方以一种合作而不是对立的心态来对待公共事务和公共管理。这不仅有利于为我国经济社会的发展注入新的动力，而且有利于促进社会形成共识，有利于建设我国政治文明和推动民主政治发展。因此，培育负责任的公民，成为我国地方治理变革的一个重要目标。

3.2.2　我国地方治理变革的"两个要求"

我国地方治理变革，要实现提升政府治理能力和提升公众素养和参与能力"两个要求"。

1. 提升政府治理能力

提升政府治理能力，一方面，要加强对公权力的约束。不受约束的公共权力，将会导致权力边界的无限延伸和滥用，损害社会有机体的正常运转。在政府边界相对确定的情况下，如果不对公共权力进行有效制约与平衡，将会出现其对市场、社会权力的侵蚀，使三者无法处于一种和谐与平衡之中。另一方面，又要防止"低能力政府"陷阱。政府作为转型秩序的稳定器，对防止转型失控、促进经济社会有序转型起到重要作用。尤其是在我国，由于整个经济社会转型是由政府主导的，政府能力的强弱成为能否有序转型的关键因素。然而，在转型过程中，却容易导致"低能力政府"陷阱。其原因在于，一方面，由于转型是一个新旧交替的过程，社会结构、社会功能的分化，原有政府结构与功能的变动无法与之相适应，就会出现政府在履行诸多基本职能时出现了严重的功能性障碍，导致政府控制能力的减弱；另一方面，随着发展和转型的推进，政府的边界处于变动之中，无论是经济领域，还是在社会领域，都出现了要求政府进一步放权的呼声。由于我国长期以来被认为是一个强势政府，在经济社会领域拥有较强的权力，在应对放权的呼声中，如果把握不好放权的内容和幅度，就会造成权力的失衡与错位，从而削弱了国家能力。"低能力政府"陷阱，一个突出的表现就是社会结构的稳定性被打破，政府引导和控制经济社会发展变化的能力不足，从而使社会秩序陷入较为混乱的局面。

2. 提升公众素养和参与能力

提升公众素养，亦即将公众由"乌合之众"打造成"负责任的公民"。马克思说："人是最名副其实的政治动物。"① 所以在现实的政治生活中，"无论一个人是否喜欢，实际上不能完全置身于某种政治体系之外……政治是人类生存的一个不可避免的事实，每一个人都在某一时期以某种方式卷入某种政治体系"②。但是个人作为"政治动物"被卷入政治生活因其自身素质的差异有被动和主动与非理性和理性之分。所以"一个国家如果有许多人不识字，就不可能有现代化的民主"。

法国社会心理学家古斯塔夫·勒庞于 1895 年出版了心理学著作《乌合之众》。作者勒庞以十分简约的方式，考察了个人聚集成群体时的心理变化，指出个人在群体中会丧失理性，没有推理能力，思想情感易受旁人的暗示及传染，变得极端、狂热，不能容忍对立意见，因人多势众产生的力量感会让他失去自控，甚至变得肆无忌惮。无疑，这种狂热易变、容易轻信的"乌合之众"是不利于地方治理的，与善治的社会理念与要求相悖。实现地方治理创新，需要并且这种"乌合之众"，使其转化为"理性的积极公民"——负责任的公民。

提升公众素养，培育负责任的公民，一方面加大对教育，尤其是基础教育的投入，全面提高公民的文化素质水平，加深公民的理性修养；另一方面，激励公民关心公共事务，开展理性的社会参与，在社会参与中提升自己的素养。知识带来理性，精神和信仰促使公民由诱导型或动员型的社会参与走向自觉自主的社会参与。

公民参与，不仅可以提升其素养，而且体现了更为重要的价值理念。公民

---

① 《马克思恩格斯全集》（第 46 卷），人民出版社 1979 年版，第 21 页。
② 罗伯特·达尔：《现代政治分析》，上海译文出版社 1987 年版，第 594 页。

参与是地方治理体系中不可或缺的内容，它既是实现地方善治的重要治理手段，更是地方治理的核心目标取向，公民参与程度也成为检验地方治理发展水平的重要标志之一。公民的参与能力，是公民参与地方治理的基础和保障。促进公民参与，必然要求提升公民的参与能力。唯有如此，才能让公民有序、高效地参与到社会治理中去，培育具有理性的公民。

专栏 3 - 1　国家治理体系现代化的标准

一个国家的治理体系是否现代化至少有五个标准：

第一，公共权力运行的制度化和规范化。它要求政府治理、市场治理和社会治理有完善的制度安排和规范的程序。

第二，民主化。公共治理和制度安排都必须保障主权在民或人民当家作主，所有公共政策要从根本上体现人民的意志和人民的主体地位。

第三，法治。宪法和法律成为公共治理的最高权威，在法律面前人人平等，不允许任何组织和个人有超越法律的权力。

第四，效率。国家治理体系应当有效维护社会稳定和社会秩序，有利于提高行政效率和经济效益。

第五，协调。现代国家治理体系是一个有机的制度系统，从中央到地方各个层级，从政府治理到社会治理，各种制度安排作为一个统一的整体相互协调，密不可分。

其中，民主是现代国家治理体系的本质特征，是区别于传统国家治理体系的根本所在。所以，政治学家也将现代国家治理称为民主治理。

资料来源：俞可平：《现代国家治理的本质是民主治理》，http：//news. takungpao. com/mainland/focus/2014－03/2342924. html。

3.3　地方治理变革对地方税的新要求

地方税作为地方治理的重要基础和方式，理应在应对地方治理挑战中发挥更为积极的作用。为此，需要依据地方治理变革的要求，加快地方税体系建设。

51

3.3.1 财力与事权、权力与责任相匹配对完善地方税的压力与要求

财力与事权不匹配、权力与责任不对称，制约了地方治理能力，构建地方税应高度注重这一问题。

正确合理地划分中央与地方的事权和财权是推进分税制财政体制改革的基础。1994年建立的财政体制重新界定了中央、地方政府之间的财权和事权范围，着眼点是增强中央政府的宏观调控能力，明确各级政府的事权和支出责任。但由于财权划分模式与事权划分模式出现了两相背离格局。这在很大程度上加剧了基层政府财政困难。由于在市场经济体制下政府职能的重新界定是一个全新课题，我国目前政府与市场的关系仍存在不够具体和规范的方面，因此中央政府和地方政府之间的事权和支出范围，还缺乏明确的法律界定，有待于进一步规范。一些本应由地方承担的事务却由中央来承担，一些本应由中央来承担的事务却由地方来承担，还有中央出政策地方出钱等现象的发生。

1994年实行的分税制财政体制，对于税收收入数量大、税源集中的一些税种或者划为中央税或者划为共享税，并且在共享税分享比例中中央占大头、地方占小头。虽然划给地方政府的税种数量并不少，多达十多种，但这些税种往往都是税源比较分散、征管难度比较大、税收收入数量少的小税种。即便是地方税体系中占比较大的营业税，也并不是完全属于地方税，铁道部门、各银行总行、保险总公司集中缴纳的营业税归中央。因此，地方税体系单薄、税种结构不合理、缺少主体税种的问题自分税制改革以来一直就成为地方税体系的一个突出问题。营业税也是地方财政收入第一税种。"营改增"后，由于营业税收入转为增值税收入，将导致地方税体系的主体税种和支撑失去，进一步加剧地方税体系单薄、缺少主体税种的问题。

总之，财力与事权、权力与责任相匹配对完善地方税的压力与要求，构建地方税必须对此做出回应和妥善的安排。

3.3.2 赋予地方适当的税权，保持地方税体系的差异性和灵活性，提升地方政府治理能力

地方缺乏必要的税权，不能根据本地区的经济情况对地方税种进行合理调

整，制约了地方收入的增长。我国 1994 年的分税制改革，只是对税种和税收收入进行了一定的划分，缺乏对税权的划分。目前，几乎所有的地方税税种的税法、条例及其实施细则都是由中央制定和颁发的，地方只享有征收管理权及制定一些具体征税办法和补充措施的权限。由于地方政府不能根据本地实际对地方税种进行合理调整，致使其很难通过增加税收来增加收入。为应付大量的支出需求，地方政府滥用收费权，开征了许多具有税收性质的收费和基金，导致非规范收入大量衍生，分散了地方政府财力，从而进一步制约了地方财政收入的增长。因此，完善我国地方税体系需要赋予地方适当的税权，保持地方税体系的差异性和灵活性，这样既可以符合地方差异性要求，提升治理的质量与效率，又可以提升地方公共品供给水平、增强地方应对风险的能力。

3.3.3　完善地方税制度应体现公众权利意识与诉求的变化，构筑社会稳定的基石

从地方税具体制度设计上来看，在纳税人、课税对象、计税依据、税率以及减免税等在内的具体税收制度设计上，应体现公众权利意识与诉求的变化。

从地方税制定程序和法规层级上来看，坚持税收法治化理念，对涉及私人产权征收的地方税，例如，房地产税，应以法律的形式制定，并充分听取公众的意见。其他以地方法规制定的地方税，也应体现公众权利意识与诉求的变化。只有提高法律的立法层次，才能增强征收的权威性，消除各种质疑和抵触情绪。因此，完善地方税制度应体现公众权利意识与诉求的变化，构筑社会稳定的基石。

3.3.4　完善地方税应坚持征管能力与地税特点相匹配的原则，并加快地方征管体制改革

尽管近些年来，地税系统在征管方面做了较大努力，征管能力有了较大提高，但从现实情况来看，我国当前的税收征管中还存在诸多问题，地方税征管手段滞后，仍难以满足税收征管的需要，这突出表现在面向自然人的税收管理服务体系和信息共享机制建设滞后，信息化手段运用不充分、征管的信息化水平较低等方面。例如，尽管计算机技术在不断引进和使用，但征管软件对税源监控的功能仍相对不足，影响了税源监控及分析的质量；信息技术在纳税评估

中运用不足，使得评估的质量难以达到要求，不利于提高决策的科学性；由于受维护技术、操作能力与水平等方面的影响，技术设备与征管程序、方式不匹配，信息数据利用程度不高，不能及时准确地掌握纳税人的涉税信息。此外，税收征管模式，包括征管组织形式、职责划分等，国地税在征管中的相关矛盾和协调问题，都影响了税收征管能力。为此，完善地方税应坚持征管能力与地税特点相匹配的原则，并加快地方征管体制改革。

第4章

我国的地方税体系：财政分权视角

4.1 我国地方税制度建设的历史演进

4.1.1 近代对地方税制度的探索：不成功的尝试

从历史的角度来看，我国地方税制度的实践发端于清末，盛行于民国时期。在20世纪上半叶，财政体制经历了数次大规模的改革。其中，中央税与地方税划分的问题始终是改革的核心。回顾这段历史，有许多经验教训仍值得我们借鉴。

地方税的概念是一个地道的"舶来品"。划分中央地方税收、给予地方独立的税权，是在近代西方财政分权思想引入中国后才出现的。

光绪三十四年（1908年），清政府预备立宪。在考察西方财政制度后，宪政编查馆与资政院提出了"订颁国家税地方税章程"的三项条款，第一次提出了划分中央地方税收、建立地方税制度的建议。这一建议引起了各省的热议，但因各地态度不一、意见相左，直到辛亥革命爆发、清帝退位，仍未能形成具体方案。

北洋政府成立不久，划分两税之议又起。1913年北洋政府财政部颁布了《国家税法与地方税法草案》和《国家费目与地方费目标准案》，在此基础上进行修订后，1914年北洋政府财政部正式颁布了《划分国家税地方税法草案》，从而建立了相对独立的地方税收体系。但这一方案的显著特点是将重要财源划归中央，划给地方的只有一些收入较少的零星税种，在地方军阀的强力反对下，实行不足一年即告停止。

1922 年第一次直奉战争爆发，直系取胜，掌握了北京政权。在直系"武力统一"政策的威胁下，各省军阀纷纷宣布自治或联省自治。湖南等省制定本省宪法，在省宪中将重要税收规定为地方所有。1923 年曹锟依靠贿选手段当上总统后，颁布了《中华民国宪法》，在宪法中规定了国家税、地方税（包括省税和县税）的范围。但由于全国上下对贿选的一致反对，这一宪法未能实施。1924 年第二次直奉战争爆发，奉系取胜，段祺瑞就任北京政府临时执政后，该宪法即被废止，这一次国地税的划分也以失败告终。

南京国民政府成立后，随即于 1928 年召开了第一次全国财政会议，在会上提出了划分国地税法草案，明确了中央、省和县三级的财政关系。时隔不久，1934 年第二次全国财政会议对 1928 年的国地税法进行了修正，1935 年颁布了《财政收支系统法》，对省县的收支划分做了规定。抗日战争爆发后，为适应战时财政的需要，1940 年国民政府召开了第三次全国财政会议，讨论并通过了《改订财政收支系统实施纲要》，增强了中央财政实力。抗战胜利后，国民政府再次对财政体制进行改革，1946 年通过《财政收支系统法》，1948 年制定《国税省税县税划分办法》，明确划分了中央、省、县三级财政和适用税种。

总体而言，自分税制引入以来，历经晚清、北洋政府、国民政府三个政权半个世纪的努力，到国民政府期间，中央和地方的财政关系初步得到理顺，地方税体系逐渐清晰。但是当时政权更迭频繁、军阀割据、战乱不止，在政局不稳的情况下，划分国地税收的措施始终无法得到切实推行，只是一种不成功的尝试。但是，与封建帝制时期相比，地方税的雏形毕竟已经出现，这是一个很大的进步。

回顾近代对地方税制度的探索历程，可以清晰地看到，历次改革始终绕不开两个焦点，一是地方的含义和层级问题；二是中央集权与地方分权的关系问题。

（1）如何界定"地方"的含义，在地方中是以省为主还是以县为主。

地方税的概念来自于西方，而我国自秦朝建立起中央集权制度以来，实行的是大一统的体制，国家职权高度统一于中央政府，在行政架构上并没有很清晰的地方观念。在财政上同样实行的是中央集权的财政制度，虽然税赋由地方政府负责征收，并分成"起运"和"留存"两个部分，但实质而言，所有的收入都归王朝财库所有，不管是中央还是地方的收支都在王朝财政的架构之内。因此，当清末议定国家税地方税划分之初，首先遇到的困惑就是如何界定"地方"的含义。如考察宪政大臣李家驹所言："以我国财政向无中央与地方之分类，今欲就现在岁出入之款项名目，区以别之，试问岁入项下何者当为国税？何者当为地方税？岁出项下，何者属于中央行政费？何者属于地方行政费？"而当时最不明确的一点是关于"省"地位的确定，即省是属于地方还是国家。自元代实行行省制度以来，省最初是中央的派出机构，直到后来才逐渐演化为固定的地方行政机构，但其仍长期保留着中央派出机构的某些原有性质，在政令、财政等方面都与一般认定的府厅州县、城镇乡等地方政府有所不同。因此清末一些大员仍将省视为中央政府的延伸，而不将其看作是地方。例如，1906年奉天将军赵尔巽确定国家税、地方税时，将省行政用款视同国家用款。吉林巡抚陈昭常也认为："省之一级为我国一种特别阶制，其趋势已入国家行政范围。总省政者为督抚，故督抚职权实含有国务性质。"但是，更多的人认为，自清朝晚期以来，各省的独立性越来越强，在事实上已经成为独立的地方一级政权。

在省作为地方行政的地位确定后，地方税的含义也就确定下来了。随后的讨论就集中在地方税的层级划分上，特别是省与县（市）何者为主的问题更显突出。在清末时期，地方大员提出的地方税划分方案最大的借鉴来源是日本的税收划分实践。例如，吉林省提出将地方税分为省税、府厅县州税、城镇乡税三个层次。1913年北洋政府提出的税法草案同样借鉴自日本，将地方税分为省税和县税两级。南京国民政府时期，分税制从纸面进入了实际操作阶段。在实践中，省与县（市）之间的税收划分矛盾真正凸显出来。1928年实施的国地税法草案，虽然将地方财政分为省、县（市）两级，但以省级为主体，县（市）财政处于从属地位，其收入由各省自行决定。实际上，各省大多将划归地方的丰厚税源占为己有，县（市）收入则依赖省的供给，运行数年后，县（市）财政虚悬的问题十分突出。于是在1934年对税法进行了修正，正式确定了县（市）作为一级地方财政的地位，并明确了独立的税源和特定税种。但严格划分省、县（市）财政后，一部分原为省级所有的收入转移给了县（市），又造成了省级财政的不足。归根结底，地方层级的划分是从属于中央地方关系的次级问题，在中央与地方财权事权划分不明确的情况下，省与县（市）之间的矛盾始终无法解决。

（2）中央集权与地方分权之争。

在近代对地方税制度的探索中，中央集权与地方分权作为核心问题，始终交织其中。

清末划分国地两税建议时，度支部力主将大宗税项收归中央，地方财力不足，则由中央财政予以补助。而地方省份则从本省利益出发，要求明确划分中央、省级、县（市）三级税收，确保地方财政的地位。北洋政府制定的《划分国家税地方税法》，在税收划分上也是偏向中央，举凡田赋、关税、盐课、统捐、厘金等重要赋税收入都划归中央，而地方税收只有田赋附加和其他一些不重要的杂税杂捐。然而，在各省军阀的反对下，这一方案不得不取消，改回中央政府统收统支的旧财税体制，税收仍归各省直接管理征收，由财政部与各省单独协商解款数额，各省按期上解中央。袁世凯倒台之后，中央政府控制力愈加减弱，地方军阀势力不断膨胀，同时受西方财政分权思想的影响，扩大地方权力、增强地方税收的主张也日益盛行。

南京国民政府成立后，蒋介石着手进行财政整理，制定国地财政划分制度，其目的主要是加强中央政府的财政实力，同时削弱地方军阀的实力。但是，由于地方自治的观念已经深入人心，地方财政的独立性已经无可动摇。因此，1928年划分国家收支时秉承的宗旨是"中央集权与地方分权并重"，分税方案也明确了中央和地方的财力关系，为地方自治奠定了基础。抗日战争爆发后，在战时特殊环境下，为适当集中财力备战，1941年国民政府对财政体制进行了改革，将财政分为国家财政和地方自治财政两级。省级财政归并进入中央财政系统，成为代表中央监督地方领导地方自治的虚级，原属地方的田赋、营业税及契税收入相应成为中央收入。县（市）成为真正的地方自治单位，但是，县（市）财政虽然独立，由于主要税收均划归国家财政，地方出现了严重的收不抵支。抗日战争胜利后，这一体制也就不再适用。1946年国民政府又对财政体制进行了调整，在地方财政体系中重新建立了省级财政，1948年明确划分了中央、省、县（市）三级财政的税种，试图建立起中央与地方"均权"的财政体制，然而在实际运行中，由于全国财政收支严重不平衡，地方财政无法做到真正的自治，对中央财政的依赖并没有减少。

纵观清末至中华人民共和国成立前的大部分时期，中央政府主导进行税收划分时，首要目的是保证中央财政收入、壮大中央实力。在这样的指导思想下，主要税种和充裕税源基本都划归中央，留给地方的只是一些零散税收。而最终运行结果是地方政府连年入不敷出，或依赖中央补助，或依靠苛捐杂税谋取收入。在这种情况下，地方税并不是真正意义上的地方税，更无法实现其应有的作用。

4.1.2　中华人民共和国成立后统收统支体制时期：不存在地方税体系

中华人民共和国成立后，迅速建立起了高度集中的计划经济体系，与之相适应的是统收统支的财政体制。在这一体系下，国家计划是核心，财政仅充当了会计工具的角色；全国一盘棋，财权高度集中在中央政府，地方政府仅为中央的附属机构。可以说，在这一时期，并不存在地方税体系。

首先，在高度集中的计划经济下，国家通过行政命令、计划指标配置社会资源。在完成社会主义改造后，国有企业成了唯一的生产单位，国家通过各种方式直接操纵着国有企业的生产和资金配置。从财政收入形式来看，虽然我国在 1950 年发布了《全国税政实施要则》，确定了 14 个税种，并在此后几年分别制定了相应的税收条例。但是，在实践中，税收处于次要、从属的地位。基于 1950 年发布的《公营企业缴纳工商业税暂行办法》和《关于公营企业缴纳工商业税的通知》，公营企业的所得税一律作为利润上缴。由此形成了"利税并存、以利为主"的财政收入机制，国营企业上缴利润成为国家获得财政收入的主要方式。从表 4 - 1 可以清晰地看出，1956 ~ 1978 年，国有企业收入成了财政收入的主体，在这期间，企业上缴利润占国家财政收入的比重为52.8%，而税收收入占比仅为 45.6%。如算上预算外收入，则企业上缴利润占国家财政总收入的比重更是达到 60% 以上。与此同时，在计划经济指导思想的影响下，我国的税制不断简化，最终发展到 1973 年成为单一的工商税制，除了工商税外，只有零散的几个小税种，几乎不能成为独立的税收体系，也就不存在构成地方税体系的根基。

表 4 - 1　　　　中国历年国家财政分项目收入统计（1950 ~ 1978 年）　　　　单位：亿元

年度	收入合计	各项税收	企业收入	其他收入
1950	62. 17	48. 98	8. 69	4. 5
1951	124. 96	81. 13	30. 54	13. 29

续表

年度	收入合计	各项税收	企业收入	其他收入
1952	173.94	97.69	57.27	18.98
1953	213.24	119.67	76.69	16.88
1954	245.17	132.18	99.61	13.38
1955	249.27	127.45	111.94	9.88
1956	280.19	140.88	134.26	5.05
1957	303.2	154.89	144.18	4.13
1958	379.62	187.36	189.19	3.07
1959	487.12	204.71	279.1	3.31
1960	572.29	203.65	365.48	3.16
1961	356.06	158.76	191.31	5.99
1962	313.55	162.07	146.22	5.26
1963	342.25	164.31	172.68	5.26
1964	399.54	182	212.93	4.61
1965	473.32	204.3	264.27	4.75
1966	558.71	221.96	333.32	3.43
1967	419.36	196.63	218.47	4.26
1968	361.25	191.56	166.73	2.96
1969	526.76	235.44	286.74	4.58
1970	662.9	281.2	378.97	2.73
1971	744.73	312.56	428.4	3.77
1972	766.56	317.02	445.69	3.85
1973	809.67	348.95	457.02	3.7
1974	783.14	360.4	407.26	15.48
1975	815.61	402.77	400.2	12.64
1976	776.58	407.96	338.06	30.56
1977	874.46	468.27	402.35	3.84
1978	1132.26	519.28	571.99	40.99

资料来源：国家统计局国民经济综合统计司：《新中国 55 年统计资料汇编》，中国统计出版社 2005 年版。

其次，从中华人民共和国成立以后至"分灶吃饭"改革以前，财政体制的基本特征是集中和集权，虽然在有些时期进行了调整，对地方政府下放一些财权和财力，但都是在特定情况下的短期变化，是在集权前提下有限的、难以稳定的放权，而不是规范化的分权。从财政收入划分来看，1958 年之前，财政收入 75% 以上集中在中央，1958 年下放税权后，地方财政收入占比迅速上升到 60% ~ 90%。但这只是名义上的收入，由于实行的是收支挂钩的制度，地方政府的收入多少依支出而定，在支出上由中央部门决定，地方并无自主权，而且地方财政收支指标一年一变，无法形成稳定的收入分配关系。因此，地方政府实际上的收入自主权很小。

最后，从税权配置情况来看，从 1950 年建立高度集权的税收制度后，20 余年间经历了税权下放—上收—全面下放—再次上收的频繁调整，如表 4 - 2 所示。总体来看，税收管理立法权大多数时期集中于中央，全国性税种基本由中央立法，中央统管，只有在个别时期或者对较小税种的税收政策调整权下放至地方；至于税收收入归属权，从中华人民共和国成立起，名义上设置了中央税和地方税，而真正意义上的中央税，只有关税等个别税种，真正成为地方税的，也只有部分地区开征的土特产税和其他个别税种。在全国范围内开征的税种，所取得收入或全由中央统收统支，或由中央与地方按不同的财政管理体制实行分成。税收征管执法权也由隶属于财政部门下的税务部门统一执行。简言之，税权仍牢牢集中在中央。

表 4 - 2　　　　　　　　　　1950 ~ 1979 年统收统支财政体制概况

实行年份	基本内容
1950	高度集中，统收统支
1951 ~ 1957	划分收支，分级管理
1958	以收定支，五年不变
1959 ~ 1970	收支下放，计划包干，地区调剂，总额分成，一年一变
1971 ~ 1973	定支定收，收支包干，保证上缴（或差额补贴），结余留用，一年一定
1974 ~ 1975	收入按固定比例留成，超收另定分成比例
1976 ~ 1979	定收定支，收支挂钩，总额分成，一年一变；部分省市试行"收支挂钩，增收分成"

资料来源：李萍：《财政体制简明图解》，中国财政经济出版社 2010 年版。

专栏 4 - 1　1949 ~ 1979 年我国税收管理体制变动情况

1949 ~ 1958 年：税权高度集中阶段。中华人民共和国成立之初，举国上下，百废待兴，财政面临困难与考验，国家决定实行高度集中的计划经济

体制，与这一体制相适应，税收管理体制也呈现出高度集中的特点。这个时期的税收立法权高度集中于中央，即税种的开征与停征、税目和税率的增减调增全部集中于中央；减税、免税批准权限也基本集中在中央，只对一部分地方性税收的减免事宜，授权地方在全国统一税法的范围内具体确定。税收收入归属权的配置是中央和地方各自拥有自己完全独立的税种。其中5个税种（农业税、关税、盐税、货物税和工商业税）为中央税，其余10个税种（屠宰税、房产税、地产税、遗产税、薪给报酬所得税、存款利息所得税等）为地方税（后略有变动）。税收征管执法权则由各地财政局下设的税务部门统一行使。这种税收管理体制，适应了当时的客观条件，对于争取国家财政经济状况的基本好转，以至实现国家财经状况的根本好转，对于恢复国民经济和配合社会主义改造都起到了积极作用。

1958～1960年：税收管理权全面下放阶段。社会主义改造完成后，高度集中的税收管理体制已难以适应新的经济形势，不利于调动地方与企业的积极性。为配合当时财经权力的下放，税收管理体制也进行了以下放税收管理权为目标的改革。税收立法管理权，主要是税收政策调整权下放至地方（省级），其原则是，可由地方管理的税收，其税收政策调整权归地方管理。对于一定范围内的中央管理的税收，也赋予了地方一定的机动调整权，如允许对一些主要税种实行减免或扩大中央和地方分成范围，增加地方税收。参与中央与地方分成收入的税种扩大至工商业营业税、企业所得税和农业税，分成方法也作了调整，从原来的按税种分成，改为按地区分成。

1961～1970年：税收管理权适当上收阶段。根据国民经济调整、巩固、充实提高的方针，1961年对税收管理体制作了部分调整，适当收回部分税收政策调整权，如将工商统一税和盐税的税收政策调整权收回中央。

1973～1976年：税政管理权继续下放阶段。此次税收政策调整权的下放始于1969年，在此基础上，1973年又将个别产品和纳税单位的减免权交由地方，企业适用税率核定权交由地方，地方税收政策调整权进一步扩大。在税收收入归属权方面，中央直接掌握的税收只有关税，其余一律属于地方。在税务机构方面，国家明确税收入员的编制，充实税务队伍。

> 1977 年：税收管理权再次上收阶段。1973 年税收政策调整权的下放，
> 造成税收管理权限紊乱。为解决这一矛盾，1977 年 11 月，国家对税收管
> 理体制进行调整，对税收管理权限做了进一步明确划分，适当收回部分地
> 方税收政策调整权。其主要内容是，凡属国家税收政策的改变，税法的颁
> 布和实施，税种的开征和停征，税目的增减和税率的调整，都属于中央管
> 理权限。同时，给予地方个别税种开征权和部分税种的政策调整权。
>
> 资料来源：《我国税收管理体制的改革研究》课题组，《我国税收管理体制的改革
> 研究》，载于《财政研究》2009 年第 1 期。

4.1.3　财政包干体制时期：地方税体系开始萌芽

改革开放后，原来的"统收统支"财政体制已经不能适应中国经济快速
发展的形势，特别是财政上高度集权的格局严重制约了地方政府发展经济的
积极性，不利于社会生产力的长期发展。为此，财政体制改革成为我国经济
体制改革的突破口，从 1980 年起，我国调整了中央与地方分配格局，实行
"划分收支、分级包干"的财政体制，接着在 1985 年和 1988 年又进行了两
次调整，但总体而言实行的都是财政包干体制，这也被称为"分灶吃饭"
财政体制。

在财政包干体制下，放权让利成了财政体制改革的主线。相比统收统支的
财政体制，地方获得了前所未有的财政自主权。但是，作为行政性分权，包干
制并没有从根本上触及税收权。尽管随着两步利改税的实施，中央政府开始尝
试按税种设置划分财政收入，地方税体系开始萌芽，但受限于当时的社会经济
环境，无法真正得到落实。

所谓"分灶吃饭"，指的是在国家统一领导下，中央与地方财政分开，
保持各自相对独立和稳定的收支预算。但中央与地方的财政之间仍保持一定
的关系，双方之间都负有相互的责任。地方对中央负有上交定额的义务，中
央对地方有按定额补助差额的责任。在财政包干制下，地方政府第一次获得
了相对独立的财权。但是，在财政包干的条件下，基本上仍然按照企业的隶
属关系划分各级财政的收入来源，而不是按照税种进行划分。在 1983 年和
1984 年两步"利改税"之后，国营企业应当上交国家的财政收入转为按 11

个税种向国家交税。在此基础上，1985 年我国将包干的内容改为"划分税种，核定收支，分级包干"，即按照第二步利改税改革以后的税种设置划分各级财政收入。

1985 年实行的"划分税种、核定收支、分级包干"的财政体制，虽然基本上仍然是"分灶吃饭"，但它提出了以划分税种作为划分各级财政收入的依据，从形式上向划分税种的管理体制迈出了一步，有利于以后过渡到完全的分税分级管理体制。但是在实际执行过程中，由于经济体制改革当中变化因素较多，完全划分税种的条件还不具备，税种的划分也难以达到科学合理，因此，我国对 1985 年财政体制采取了部分变通措施，即在 1985 年和 1986 年两年（后又延长到 1987 年），暂时实行"总额分成"的过渡办法。随后在 1988 年完全废除了"划分税种"的财政体制，改为实行多种形式财政包干体制，退回到了按企业隶属关系划分收入范围的做法。因此，可以说，在这个时期，随着国有企业收入制度和税收制度改革的逐步推进，地方税体系有了萌芽，但无法生根落地。

专栏 4 - 2　财政包干体制沿革

（1）1980 ~ 1985 年"划分收支，分级包干"财政体制。

1980 年 2 月，在广东省、福建省、江苏省、北京市、上海市、天津市以外的其余省和自治区实行"划分收支、分级包干"的财政管理体制，按照经济体制规定的隶属关系，明确划分中央和地方财政收入范围，将财政收入划分成中央和地方固定收入、固定比例分成收入和调剂收入。其中，中央财政的固定收入包括：中央所属企事业的收入、关税收入和中央的其他收入。地方财政的固定收入包括：地方所属企事业的收入、盐税、农业税、工商所得税、地方税和其他的收入。体制确定以后，因调整企业隶属关系，由地方上划给中央部门直接管理的企业，其收入作为固定比例分成收入，80% 归中央，20% 归地方。收入规模最大的工商税作为中央和地方的调剂收入①。

---

① 1980 年 2 月国务院颁布的《关于实行"划分收支、分级包干"财政管理体制的暂行规定》。

"划分收支、分级包干"的财政体制打破了高度集中财政体制的僵化局面，为经济体制改革打开了"突破口"，促进了经济和社会的发展，但在实行两年后也出现了诸多问题，中央财政逐年下降乃至发生困难，以致不得不向地方借款以弥补财政收支缺口，于是从1983年起不得不又改为"按固定比例总额分成"的包干方法。

（2）1985~1988年"划分税种，核定收支，分级包干"财政体制。

在1983年和1984年两步"利改税"改革后，中国的税收制度发生了重大变化，企业不再是按行政隶属关系上交利润，而是向国家缴纳税收。顺应这一改革，中央与地方之间的分配关系也需要进一步调整。

1985年，国务院决定对各省、自治区、直辖市实行"划分税种、核定收支、分级包干"的财政体制，按照"利改税"第二步改革后的税种设置划分各级财政收入。整个财政收入被划分为中央固定收入、地方固定收入和中央地方共享收入三部分，具体划分情况如下：

中央财政固定收入包括：中央国营企业的所得税、调节税；铁道部和各银行总行、保险总公司的营业税；军工企业的收入；中央包干企业的收入；粮、棉、油超购加价补贴；烧油特别税；关税和海关代征的产品税、增值税；专项调节税；海洋石油外资、合资企业的工商统一税、所得税和矿区使用费；国库券收入；国家能源交通重点建设基金；其他收入。石油部、电力部、石化总公司、有色金属总公司所属企业的产品税、营业税、增值税，以其70%作为中央财政固定收入。

地方财政固定收入包括：地方国营企业的所得税、调节税和承包费；集体企业所得税；农牧业税；车船使用牌照税；城市房地产税；屠宰税；牲畜交易税；集市交易税；契税；地方包干企业收入；地方经营的粮食、供销企业亏损；税款滞纳金、补税罚款收入；城市维护建设税和其他收入。尚待开征的土地使用税、房产税和车船使用税，将来也列为地方财政固定收入。石油部、电力部、石化总公司、有色金属总公司所属企业的产品税、营业税、增值税，以其30%作为地方财政固定收入。

中央和地方财政共享收入包括：产品税、营业税、增值税（这三种税均不含石油部、电力部、石化总公司、有色金属总公司四个部门所属企业和铁道部以及各银行总行和保险总公司交纳的部分）；资源税；建筑税；盐税；个人所得税；国营企业奖金税；外资、合资企业的工商统一税、所得税（不含海洋石油企业交纳的部分）。①

（3）1988～1993年多种形式财政包干体制。

实行"划分税种、核定收支、分级包干"体制后，受多种因素影响，财政收入占国民收入和中央财政收入占全国财政收入的比重持续下滑。为调动地方组织收入的积极性，同时适度增加中央财政收入，中央政府开始实行多种形式的财政包干体制。

1988年，在财政收入划分上主要有两点改革：一是将13种小税种划给地方作为地方固定收入；二是在原定财政体制的基础上，对不同地区实行收入递增、总额分成、总额分成加增长分成、上解额递增包干、定额上解和定额补助等不同形式的包干办法②，具体做法有以下六种。

第一，收入递增。以1987年决算收入和地方应得的支出财力为基数，参照各地近几年的收入增长情况，确定地方收入递增率（环比）和留成、上解比例。在递增率以内的收入，按确定的留成、上解比例，实行中央与地方分成；超过递增率的收入，全部留给地方；收入达不到递增率，影响上解中央的部分，由地方用自有财力补足。实行地区有北京市、河北省、辽宁省（不包括沈阳市和大连市）、沈阳市、哈尔滨市、江苏省、浙江省（不包括宁波市）、宁波市、河南省和重庆市。

第二，总额分成。根据前两年的财政收支情况，核定收支基数，以地方支出占总收入的比重，确定地方的留成和上解中央比例。实行地区为天津市、山西省和安徽省。

第三，总额分成加增长分成。在上述"总额分成"办法的基础上，收入比上年增长的部分，另加分成比例，即每年以上一年实际收入为基数，基数部分按总额分成比例分成，实际收入比上年增长的部分，除按总额分成比例分成外，另加增长分成比例。实行地区为大连市、青岛市和武汉市。

---

① 《国务院关于实行"划分税种、核定收支、分级包干"财政管理体制的规定》。
② 1988年国务院发布的《关于地方实行财政包干办法的决定》。

第四，上解额递增包干。以 1987 年上解中央的收入为基数，每年按一定比例递增上交。实行地区为广东省和湖南省。

第五，定额上解。按原来核实收支基数，收大于支的部分，确定固定的上解数额。实行地区为上海市、山东省和黑龙江省。

第六，定额补助。按原来核定的收支基数，支大于收的部分，实行固定数额补助。实行地区有吉林省、江西省、甘肃省、陕西省、福建省、内蒙古自治区、广西壮族自治区、西藏自治区、宁夏回族自治区、新疆维吾尔自治区、贵州省、云南省、青海省和海南省。[1]

资料来源：李萍，《我国政府间财政关系图解》，中国财政经济出版社 2010 年版。

4.1.4　1994 年分税制改革：形成地方税体系的初步制度安排

财政包干体制在当时特定的背景下对经济发展起到了一定的积极作用，但是随着中国建立社会主义市场经济体制总体目标的确立，市场在资源配置中的作用不断扩大，原有财政体制的弊端不断暴露出来，已经不能适应社会主义市场经济发展的要求，迫切需要一种合理、规范、稳定的制度来处理中央与地方财政分配关系。

1993 年 11 月，党的十四届三中全会通过的《中共中央关于建立社会主义市场经济体制若干问题的决定》，正式提出了分税制改革的内容。随后国务院出台了《关于实行分税制财政管理体制的决定》，决定从 1994 年 1 月 1 日起实行分税制财政体制。1994 年实施的分税制改革，是我国财政体制史上具有里程碑意义的改革。相比统收统支体制和财政包干体制，分税制跳出了以分成合同为基础的中央地方收入分享方法，建立了符合市场体制的税收划分制度，如表 4 - 3 所示，初步确立了包括税权配置、纵向财力分配、地方主体税种、征管机制等在内的具有完整内容的地方税体系，从而形成了地方税体系的初步制度安排。

分税制改革中，在税制改革的基础上，根据事权与财权相结合的原则，按税种划分中央与地方收入。将维护国家权益、实施宏观调控所必需的税种划为中

---

[1]　《国务院关于地方实行财政包干办法的决定》。

央税；将同经济发展直接相关的主要税种划为中央与地方共享税；将适合地方征管的税种划为地方税，并充实地方税税种，增加地方税收收入。具体划分如下。

中央固定收入包括：关税，海关代征消费税和增值税、消费税，中央企业所得税，地方银行和外资银行及非银行金融企业所得税，铁道部门、各银行总行、各保险总公司等集中交纳的收入（包括营业税、所得税、利润和城市维护建设税），中央企业上交利润等。外贸企业出口退税，除1993年地方已经负担的20%部分列入地方上交中央基数外，以后发生的出口退税全部由中央财政负担。

地方固定收入包括：营业税（不含铁道部门、各银行总行、各保险总公司集中交纳的营业税），地方企业所得税（不含上述地方银行和外资银行及非银行金融企业所得税），地方企业上交利润，个人所得税，城镇土地使用税，固定资产投资方向调节税，城市维护建设税（不含铁道部门、各银行总行、各保险总公司集中交纳的部分），房产税，车船使用税，印花税，屠宰税，农牧业税，对农业特产收入征收的税（简称农业特产税），耕地占用税，契税，遗产和赠予税，土地增值税，国有土地有偿使用收入等。

中央与地方共享收入包括：增值税、资源税、证券交易税。增值税中央分享75%，地方分享25%。资源税按不同的资源品种划分，大部分资源税作为地方收，海洋石油资源税作为中央收入。证券交易税，中央与地方各分享50%。

表4-3　　　　　　　　1994年分税制财政体制下中央与地方税收划分

中央政府固定收入	关税，海关代征消费税和增值税、消费税，中央企业所得税，地方银行和外资银行及非银行金融企业所得税，铁道部门、各银行总行、各保险总公司等集中交纳的收入（包括营业税、所得税、利润和城市维护建设税），中央企业上交利润等
地方政府固定收入	营业税（不含铁道部门、各银行总行、各保险总公司集中交纳的营业税），地方企业所得税（不含上述地方银行和外资银行及非银行金融企业所得税），地方企业上交利润，个人所得税，城镇土地使用税，固定资产投资方向调节税，城市维护建设税（不含铁道部门、各银行总行、各保险总公司集中交纳的部分），房产税，车船使用税，印花税，屠宰税，农牧业税，对农业特产收入征收的税（简称农业特产税），耕地占用税，契税，遗产和赠予税，土地增值税，国有土地有偿使用收入等
中央与地方共享收入	增值税：中央分享75%，地方分享25%。资源税：海洋石油资源税作为中央收入，其余资源税作为地方收入。证券交易税：中央与地方各分享50%

资料来源：《国务院关于实行分税制财政管理体制的决定》。

　　总体而言，实行分税制之后，中央与地方之间不是像以往那样依行政隶属关系对财政收入进行分割，而是按税种划分收入。把与全国性经济、社会调控相关的税种划分为中央税，把带有地方性和便于地方管理的税种划分为地方税，把少数关系到国计民生的重要税种划分为共享税。中央与地方都有自己的税收范围，在此基础上各自发展自己的税源，这也就明确了地方税体系的范围。但是，分税制改革只是形成了地方税体系的初步制度安排，这一体系仍不健全，随着经济社会的发展，暴露出越来越多的不足，还有很大改进空间。

4.2　地方税体系：制度安排及运行分析

4.2.1　制度安排

1. 税收立法权归属

　　我国现行的税收立法权高度集中于中央。根据《立法法》规定："基本经济制度以及财政、税收、海关、金融和外贸的基本制度，只能制定法律"。《国务院关于实行分税制财政管理体制的决定》规定："中央税、共享税以及地方税的立法权都要集中在中央，以保证中央政令统一，维护全国统一市场和企业平等竞争"。具体来看，目前税收中属于法律的只有个人所得税、企业所得税、车船税法、环境保护税法、烟叶税法和船舶吨税法六部实体法和税收征管法一部程序法。其他税收都是国务院根据人大授权制定的各种税收暂行条例。同时，财税部门根据国务院的授权，又可以制定各税种的部门规章。总体来看，除了城市维护建设税、房产税和城镇土地使用税等税种地方有权制定实施细则或办法，车船税、资源税、城镇土地使用税、耕地占用税和契税等税种地方具有税率调整权以及部分税种的减免税权外，绝大部分的税收立法权限都是集中于中央，如表4－4所示。

　　与其他省（区、市）相比较，西藏地方自治机关除拥有上述全国各地方共有的税法明确授权外，还曾拥有其他省（区、市）所没有的特许税收立法权。在1959～1993年，鉴于西藏自治区特殊的政治、经济、文化和自然环境，中央一直赋予西藏自治区特殊的税收管辖权，西藏自治区具有开征或停征税种的权力。1994年税制改革后，为建立全国统一大市场，西藏自治区进行了与全国税制基本接轨的全面税制改革。在1994年7月召开的第三次西藏工作座谈

表4-4 现行与地方税税种相关的地方税权

税种	地方税权的具体内容	备注
资源税	(1) 纳税人具体适用的税率,在本条例所附《资源税税目税率表》规定的税率幅度内,根据纳税人所开采或者生产应税产品的资源品位、开采条件等情况,由财政部商国务院有关部门确定;财政部未列举名称且未确定具体适用税率的其他非金属矿原矿和有色金属矿原矿,由省、自治区、直辖市人民政府根据实际情况确定,报财政部和国家税务总局备案	《资源税暂行条例》
	(2) 纳税人开采或者生产应税产品过程中,因意外事故或者自然灾害等原因遭受重大损失的,由省、自治区、直辖市人民政府酌情决定减税或者免税	
	(1) 对《资源税税目税率幅度表》中列举名称的资源品目,由省级人民政府在规定的税率幅度内提出具体适用税率建议,报财政部、国家税务总局确定核准	《财政部 国家税务总局关于全面推进资源税改革的通知》
	(2) 对未列举名称的其他金属和非金属矿产品,由省级人民政府根据实际情况确定具体税目和适用税率,报财政部、国家税务总局备案	
车船税	(1) 车辆的具体适用税额由省、自治区、直辖市人民政府依照本法所附《车船税税目税额表》规定的税额幅度和国务院的规定确定	《车船税法》
	(2) 省、自治区、直辖市人民政府根据当地实际情况,可以对公共交通车船,农村居民拥有并主要在农村地区使用的摩托车、三轮汽车和低速载货汽车定期减征或者免征车船税	
房产税	(1) 纳税人纳税确有困难的,可由省、自治区、直辖市人民政府确定,定期减征或者免征房产税	《房产税暂行条例》
	(2) 房产税按年征收、分期缴纳。纳税期限由省、自治区、直辖市人民政府规定	
	(3) 施行细则由省、自治区、直辖市人民政府制定,抄送财政部备案	
城镇土地使用税	(1) 省、自治区、直辖市人民政府,应当在本条例第四条规定的税额幅度内,根据市政建设状况、经济繁荣程度等条件,确定所辖地区的适用税额幅度; 市、县人民政府应当根据实际情况,将本地区土地划分为若干等级,在省、自治区、直辖市人民政府确定的税额幅度内,制定相应的适用税额标准,报省、自治区、直辖市人民政府批准执行; 经省、自治区、直辖市人民政府批准,经济落后地区土地使用税的适用税额标准可以适当降低,但降低额不得超过本条例第四条规定最低税额的30%。经济发达地区土地使用税的适用税额标准可以适当提高,但须报经财政部批准	《城镇土地使用税暂行条例》
	(2) 纳税人缴纳土地使用税确有困难需要定期减免的,由省、自治区、直辖市税务机关审核后,报国家税务局批准	
	(3) 土地使用税按年计算、分期缴纳。缴纳期限由省、自治区、直辖市人民政府确定	
	(4) 本条例的实施办法由省、自治区、直辖市人民政府制定	

续表

税种	地方税权的具体内容	备注
耕地占用税	（1）各地适用税额，由省、自治区、直辖市人民政府在本条第一款规定的税额幅度内，根据本地区情况核定。各省、自治区、直辖市人民政府核定的适用税额的平均水平，不得低于本条第二款规定的平均税额	《耕地占用税暂行条例》
	（2）农村烈士家属、残疾军人、鳏寡孤独以及革命老根据地、少数民族聚居区和边远贫困山区生活困难的农村居民，在规定用地标准以内新建住宅缴纳耕地占用税确有困难的，经所在地乡（镇）人民政府审核，报经县级人民政府批准后，可以免征或者减征耕地占用税	
契税	契税的适用税率，由省、自治区、直辖市人民政府在前款规定的幅度内按照本地区的实际情况确定，并报财政部和国家税务总局备案	《契税暂行条例》
城市维护建设税	省、自治区、直辖市人民政府可以根据本条例，制定实施细则，并送财政部备案	《城市维护建设税暂行条例》

资料来源：根据现行税收法规和规章整理。

会上，中央明确对西藏自治区实行"税制一致、适当变通、从轻从简"的税收政策，规定除关税、海关代征消费税、增值税外，在西藏自治区征收其他中央税和共享税的具体办法，由自治区政府作出规定，报国务院批准后执行，地方税种的开征、停征、税目税率的确定和减免税的权力仍由西藏自治区掌握，报财政部、国家税务总局备案。2001 年和 2010 年召开的第四次和第五次西藏工作座谈会再次重申，西藏自治区继续执行"税制一致、适当变通"的税收政策。但在具体税种的税政管理权限上，则进一步调整为：除关税、进口消费税、增值税外，中央在西藏自治区征收的其他各税的具体管理办法由自治区人民政府拟定，报国务院批准后实行。今后开征新的税种，按全国统一的税制执行，如需变通，应报国务院批准。

2. 税收收入划分情况

1994 年分税制改革之后，伴随着经济环境的变化，为了进一步规范中央和地方政府之间的分配关系，建立合理的分配机制，中国在稳定分税制财政体制基本框架的基础上，对政府间税收划分制度进行了多次的调整和完善，主要包括：

（1）所得税收入分享改革。

1994 年实行分税制财政体制时，所得税仍是按企业隶属关系来划分，即中央企业所得税作为中央财政固定收入，地方企业所得税作为地方财政固定收入。这种划分办法制约了国有企业改革的逐步深化和现代企业制度的建立，客观上助长了重复建设和地区封锁，妨碍了市场公平竞争和全国统一市场的形成，不利于促进区域经济协调发展和实现共同富裕，也不利于加强税收征管和监控。为改变现行按企业隶属关系划分各级所得税收入的弊端，从 2002 年 1 月 1 日起实行所得税收入分享改革，将按企业隶属关系划分中央与地方所得税收入的办法改为中央与地方按统一比例分享所得税收入。

改革的主要内容是：除铁路运输、国家邮政、中国工商银行、中国农业银行、中国银行、中国建设银行、国家开发银行、中国农业发展银行、中国进出口银行以及海洋石油天然气企业缴纳的所得税继续作为中央收入外，其他企业所得税和个人所得税收入由中央与地方按比例分享。2002 年所得税收入中央分享50%，地方分享 50%；2003 年所得税收入中央分享 60%，地方分享40%；2003 年以后年份的分享比例根据实际收入情况再行考虑①。

2003 年 11 月，国务院发布了《关于明确中央与地方所得税收入分享比例的通知》，从 2004 年起中央与地方所得税收入分享比例继续按中央分享 60%，地方分享 40% 执行。

（2）证券交易印花税分享比例调整。

从 1997 年 1 月 1 日起，证券交易印花税收入分享比例调整为中央 80%，地方20%。后因证券交易印花税税率由原来对买卖双方各征收3%调高到5%，调高税率增加的收入全部作为中央收入，因此，证券交易印花税中央与地方分享比例折算为中央88%，地方12%。从 2000 年起分 3 年将证券交易印花税分享比例逐步调整到中央97%，地方3%。

（3）金融保险营业税收入划分。

从 1997 年 1 月 1 日起，金融保险营业税税率由5%提高到8%。提高营业税税率后，除各银行、保险总公司缴纳的营业税仍全部归中央收入外，其余金融、保险企业缴纳的营业税，按5%税率征收的部分归地方财政，提高 3 个百分点征收的部分归中央财政。从 2001 年起，金融保险营业税每年下调 1 个百分点，分 3 年将金融保险业的营业税税率降至5%，中央分享部分也随之取消。

---

① 2001 年 12 月国务院下发的《关于印发所得税收入分享改革方案的通知》。

（4）铁路运输企业税收收入划分调整。

从 2012 年 1 月 1 日起，铁道部集中缴纳的铁路运输营业税（不含铁路建设基金营业税）、城市维护建设税、教育费附加由中央收入调整为地方收入，铁道部集中缴纳的铁路建设基金营业税仍作为中央收入；铁道部集中缴纳的铁路运输企业所得税（含中铁快运股份有限公司缴纳的企业所得税）由中央与地方按照 60∶40 的比例实行分享。

（5）"营改增"试点改革中增值税收入分享过渡性制度安排。

在"营改增"试点改革推行过程中，对增值税收入分享办法进行了适时的调整。在试点改革启动时，规定试点期间保持现行财政体制基本稳定，原归属试点地区的营业税收入，改征增值税后收入仍归属试点地区，税款分别入库。因试点产生的财政减收，按现行财政体制由中央和地方分别负担。增值税试点改革全面推开后，为进一步完善增值税收入分享机制，国务院印发了《关于印发全面推开"营改增"试点后调整中央与地方增值税收入划分过渡方案的通知》，从 2016 年 5 月 1 日起，将所有行业企业缴纳的增值税均纳入中央和地方共享范围，中央和地方各分享 50%。过渡期暂定 2~3 年，届时根据中央与地方事权和支出责任划分、地方税体系建设等改革进展情况，再研究是否适当调整。

此外，随着多项税制改革的进行，一些税种（例如农业税、屠宰税、营业税）被取消，一些税种（例如内、外资企业所得税）合并，一些税种（例如车辆购置税、环境保护税）新开征，但并没有影响到税收划分制度总体框架的变化。现行我国政府间税收收入划分制度框架如表 4-5 所示。

表 4-5　　　　　　　　　　中国现行政府间税收收入划分制度框架

中央政府固定收入	关税，海关代征消费税和增值税，消费税，各银行总行、各保险公司总公司等集中交纳的城市维护建设税，车辆购置税，未纳入共享范围的中央企业所得税*
中央与地方共享收入	增值税中央分享 50%，地方分享 50%；纳入共享范围的企业所得税和个人所得税中央分享 60%，地方分享 40%；资源税按不同的资源品种划分，海洋石油资源税为中央收入，其余资源税为地方收入；证券交易印花税中央分享 97%，上海、深圳分享 3%
地方政府固定收入	城镇土地使用税，城市维护建设税（不含各银行总行、各保险公司总公司集中交纳的部分），房产税，车船税，印花税（不含证券交易印花税），耕地占用税、契税、烟叶税、土地增值税、环境保护税

注：*未纳入共享范围的中央企业包括国家邮政、中国工商银行、中国农业银行、中国银行、中国建设银行、国家开发银行、中国农业发展银行、中国进出口银行以及海洋石油天然气企业。

在全国统一的税收收入划分制度之外，为适应西藏自治区特殊的区情，增强西藏自治区经济发展后劲，对西藏自治区实行了特殊收入划分制度。2001年，中央召开第四次西藏工作座谈会，确定实行"核定基数、定额递增、专项扶持"的财政补贴政策，除关税和进口消费税、增值税外，目前西藏自治区征收的其他各项税收全部留给西藏。

3. 税收征管权划分情况

1994年分税制改革中，为适应改革需要，分设了国家税务局和地方税务局，分别负责中央税、中央与地方共享税和地方税的征收管理工作。1993年，国务院办公厅转发了国家税务总局《关于组建在各地的直属税务机构和地方税务局的实施意见》，明确划分了国家税务局和地方税务局的征收管理范围。

国家税务局系统主要负责下列各税的征收和管理：①增值税；②消费税；③进口产品消费税、增值税，直接对台贸易调节税（委托海关代征）；④铁道、各银行总行、保险总公司集中缴纳的营业税、所得税和城市建设维护税；⑤中央企业所得税；⑥地方和外资银行及非银行金融企业所得税；⑦海洋石油企业所得税、资源税；⑧证券交易税（未开征前先征收在上海、深圳市证券交易证券的印花税）；⑨对境内外商投资企业和外国企业的各项税收以及外籍人员缴纳的个人所得税（按税种分别入中央库和地方库）；⑩出口产品退税的管理；⑪集贸市场和个体户的各项税收（按税种分别入中央库和地方库）；⑫中央税的滞补罚收入；⑬按中央税、共享税附征的教育费附加（属于铁道、银行总行、保险总公司缴纳的入中央库，其他的入地方库）；⑭国家能源交通重点建设基金、国家预算调节基金。

地方税务局主要负责下列各税的征收和管理（不包括已明确由国家税务局负责征收的地方税部分）：①营业税；②个人所得税；③土地增值税；④城市建设维护税；⑤车船税；⑥房产税；⑦屠宰税；⑧资源税；⑨城镇土地使用税；⑩固定资产投资方向调节税；⑪地方企业所得税（包括地方国有、集体、私营企业）；⑫印花税；⑬筵席税；⑭地方税的滞补罚收入；⑮按地方营业税附征的教育费附加。

此后，随着税制改革和税收分享制度改革的推进，税收征管权限也相应作了一些调整，主要集中在企业所得税征管范围划分上。2002年所得税收入分享改革后，国家税务总局下发了《国家税务总局关于所得税收入分享体制改革后税收征管范围的通知》，明确规定，自 2002 年 1 月 1 日起，在各级工商行政管理部门办理设立（开业）登记的企业，其企业所得税由国家税务局负责征收管理。

2008 年，国家税务总局再次下发了《国家税务总局关于调整新增企业所得税征管范围问题的通知》，对 2009 年以后新增企业的所得税征管范围进行了重新调整。规定以 2008 年为基年，2008 年底之前国家税务局、地方税务局各自管理的企业所得税纳税人不作调整。2009 年起新增企业所得税纳税人中，应缴纳增值税的企业，其企业所得税由国家税务局管理；应缴纳营业税的企业，其企业所得税由地方税务局管理。

同时，2009 年起下列新增企业的所得税征管范围实行以下规定：

（1）企业所得税全额为中央收入的企业和在国家税务局缴纳营业税的企业，其企业所得税由国家税务局管理。

（2）银行（信用社）、保险公司的企业所得税由国家税务局管理，除上述规定外的其他各类金融企业的企业所得税由地方税务局管理。

（3）外商投资企业和外国企业常驻代表机构的企业所得税仍由国家税务局管理。

4.2.2　地方税运行状况

1994 年建立起来的税收分享体制，确立了中央与地方的良好分配关系，极大地提升了税收在筹集财政收入中的主渠道作用，为税收收入持续多年的快速增长打下了良好的制度基础。

1. 总体收入规模情况

分税制财政体制改革，基本理顺了税收分配关系和中央与地方分配关系，在扭转财政收入占国内生产总值比重逐年下降局面的同时，也大幅度提高了中央财政收入占全国财政总收入的比重，加强了中央政府的宏观调控能力。与此同时，分税制建立起的地方税制度安排也较好地适应了调动"两个积极性"的要求，为促进地方财政收入增长提供了有效的制度依托。中央和地方实行税收收入分享与税务机构分设，中央税收拥有专门的征收机构，并自上而下垂直管理，地方税务机构单独设置，并在省一级实行地方政府和国家税务总局双重领导，在省以下实行垂直管理，不仅保障了中央税收占总收入比重的提升，而且对于调动地方税收征收的积极性也起到了重要的作用。

　　分税制改革的实施，带动了财政收入的长期快速增长，彻底扭转了财政困难的局面。在分税制财政体制下，不仅中央财政收入得到了急剧增长，从1993年的957.57亿元增长到了2017年的81119亿元；地方财政收入在经历了短暂下滑后，也迅速实现了快速增长，从1993年的3391.44亿元增长到了2017年的91448亿元（见图4-1）。可以说，分税制改革为中国的宏观经济调控和各项财政政策目标的实现奠定了坚实的财力基础。

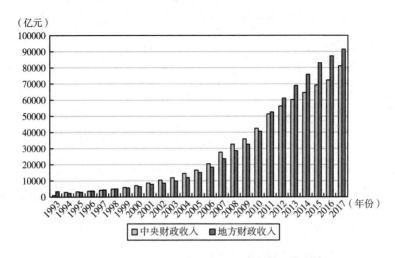

图4-1　1993～2017年中国中央和地方财政收入情况

资料来源：国家统计局网站；《2017年财政收支情况》（财政部网站）。

　　如图4-2所示，在1994年分税制改革之前，地方财政收入比重远远高于中央财政收入比重，地方财政收入比重长期保持在60%～80%。分税制改革大幅度调整了二者的分配关系，中央财政收入的比重由1993年的22.02%提高到了1994年的55.70%，此后一直维持在50%以上，直到2011年之后逐渐下降到50%以下。2014年中央财政收入占比最低达到43.8%，随后又逐步上升，2017年中央财政收入占比上升到47%。

　　2. 地方税税制结构

　　从地方税的税制结构来看，现行地方政府缺乏主体税种，对共享税收依存度较高。从表4-6可以看出，2016年地方税主要依靠增值税、营业税、企业所得税、个人所得税、土地增值税、城市建设维护税和契税。这些税收占地方税收收入的80%左右，这也从侧面说明了地方其他税种筹资功能不足。此外，增值

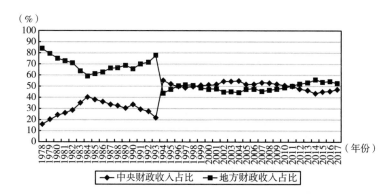

图4-2 1978~2017年中央与地方财政收入占全国财政收入的比重

资料来源：根据国家统计局网站和《2017年财政收支情况》（财政部网站）中的相关数据计算而得。

税、企业所得税、营业税这三者一般是地方各层级政府的共有税种，且占地方税收收入的比重高达60%以上。地方各层级政府之间的税种共享，税源结构同一，不利于地方财政的稳定性，也容易造成各级政府之间对税收受益的争夺。

表4-6   2016年地方税收收入项目结构

税　种	数额（亿元）	占比（%）
国内增值税	18762.61	29.00
营业税	10168.80	15.72
企业所得税	10135.58	15.67
个人所得税	4034.92	6.24
资源税	919.40	1.42
城市维护建设税	3880.32	6.00
房产税	2220.91	3.43
印花税	958.82	1.48
城镇土地使用税	2255.74	3.49
土地增值税	4212.19	6.51
车船税	682.68	1.06
耕地占用税	2028.89	3.14
契税	4300.00	6.65
烟叶税	130.54	0.20
其他税收收入	0.29	0.00
合计	64691.69	100.00

资料来源：国家统计局网站。

4.3 地方税体系存在问题分析：与两级分权不相适应

1994 年的分税制改革，初步形成了地方税的制度安排，然而总体而言，当时分税制改革的主要侧重点是在理顺中央与地方分配关系的基础上提高中央财政集中度，因此将税基大、税源充裕的主要税种中央分享大头，同时税收立法权限和管理权限高度集中于中央，对地方税收体系的考虑相对不足。经过长期运行后，目前我国在地方税收体系建设方面已经累积了不少矛盾和问题，不能完全适应经济社会发展新形势，与两级分权的要求也不相适应，亟待进一步完善。

4.3.1 政府间税权划分缺乏法治化的规则

在法治化水平较高的国家，税权的纵向分配一般通过宪法或者予以明确规定，或至少由最高立法机构通过的基本法律如财政基本法予以规范，而我国税权的纵向划分一直没有一个统一、稳定的规则。纵观我国财政体制变革的全过程，可以看出，中央政府与地方政府间的财政关系调整，始终都是由中央政府一手主导的，其依据的是行政权力，体现在历次变革都是以国务院及其财税主管部门通过颁布行政法规、规章和发布行政政策加以推行的。最典型的是分税制改革以 1993 年制定的《国务院关于实行分税制财政管理体制的决定》作为基本依据，无论从内容到形式，都还不完全符合行政法规的规格要求。

税权划分模式不规范、法治化程度低，中央政府在财政关系调整中占据主导地位，造成了两方面的后果。

首先，税收划分办法经常随着税收结构及税收收入的变化而进行动态调整，财政体制具有内在的不规范性和不稳定性。1980 年、1985 年和 1988 年的新体制都是刚刚运行不久，中央政府又进行了较大的调整。例如，实行"分灶吃饭"刚过一年，中央就连续两年向地方"借款"，以后的年度中，又把这一块财力打进基数，即成为固定的体制调整措施。1994 年分税制改革后，仍然存在着这个问题。例如，从 1997 年 1 月起，证券交易印花税由原来的中央和地方各占 50%，先调整为中央占 80% 和地方占 20%，后又调整为中央占

88% 和地方占 12%，现又改为中央占 94% 和地方占 6%。从 2002 年起改变了所得税收入的中央和地方分享办法，提高了自己在所得税收入的分享比例。税收收益权的变更，直接影响到地方政府的财力规模，但长期以来，这种比例的变动以中央政府的政策性文件为主，地方一般情况下需要被动接受。

其次，地方政府往往采取各种策略行为应对税收收益权的变动，双方博弈进一步加剧了体制的复杂性。我国的财政体制中，地方仅具有少量的税收立法权；在确定政府间财力分配时，地方政府只能提出建议，并没有实际决策权力。这样，地方政府为了突破中央主导的体制约束，千方百计寻找新的收入途径，以获取尽可能多的可自由支配收入。地方政府最初采取的措施是将大量资金划到预算外乃至制度外，尽可能通过扩张预算外收入和非预算收入来加大自己的可支配财力。在中央强化预算外资金管理改革后，地方政府转而寻求扩大基金预算收入和其他非税收入，一个突出的例证就是土地出让金在近几年的急速膨胀。

4.3.2　税权过度集中于中央，而财权高度分散

目前我国税收立法权为中央政府独有，在税政管理权限上，中央政府将屠宰税、筵席税的开征停征权下放给了地方（目前这两税均已停征），将房产税、车船税、城市维护建设税、城镇土地使用税等税种制定实施细则的权力下放了给地方。但总的来说，地方税收立法权、解释权、税目税率调整权以及减免税权等税收管理权限高度集中在中央政府手中，地方政府仅具有非常有限的管理权限。这种高度统一的税收管理制度对地方因地制宜配置财政资源带来了不利影响，并且由于税权过度集中对地方政府带来的限制，反而在一定程度上刺激了地方政府的越权行为。首先，地方政府无法根据本地情况因地制宜地对税收制度进行调整，削弱了地方政府组织收入和调节经济的能动性。我国人口众多，地域广阔，经济社会发展极不平衡，地区间资源优势和税源条件各不相同。实行高度集中的税权管理，容易出现全国统一立法的税种地方不一定都有相应税源，而在一些地方有比较充裕税源的税种、全国未必有普遍征收的意义的情况。而且，一些全国普遍开征的地方税种，税权过度集中在中央，也不利于充分发挥地方在税收调节中必要的灵活自主性。其次，地方政府往往变相使用财政返还等不规范的优惠手段，变相实施税收减免，极易导致政府资金的滥

用和分配的不公平。

另外，从整个政府收入体系来看，地方政府在税收之外的产权收入、收费制度等方面却拥有高度自由的权力。虽然地方政府没有正式的财权，但实际上却掌握了大量的资源、行政垄断权力等，在土地、资金（金融）等要素市场上仍维持着高度垄断，凭借这些优势地方政府可以获得源源不断的收入。财权的分散造成了地方政府通过收费、基金等形式获取收入的同行性和必然性。相比税收，法律规范对行政事业性收费项目和政府性基金的规范性较为稀疏。在这些非税收入权的分配上，中央政府并没有因分税制改革而上收集中，甚至出现了适度分散化的趋向。因此，地方政府更青睐于选择通过增设基金和行政事业性收费项目、扩大基金征收范围和提高收费标准等方式，不断扩张收费权，扩大地方财政收入规模。如地方预算外收入，自分税制改革后，到 2011 年纳入预算管理之前，基本上以每 3 年增加千亿元的速度在增长。而近几年来，地方财政依赖最重、也是全社会诟病最深的莫过于土地出让收入和土地融资的迅猛、无序扩张。

4.3.3 地方税种改革滞后，不能适应新形势需要

目前的地方税种中，大部分税种都面临税种设计陈旧、课税范围狭窄、税率低以及税收弹性差等问题，对地方税收收入贡献不大。从国家主导的历次税制改革来看，主要是围绕流转税（如 2008 年增值税转型、2006 年消费税政策调整、2012 年"营改增"试点改革）和所得税（2002 年收入分享改革和 2008 年两税合并）进行的，而地方税种的改革却未受应有的重视，一直停滞不前，已无法适应我国经济社会发展的新形势。

1. 房产税

房地产税是财产税体系的一个重要税种，目前，中国房地产相关税种主要包括：开发流通环节的营业税、土地增值税、耕地占用税、契税、企业所得税、个人所得税等税种；在房地产保有环节的房产税和城镇土地使用税。这些税种目前仍然存在的问题是：第一，税种不简化，存在着重复征税的现象；第二，重交易轻保有，税负不公；第三，计税依据不合理，税率设计滞后；第四，收入水平低，尚未形成有效的体系等问题。因此，整合现有税种，适时开征房地产税，将弥补中国财产保有环节的税种缺欠，既有利于调节居民收入和

财富分配，引导个人合理住房消费，也有利于健全地方税体系。

我国自 2006 年年初开始，先后在北京、深圳等一些城市实行了物业税空转试点，积累了许多经验。2011 年 1 月 28 日起，上海、重庆作为试点城市，开始进行房产税改革，对部分居民个人住房开始实征房产税，但是分析其对完善房地产税收制度、合理调节居民收入、调控房地产市场价格等的影响，可发现当前的试点改革方案与预期目标的实现，尚有很大差距。导致这种背离的原因主要包括：改革的根本目标未尽明确，未对房地产税收制度进行整合和完善，征收范围及课税对象有限，计税依据不够科学，征管配套条件不足等。

2. 资源税

从资源税改革的情况分析，目前的资源税改革仍存在一些问题，需要进一步加以研究和解决。

一是税负水平较低，未能充分反映资源的内在价值，导致资源被过度开采使用。我国从 2011 年起已经陆续对原油、天然气、煤炭等品目的资源税计征方式进行了改革，2016 年 7 月 1 日起对绝大部分的矿产品也实行了从价计征改革，但规定的税率水平相对较低，不能充分反映其内在价值和环境成本。因此，在实际运行中其对资源节约开发利用的作用还比较有限。

二是征税范围偏窄。目前资源税主要针对矿产资源征收，水资源税只在河北等省份试点征收，没有将全部的水资源、森林资源、草场资源等可再生资源也包括在征收范围中。征税范围较窄，没有体现对资源调控和环境保护统一性要求，不能充分发挥资源税对保护自然资源和生态环境的作用。

三是税收归属不清。1994 年税改时明确除海洋石油资源划归中央外，资源税属于地方税。这个规定至今没有调整，但从环境外部性治理来看，资源税的这一归属会导致中央与地方政府均难以有效开展环境保护与治理事务。理论上，资源税是对资源输出地资源耗竭与环境破坏的一种必要补偿，地方政府应分享其税收收益。但是鉴于现在地方财政比较困难，以及地方追求政绩等因素，地方政府有可能产生短视行为，过度开发资源而忽略资源补偿与环境治理，违背了资源税保护资源的目的，中央失去了通过资源税调整经济结构和区域格局的能力，不利于资源的合理开采及可持续发展。

4.3.4 地方税主体税种缺失

分税制改革中，将税基大、税源集中的主体税种划归中央税，与之相对应的就是，忽略了地方税体系的建设，地方政府缺乏能够提供长期稳定收入的主体税种。归属地方的税种虽多，但真正能够组织收入的税种很少。在"营改增"试点改革全面实施之前，地方税收体系中最主要的税种是营业税。长期以来营业税收入占地方税收收入的比重保持在 30% 左右。在 2016 年"营改增"试点改革全面实施之后，营业税已经相应取消，而其他任何一个地方税种都无法接替营业税的地位，地方税体系陷入了"群龙无首"的局面。

在"营改增"试点改革之后，为了给地方税体系寻找可接替营业税的主体税种，学界层提出了诸多选项，主要有零售税、消费税、房产税、资源税和城市维护建设税。然而，深入分析后可以发现，这几个税种在不同方面各自存在缺陷，难以担当起地方税主体税种的重任。

第一，零售税。零售税是在商品和服务的零售环节，也就是最终消费环节征收的一般消费税，在美国、加拿大是州本级政府的主体税种。然而，在最终消费环节征收的零售税与在全环节征收的增值税本质上是等价的。在我国已经有增值税的情况下，再开征一道零售税的话，有重复征税的嫌疑，必然又面临增值税与零售税之间的协调问题。这将意味着我们辛辛苦苦进行了"营改增"，建立了覆盖全部商品服务、涵盖生产消费全环节的统一增值税制度后，为了给地方政府构建一个主体税种，又重新将增值税割裂，重蹈覆辙。这样的做法无异于削足适履。

第二，消费税。将消费税的征收环节由生产环节改到零售环节并作为地方税也是比较流行的一种提法。但是，消费税是否适合全部转为地方税种，同样要考虑税目属性和征管效率，不能为改革而改革。就消费税而言，不同税目的征税目的和成本各不相同。对化妆品、贵重首饰及珠宝玉石等一般性商品，逐步将消费税由生产环节征收过渡到主要在零售或批发环节征收，并将这部分消费税收入划归地方，有利于增强消费税的调节功能，提升地方政府对消费环境和居民消费能力的关注，优化经济结构。但是，这些税目能产生的消费税收入并不大，无法承担地方税主体税种的重任。消费税主要的收入来自于成品油、小汽车以及其他严重污染环境、过度消耗资源的产品。而这些税目在生产环节征税，更具有成本效益。同时，这些税目产生的税收也更适合作为中央收入，而不是地方收入。如果将其作为地方收入，可能会导致其对地方政府经济行为的扭曲性激励，出现地方政府为了获得尽可能多的消费税收入，反而纵容高耗能、高排放、高污染产品生产和消费活动的发生。

第三，其他税种。房地产税税基流动性弱、受益性强、与地方公共服务具有内在联系，天然具有地方税的属性。然而从国际经验来看，房地产税的收入规模并不会太大，它主要适合作为基层地方政府的主体税种。而在我国谈论的地方概念涵盖了省级和省以下各层级政府，就这一范围来说，房地产税远达不到地方税主体税种的地位。同时，我国房地产税从立法建制到产生较充足收入需要一个漫长时期，在当前的地方税体系构建上，远水解不了近渴。资源税具有较充足的收入潜力，但它只适合作为资源富裕地区的重要收入来源，并不具有普遍性。更进一步分析，从理论上来说，资源税本身并不适合作为地方独享税种，其理由是由于自然资源在地理上分布严重不均衡，将资源税收入完全划归地方会导致地区间财政收入不均等。但是因为我国矿产资源主要分布在西部不发达地区，这一现实决定了在我国将资源税收入留给地方，反而有助于缩小西部地区和东部地区的财政收入差距。但不管怎样，从全国范围来说，资源税并不是很好的地方税主体税种选择。此外，还有城市维护建设税，也是讨论得比较多的地方税主体税种选择之一。从收入规模来看，城市维护建设税并不小，然而它最大的问题在于本身只是一个附加税，没有税基，一旦要独立出来，立马碰到与增值税税基重叠的问题。也就是说，城市维护建设税本身如何改革就存在很大问题，在这个问题没解决前很难讨论其作为地方税主体税种的可能性。

4.3.5　共享税分享机制不合理

在地方税主体税种缺失、专享税种收入规模的背景下，目前地方政府税收收入最主要的来源来自共享税，特别是增值税和企业所得税的地方共享部分。2017 年地方政府取得的增值税和企业所得税收入分别为 28212 亿元和 11688 亿元，二者之和占当年地方税收收入的 58.1％，这表明了地方税收收入对共享税的高度依赖。

但是，在共享税税收分享机制的设置上，我国采取的是中央与税收缴纳地政府进行税额分享的办法，这种分享方式简单、易于操作，但并不合理，进而造成了一系列的问题。

1. 横向政府间税收管辖权矛盾

在我国现行的 18 个税种中，属于中央与地方共享的税种虽然只有 7 个，但共享税收入占税收总收入的比重却接近 80%，其中包括增值税、企业所得税、个人所得税等主要税种。而这些主要税种，由于其税基的流动性较强，税源的跨区域分布较为普遍，将其作为共享税税种，在一定程度上容易带来地区之间税收管辖权的冲突，导致跨区域经营企业其机构所在地与经营活动发生地税收征管上的矛盾突出。特别是在我国目前地方税体系尚不健全的情况下，纯粹的地方税种所带来的收入仅占地方政府实际可支配税收收入的较小一部分，地方的财力需求对共享税收入具有较高的依存度，由此进一步加剧了地区之间对共享税税源的争夺。由于现行共享税种大多是同经济发展直接相关的主要税种，包括增值税、企业所得税和个人所得税，不仅激发了地方政府盲目投资、只追求做大经济规模的冲动，而且地方政府间的横向竞争也造成了严重的抢夺税源行为和地方保护主义，不利于全国统一市场的形成和宏观经济的健康发展。

2. 纵向政府间税收管辖权矛盾

由于共享税比重较大，国税部门负责征收的税款中，有相当部分属于地方级收入。同样，地税部门负责征收的税款中，也有相当部分属于中央级收入。国地税部门对中央和地方收入交叉征管的现象，在实践中难免出现税务机关之间有关征管范围的争议，同时，也加强了地方政府对税收征管的行政干预，而且这种干预不仅针对地税部门，对国税部门也同样存在。不仅如此，共享税分别由国税和地税部门征收，还容易导致在税款的征收入库方面，地方政府出于自身利益考虑，往往要求税务部门优先保证地方税种的收入入库，而延缓共享税收入的实现，甚至出现共享税与地方税收收入混库的现象，从而造成对中央税收收入的挤占。

3. 地区间财政收入差距拉大

以共享税为主体进行政府间税收收入的划分，使中央政府和地方政府都可以分享经济增长所带来的财政收入增长。将同经济发展直接相关的主要税种划为共享税，这些税种的税收弹性普遍较大，共享税收入的增长率往往比经济增长率高。通常来说，经济发达地区的经济增长增量要比经济欠发达地区的经济增长增量大很多，在这种情况下，经济发达地区通过共享税可以从经济增长中获得比经济欠发达地区更大数额的财政收入，再加上我国共享税的规模又非常大，所以在以共享税为主体划分政府间税收收入的模式下，我国地区间的财力差距进一步拉大是不可避免的。

4.3.6　税收征管体制运行不畅、税收征管能力建设不足

国税、地税机构分设为确保分税制改革的成功实施提供了重要的组织保障，但是，两套税务机构在实践运行当中，也逐渐暴露出一些比较突出的矛盾和问题。主要有两个方面：一是税务机构分设后征纳成本上升的问题。国地两套税务系统分立，对企业而言加重了企业税收遵从成本。两套税务系统也存在机构重复设置现象，增加了人员经费和办公经费，从而增加了征税成本，这些都一定程度上影响了税收的征管效率。二是税务机构分设后国地税协调上存在矛盾。2002 年以前，中央直属企业、金融保险企业、外商投资以及外国企业的所得税由国税征管，其他企业的所得税由地方税征管，2002 年以后新成立企业的所得税都由国税征收，造成了现在企业所得税由国税和地税同时征收的复杂局面。2009 年对企业所得税征管范围按增值税和营业税划分的做法，进一步加剧了这一问题的复杂性。

从未来地方税体系建设的角度来看，现有税收征管能力也不足以应对现代化税制要求。目前税收征管的信息化水平比较低，共享机制未形成，源于税收信息化基础工作薄弱新征管模式要求以计算机网络为依托，信息化、专业化建设为目标，但由于税收基础工作覆盖面较广，数据采集在全面性、准确性等方面尚有欠缺，不能满足税收征管和税源监控的需要，特别是应对房地产税改革的需要。

第5章

国外地方税的考察

本章首先考察了在不同央地关系下地方政府的主要职责，然后对典型国家的地方税情况进行了考察，在此基础上进行总结和分析。

5.1 不同央地关系下地方政府[①]及其职责[②]

5.1.1 北美国家的地方政府

北美主要以美国和加拿大为代表。在北美历史时期，地方社区以市民共和国的方式运转，其统治基础是成员之间的相互认可。美国与加拿大类似，联邦宪法仅规定了联邦政府和州政府的结构和权利。而关于地方政府实际运作的规定散见于各州宪法。每个州都设有县和市政府，大部分州还有其他功能更加集中的行政实体，比如学区、保护区、镇区以及交通管理局等，其主要职责包括登记注册、辖区内道路、地区规划、保障治安等。同时也与州政府共同承担一些职责。

美国和加拿大承认地方政府是州和省的仆人，但在某些特殊的职能领域——主要是提供以财产为中心的服务——试图赋予地方政府自主权（地方自治）。如美国自治行政体政府（municipality）则是指在县内或独立于县的、拥有自身行政和税收权的市、镇、村，其规模大小不一，且可以跨行政县域。

[①] 本处地方政府是指各国最基层政府，相当于我国县（乡）级政府，特此说明。

[②] 本部分内容是根据（沙安文沙萨娜著，刘亚平译：《地方治理新视角和地方政府角色转换》，载于《公共行政评论》2009 年第 3 期）相关内容整理。

5.1.2　北欧国家的地方政府

北欧做法以丹麦、挪威、瑞典为典型。这些国家历史上由丹麦王统治,形成了这些国家仅向丹麦国纳贡,且自主地处理地方事务,相应地方政府职责较广,权力较大,承担了大部分公共服务的职能,既包括以人为中心的社会保险和社会福利服务,也包括以财产为中心的安全服务等。进入现代社会以后,尽管中央政府承担更多的监管和监督职能,但地方政府仍处于支配地位,大量自主权得以保留。

5.1.3　德国的地方政府

德国是一个联邦制国家,政府分为三级:联邦、州(16 个)和地方政府(8000 多个)。德国《基本法》规定,在州、县(市)和乡(镇)必须选举产生代表人民的机构。

德国模式强调职能下属化、合作以及行政效率。它将决策制定的功能交给联邦政府,将服务提供责任交给地理上的州和地方政府,地方在服务供给方面享有广泛的自主权。所有纯粹的地方政府都由地方政府负责。地方政府平均管辖 2 万居民,地方支出占 GDP 的比重在 10% 左右。一般性税收共享构成了地方财政的主要来源。

德国基本法对联邦、州、地方三级政府的事权范围做了明确的划分,宪法明确规定了联邦、州和地方(市或县)三级政府职责。联邦政府承担关系到国家全局性的工作和政策;州政府负责改善地区经济结构和提供地区性公共产品职责等;地方政府负责地方性的公共产品和福利等。

5.1.4　法国的地方政府

受卢梭和伏尔泰有关理性和社会凝聚力思想以及拿破仑有关执行和连续命令链思想的影响,法国的行政体制长期实行中央高度集权,中央政府及其机构在整个行政体制中处于绝对权威地位。尽管宪法规定了"地方领土单位按照法律规定的条件,由选举产生的地方议会自由地进行管理",但同时又明确了中央政府在地方的代表"负责维护国家的利益、监督行政并使法律得到遵守"。中央政府通过立法和行政两种手段对地方政府进行控制，以使地方政府行为符合中央政府的目标和预期。如在行政方面，中央政府向地方政府派驻机构和人员，对地方政府活动进行全面监督。

在这种体制下，中央政府可直接向地方政府提供服务，地方政府职责有限，仅提供有限的服务。各地方主要行政事务，如财政、警察、司法、教育、卫生、邮电过去皆由中央政府各部派驻该地方的相应机构负责管理。1982年实施权力下放改革后，部分职责，如计划发展、城市建设、警察事务等开始下放给地方政府。

5.1.5 英国的地方政府

英国模式具有法国双重监督模式的某些特征，强调由中央任命的地方官员以及职能部门在提供地方服务方面发挥主导作用，地方政府必须使自己的行动与这些官员保持一致。

中央政府所规定的地方政府的职能为"环境的、保护的和对个人的"三类事务。环境事务包括市镇和乡村设施，如桥梁、公路、街道、公共场所的建设管理和维修，以及环境卫生的管理；保护事务主要指警察、消防等；人事务指教育、住房、居民卫生和福利事业等。对于这些职能，地方政府拥有充分的自主权。从职责可以看出，地方政府职责主要体现在"以财产为中心"的服务方面，而"以人为中心"的服务方面职责有限。

5.1.6 日本的地方政府

日本地方政府被称为"日本公共团体"，依据《日本宪法》和《日本自治法》可将日本地方政府分为"市町村"和"都道府縣"。截至2013年1月，日本共有789个市，746个镇、184个村，共计有1719个市镇村。此外，还有47个县级单位，也就是1都（东京都）、1道（北海道）、2府（大阪府和东京府），以及48个县。

日本在1890年左右引入的地方政府体制具有法国模式和德国模式特点。与法国的地方政府模式类似强调中央控制，通过内政省任命区域政府的首脑（区长）控制地区和市政当局。尽管第二次世界大战以后，地方自治、公民自治理念深入人心，地方自治原则在《日本宪法》第八章得以确认，地方政府的自治权和独立地位在《日本自治法》中得以明确，但由于地方政府资金和政策导向仍由中央政府来确定，中央政府对地方政府对制约仍然很强。总务省是中央政府机构，负责监督地方自治体对有关事务的执行情况，这些事务主要由三个省局负责。地方行政局参与当地政府对地方化、市政整合、地方公务员制度、选举制度、市政规划，以及地方信息技术对推广使用等各项事务；地方财政局负责处理地方财政制度、地方财政计划、地方税收分配、地方公债、地方财政状况，以及地方公有企业等事务。地方税务局负责地方税收、市政税收、固定资产税收和其他方面等税收。

5.1.7　澳大利亚的地方政府

与美国和加拿大类似，澳大利亚联邦宪法不承认地方政府，而是由各种自行决定其领土范围内的地方治理体制。大部分州赋予了地方政府最低限度的职能，包括工程服务（道路、桥梁、人行道及排水系统），社区服务（老年人看护、儿童看护、火灾预防），环境服务（垃圾处理和环境保护），规制性服务（行政区划、住宅、建筑物、宾馆、动物），以及文化服务（图书馆、艺术馆、博物馆）。地方政府收入仅占公共部门总收入的 3%，却对公共部门总支出的 6% 负责。财产税和使用者付费是地方收入的主要来源（约占 70%），地方支出的 20% 来自中央和州的财政资助。用于交通、社区福利设施及娱乐和文化方面的支出占地方总支出的 2/3。新西兰的地方政府与澳大利亚极为相似。

5.2　不同央地关系模式下的地方税①

5.2.1　北美主要国家地方税

美国和加拿大均为联邦国家，各州均有其独立等税收立法和征管权。由于地方政府（基层政府）完全由省（州）政府产生，是"省（州）政府的产物"，因此其税权也完全由州（省）政府决定。

在加拿大，联邦政府的征税权少有限制，即拥有广泛的征税权力，而省政

---

① 本部分所考察的地方税，是指次中央层级政府的税收体系。

府仅具有对税负不易转嫁的税种征税,如所得税和销售税,但省政府无权征收关税和进口税、非居民的预提所得税和对中间物品的消费税等。对于地方政府,由于其不在联邦宪法管辖范围之内,其税权受制于所在的省,且税权十分有限。

在加拿大,最重要的 5 个税种是个人所得税、企业所得税、销售税(包括消费税)、工资税和财产税。其中个人所得税、企业所得税、工资税为联邦和州政府共享;销售税(包括增值税、消费税和零售税)为联邦、州和地方三级政府共享;财产税为州和地方政府共享。

自 1990 年以来,加拿大税收占 GDP 的比重维持在 31% ~ 35% 波动,如表 5 - 1所示。

表 5 - 1 　　　　　　　　　　加拿大主要年度税收占 GDP 的比重　　　　　　　单位: %

年度	税收占 GDP 的比重
1990	35. 2
2000	34. 8
2010	30. 6
2014	31. 2
2015	32

资料来源: OECD Revenue Statistics (1965 ~ 2015),OECD 资料库。

近年来,政府收入在各级政府(联邦、省地方政府)以及社保的分配比例大致为 40∶40∶10∶10。自 1960 年以来,政府收入在各级政府分配比例的变动趋势如图 5 - 1 所示。

其中,个人所得税是联邦政府的主要收入来源。例如,2009 年,联邦政府共组织税收收入 1900 亿加元,占 GDP 的比重为 12% 左右,其中个人所得税收入为 1143 亿元,占 GDP 的比重为 7. 4%,占联邦政府全部税收收入的比重高达 61. 7%;省级政府收入中,个人所得税和零售税为其主要收入来源。如 2009 年,省级共组织税收收入 2200 亿加元,占 GDP 的比重为 14. 3%,其中个人所得税收入为 749 亿加元,占 GDP 的比重为 4. 7%,占省级政府税收收入的比重为 34%;零售税收入为 645 亿加元,占 GDP 的比重为 4. 4%,占省级全部税收收入的比重为 29. 3%,而企业所得税和工资税占省级政府的收入分别为 8. 6% 和 10. 6%。地方政府中,财产税为其主要税收收入来源。如 2009 年,加拿大地方政府共组织税收收入 477 亿元,占 GDP 的比重为 2. 9%,而财产税

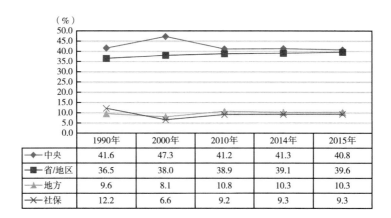

	1990年	2000年	2010年	2014年	2015年
◆—中央	41.6	47.3	41.2	41.3	40.8
■—省/地区	36.5	38.0	38.9	39.1	39.6
▲—地方	9.6	8.1	10.8	10.3	10.3
✕—社保	12.2	6.6	9.2	9.3	9.3

图 5 - 1　加拿大税收收入在各级政府（含社保）之间的分配情况

资料来源：OECD Revenue Statistics（1965～2015），OECD 资料库。

收入为 461 亿元，占 GDP 的比重为 2.8%，占地方政府全部税收收入的比重高达 96.6%。

5.2.2　北欧主要国家地方税

承接前文所述，北欧国家地方政府以丹麦、瑞典和挪威为代表，地方政府具有很大的自治权力，为当地居民提供多种服务。本部分以丹麦为例，介绍其地方税情况。

丹麦不是联邦国家，它仅有两级政府，而地方政府分为郡和地方机构两类。丹麦是典型的高福利、高税负国家，其宏观税负水平高达 50% 以上，自 2003 年以来，丹麦税收收入占 GDP 的比重情况如表 5 - 2 所示。

表 5 - 2　　　　　　　　丹麦 2003～2015 年税收占 GDP 的比重　　　　　　　单位：%

年度	税收占 GDP 的比重
2003	45.6
2004	46.4
2005	48
2006	46.5
2007	46.4
2008	44.8
2009	48
2010	45

续表

年度	税收占 GDP 的比重
2011	45
2012	45.8
2013	46.5
2014	49.3
2015	46.6

资料来源：EU Tax Trends，欧盟官网。

丹麦的主要税种包括：个人所得税、企业所得税、增值税、工资税等。2003~2015 年，丹麦中央和地方政府以及社会保障收入占比情况如表 5-3 所示。

表 5-3　　　　　　　　丹麦 2003~2015 年税收收入在各级政府、
社保以及欧盟缴费占比情况　　　　　　单位：%

年度	中央	省/地区	地方	社保	欧盟缴费
2003	66.3		33.3	0.1	0.3
2004	67.6		31.9	0.1	0.4
2005	69		30.5	0.1	0.4
2006	68.7		30.8	0.1	0.4
2007	75.7		23.8	0	0.5
2008	74.8		24.7	0	0.4
2009	73.9		25.7	0	0.4
2010	72.8		26.7	0.1	0.4
2011	72.8		26.7	0.1	0.3
2012	73.2		26.3	0.1	0.3
2013	73.3		26.3	0.1	0.3
2014	74.9		24.7	0.1	0.3
2015	73.3		26.3	0.1	0.4

资料来源：EU Tax Trends，欧盟官网。

丹麦地方政府收入主要包括个人所得税、企业所得税、财产税、中央政府转移支付以及各种收费。其中，个人所得税是丹麦地方政府的主要收入。如2007 年，个人所得税收入占地方收入的比重高达70%。

丹麦地方个人所得税与中央个人所得税共享税基、税率自定，且适用比例税率。财产税对地方政府收入贡献不大。丹麦财产税仅对土地征收，郡的税率由中央设定，为资本价值的1%，而市的税率却可以在0.6%~2.4%浮动。无论是商用还是民用财产，均适用统一税率。

5.2.3　德国的地方税

从税收立法权的划分来看，联邦政府拥有绝大部分税收立法权，如对关税的单独立法权，对共享税、联邦税、州级政府专享税的优先立法权；地方政府拥有收益权和征税权。从税率确定权来看，地方政府可在联邦政府规定的税率范围内确定地方税税率。联邦与地方政府的共享税必须经地方政府同意才允许改变。从税种划分和税收收入归属来看，联邦宪法规定：个人所得税、工资税、公司所得税、资本收益税、流转税和进口营业税都属于共享税；矿物油税、燃料油税、照明材料税、烟草税、烧酒税。咖啡税、茶叶税、汽油税、糖税、醋酸税、关税、保险税、证券交易税、资本转移税等属于联邦税；机动车辆税、财产税、遗产税、赠与税、地产交易税消防税、啤酒税、盐税、彩票税等属于州政府；营业税（上交联邦和州各9%）、地产税、饮料税、狗税、酒类营业许可税、娱乐税、渔猎税等属于地方政府的税收。从税收管理权来看，德国将税收管理权分散于州及地方政府。德国税收征收管理由各州财政总局负责，总局内设联邦管理局与州管理局，分别负责联邦与州的税收征管工作。

德国税收收入占 GDP 的比重情况如表 5 - 4 所示。

表 5 - 4	德国 2003 ~ 2015 年税收占 GDP 的情况	单位：%

年度	税收占 GDP 的比重
2003	37.8
2004	37
2005	37
2006	37.3
2007	37.4
2008	37.7
2009	38
2010	36.7
2011	37.2
2012	37.8

续表

年度	税收占 GDP 的比重
2013	38. 2
2014	38. 3
2015	38. 6

资料来源：EU Tax Trends，欧盟官网。

在政府税收收入中，其中以社会保障税占比最高，其次为增值税、个人所得税和企业所得税。2008～2015 年，德国主要税种收入占 GDP 的比重情况如表 5 - 5 所示。

表 5 - 5 　　　　　　　德国主要税种收入占 GDP 的比重 　　　　　　单位：%

年度	2008	2009	2010	2011	2012	2013	2014	2015
增值税	7. 3	6. 5	7. 3	7. 2	7. 1	7. 0	6. 9	7. 0
消费税	2. 3	2. 6	3. 3	3. 7	3. 6	3. 2	3. 2	3. 2
个人所得税	9. 0	8. 9	8. 1	8. 2	8. 6	8. 9	8. 9	9. 1
企业所得税	2. 5	1. 9	2. 1	2. 4	2. 5	2. 4	2. 4	2. 4
社会保障税	14. 7	15. 3	15. 0	14. 9	15. 0	15. 0	15. 1	15. 1

资料来源：欧盟：tax trends。

从政府收入在政府间分配情况来看，社会保障占比最高，其次是联邦政府。2008～2015 年，德国各级政府收入占比情况如表 5 - 6 所示。

表 5 - 6 　　　　　　　　德国各级政府税收收入占比 　　　　　　　单位：%

年度	2008	2009	2010	2011	2012	2013	2014	2015
联邦	30. 2	30. 4	30. 3	30. 7	30. 6	30. 2	30. 1	29. 7
州	22. 3	21. 4	20. 9	21. 0	21. 4	22. 2	22. 4	22. 7
地方	8. 1	7. 5	7. 5	7. 7	7. 9	7. 8	7. 8	7. 9
社会保障	38. 9	40. 3	40. 9	40. 1	39. 7	39. 3	39. 3	39. 2
欧盟缴费	0. 5	0. 4	0. 4	0. 5	0. 4	0. 4	0. 4	0. 5

资料来源：欧盟：tax trends。

从按税基获得税收收入占地方政府税收比重来看，所得税收入为地方政府收入的主要贡献者。1995 年和 2001 年各税种对地方政府收入的共享情况如表 5 - 7所示。

表 5 - 7　　　　　部分年度各税种在德国地方政府收入占比情况　　　　单位: %

税种	1995 年	2001 年
所得税	64	78
销售税	—	6.0
财产税	36	15.8
其他	—	0.2

资料来源: Harry Kitchen : Local Taxation in Selected Countries: a Comparative Examination.

5.2.4　法国的地方税

与法国的管理体制相适应, 法国的税收管理也呈现出典型的中央集权型特点。法国的税收立法权和征管权均集中于中央, 即中央政府集中央税和地方税立法权于一身。法国不设共享税, 中央和地方专项其各自税收。

近年来, 法国宏观税负水平高居 50% 左右。2004 年以来, 法国宏观税负水平和税收收入占 GDP 的比重情况如表 5 - 8 所示。

表 5 - 8　　　　　　法国 2004 ~ 2015 年税收占 GDP 的情况　　　　单位: %

年度	税收占 GDP 的比重
2004	42.1
2005	42.7
2006	43.1
2007	42.6
2008	42.5
2009	41.9
2010	42.1
2011	43.3
2012	44.5
2013	45.3
2014	45.6
2015	45.6

资料来源: 欧盟: tax trends。

法国政府收入在中央、地方以及社会保障之间的划分情况如表 5 - 9 所示。

表 5 - 9　　　　　　　**2008 ~ 2016 年法国各级政府收入占 GDP 的比重**　　　　单位：%

年度	2008	2009	2010	2011	2012	2013	2014	2015	2016
联邦	36.3	33.2	36.5	34	34.4	34.8	34.3	34.6	34.3
州	—	—	—	—	—	—	—	—	—
地方	11.4	12.3	9.9	12.3	12.4	12.2	12.3	12.4	12.7
社会保障	52.0	54.3	53.4	53.5	53.0	52.9	53.3	52.7	52.6
欧盟缴费	0.2	0.2	0.2	0.2	0.2	0.2	0.2	0.3	0.3

资料来源：欧盟：tax trends。

法国主要税种包括个人所得税、增值税、社会保障税等。各主要税种收入占 GDP 的情况如表 5 - 10 所示。

表 5 - 10　　　　　　　　　**法国主要税种收入占 GDP 的比重**　　　　　　单位：%

年度	2008	2009	2010	2011	2012	2013	2014	2015	2016
增值税	6.9	6.7	6.8	6.8	6.8	6.8	6.9	6.9	6.9
消费税	3.6	3.7	3.8	4.0	4.1	4.1	4.2	4.4	4.5
个人所得税	7.9	7.8	7.7	7.9	8.5	8.9	8.8	8.8	8.7
企业所得税	3.0	1.8	2.3	2.6	2.7	2.8	2.7	2.6	2.6
社会保障税	15.8	16.3	16.2	16.3	16.5	16.8	17.0	16.8	16.8

资料来源：欧盟：tax trends。

法国地方税种的税基主要为土地和房屋。法国地方税种是法国最古老的税种，产生于 1790 年和 1791 年，后于 1914 ~ 1917 年税制改革而将其作为地方税中。法国地方税种由中央政府代为征收。目前地方税种主要包括四个：熟地财产税、生地财产税、居民税以及地方经济贡献税以及其他零星税种。前 3 个税种 2010 年收入共为 481.7 亿欧元，占其地方政府税收收入的比重为 68% 左右。

5.2.5　英国的地方税

英国实行典型的集中型财政管理体制，税收管理体制只分为中央和地方两级，中央几乎完全掌握了税收立法权、税目税率调整权、减免权等，地方政府无权设置、开征地方税种，因此，英国不存在多级政府间的税收权限划分问题。不仅主要税源或税种掌握在中央政府手中，而且绝大部分税收收入也都归中央政府支配和使用。

在各级政府间的税收划分上，英国实行较严格的分税制，完全按照中央收入和地方收入划分税种的归属，不设共享税。英国每年都根据需要对税制进行某些调整，即每年的 3 月或 4 月初，财政大臣根据当年的财政需要和国际竞争的动向，向国会提出当年的税收政策措施，经国会审查批准后列入国家的财政法案，从而形成当年的税制，任何人都无权对其进行变动。政府只能根据财政法案所赋予的权力授权税务当局执行税法，而无权随意改动税法。

总之，英国在政府间税收权限与税收范围划分方面有两个明显的特征：一是税源分配方面向中央政府倾斜，即中央税收收入远远高于其他层级政府的税收收入，这对于加强中央政府（联邦政府）的宏观调控能力，通过大规模的财政转移支付维护地区平衡具有至关重要的意义；二是税收权限的划分、各个层级政府征收的税种和税率及税收征管等方面都有明确、具体的法律规定，这对于维护多级财政体制中合理、规范、稳定的税制体系来说是不可或缺的。

英国宏观税负水平也相对较高，英国 2004～2016 年税收收入占 GDP 的比重情况如表 5 - 11 所示。

表 5 - 11　　　　　英国 2004～2016 年税收占 GDP 的情况　　　　单位：%

年度	税收占 GDP 的比重
2004	33.1
2005	33.5
2006	33.7
2007	33.8
2008	34.7
2009	32.4
2010	33.5
2011	34.2
2012	33.3
2013	33.2
2014	32.7
2015	33.1
2016	33.7

资料来源：欧盟：tax trends。

英国在税收收入划分上仅有两级政府，即中央和地方两级，且中央政府收入占绝对优势，中央政府税收收入占全部税收的比重高达 90% 以上。2008～

2016 年英国两级政府（中央和地方）税收收入占比情况如表 5 - 12 所示。

表 5 - 12　　　　　　　　英国各级政府收入占比　　　　　　单位：%

年度	2008	2009	2010	2011	2012	2013	2014	2015	2016
联邦	94.6	93.9	94.1	94.3	94.3	94.3	94.3	94.5	94.5
州	—	—	—	—	—	—	—	—	—
地方	4.9	5.6	5.4	5.2	5.2	5.2	5.2	5.1	5.0
社会保障	—	—	—	—	—	—	—	—	—
欧盟缴费	0.5	0.5	0.5	0.5	0.5	0.5	0.5	0.5	

资料来源：欧盟：tax trends。

英国政府的主要税种为个人所得税、增值税、特殊商品消费税、财产税、企业所得税以及社会保障税等。其中，个人所得税收入占比最高，占 GDP 的比重在 9% 左右，其次是增值税。自 2008 年以来，英国主要税种收入占 GDP 的比重情况如表 5 - 13 所示。

表 5 - 13　　　　　　　英国主要税种收入占 GDP 的比重　　　　单位：%

年度	2008	2009	2010	2011	2012	2013	2014	2015	2016
增值税	5.9	5.2	6.1	6.8	6.8	6.7	6.8	6.8	6.8
消费税	3.9	40	4.2	4.2	4.1	4.2	4.3	4.2	4.4
个人所得税	10.2	9.9	9.7	9.6	9.1	9.1	8.9	9.1	9.1
企业所得税	3.0	2.6	2.9	2.9	2.7	2.6	2.5	2.5	2.8
社会保障税	6.4	6.3	6.3	6.4	6.3	6.2	6.1	6.2	6.3

资料来源：欧盟：tax trends。

从前文分析中可以看出，英国地方政府税收占比较低，仅为全部税收入的 5% 不足，税种较为单一，以财产税为主。英国自 1900 年开始正收入家庭和商业税，几经演变成为 1993 年之后实施的家庭财产税（council tax），之后于 2000 年开征辅助地方税系（supplementary local rates），但收入较低，在地方政府收入中无足轻重。表 5 - 14 列示了英国地方政府地方税的演变过程。

表 5 - 14　　　　　　　　20 世纪以来地方税的历史演变

起征年度	税种名称
1900	家庭和商业税（Rates for homes and businesses）
1984	上限税（Rate Capping）

续表

起征年份	税种名称
1990	人头税（Poll Tax）或社区费（Community Charge）和营业税房产税（Uniform Business Rates）
1993	家庭财产税（Council Tax）
2000	辅助地方税系（Supplementary Local Rates）

资料来源："英国地方税系"，http：//blog. sina. com. cn/s/blog_6e467c2b0100z7s9. html。

英国地方政府收入占比低，来源单一。以 2012 年为例，英国政府收入为 576.6 英镑，其中，中央政府收入为 546.3 英镑，占全部收入的比重为 94.7%，而地方政府收入为 30.4 英镑，占比仅为 5.3%。其中地方税收收入又以财产税占绝对优势，财产税收入达 24.8 英镑，占地方政府全部收入的比重高达 81.5%。2012 年英国政府收入情况如表 5－15 所示。

表 5－15　　　　　　　　　英国 2012 年英国政府收入情况　　　　　　　　单位：英镑

	中央	地方	合计
资本、所得税收入	200.8	0	200.8
社会保障	101.6	0	101.6
其他税收	216.9	25.1	242
消费税	0	0	0
销售/增值税	204.5	0.4	204.8
财产税	0	24.8	24.8
其他税	12.4	0	12.4
收费	0	0	0
经营性收入	27	5.2	32.2
合计	546.3	30.4	576.6

资料来源：ukpublicrevenue. co. uk。

自 2008 年以来，财产税占英国地方政府自有收入的比重情况如表 5－16 所示。

表 5－16　　　　　　　　英国 2008～2012 年财产税收入情况

年度	地方政府收入（英镑）	其中：财产税（英镑）	占比（%）
2008	29.2	22.8	78.1
2009	30.3	23.8	78.5

续表

年度	地方政府收入（英镑）	其中：财产税（英镑）	占比（%）
2010	30	24	80.0
2011	31.1	24.7	79.4
2012	30.4	24.8	81.6

资料来源：ukpublicrevenue. co. uk。

5.2.6　日本的地方税

日本是中央集权制国家，行政机构分中央、都道府县和市町村三级。都道府县和市町村在法律上是平行的行政机构，统称地方自治团体。日本实行分设税制的分税制，中央与地方各级政府各自拥有自己一套独立、完整的税制，地方可以在国家有关法律政令允许的范围内自主选择税种，设计税率及制定征收管理办法，建立适合本地区情况的税收体系，但是对于地方财政重要法规由中央立法，地方制定执行条例和行使课税权。

相比较而言，日本宏观税负和税收收入占 GDP 比重并不高。自 1980 年以来，日本宏观税负水平和税收收入占 GDP 的比重情况如表 5-17 所示。

表 5-17　　　　日本主要年度宏观税负和税收占 GDP 的情况　　　单位：%

年度	宏观税负	税收占 GDP
1980		25.4
1990	33.9	29.1
1995	31.2	
2000	31.4	27
2005	31.7	27.4
2007		28.3
2008	35	—

资料来源：根据 Heather Kerr, Ken McKenzie, Jack Mintz "Tax Policy in Canada" 中表 1.1 和表 1.2 中数据整理。

日本税收收入中，中央政府税收收入过半，2010~2013 年日本政府税收收入在各级政府间的分配情况如表 5-18 所示。

表 5 - 18　　　　　日本 2010 ~ 2013 年税收收入在各级政府间的分配情况

年度	合计	国税		地税		其中：都道县		其中：市町村	
		绝对额 （万日元）	占比 （％）	绝对额 （万日元）	占比 （％）	绝对额 （万日元）	占比 （％）	绝对额 （万日元）	占比 （％）
2010	78024	43707	56.0	34316	44.0	15932	46.4	18384	53.6
2011	79347	45175	56.9	34171	43.1	15735	46.0	18436	54.0
2012	79734	45569	57.2	34164	42.8				
2013	81342	46819	57.6	34523	42.4				

资料来源：日本统计局。

　　日本中央和地方有各自独立的税种体系。地方税是地方财政收入的主要来源。依据征收主体的不同，地方税可分为都道府县税和市町村税；依据税收的用途不同，地方税可分为普通税和目的税。普通税的用途没有特别规定，地方政府可以自由支配；目的税则明确规定了用途，地方政府不能随意使用。日本地方税的种类如表 5 - 19 所示。

表 5 - 19　　　　　　　　　　　　日本地方税种类

	都道府县税	市町村税
普通税	都道府县税、事业税、地方消费税、不动产取得税、府道县烟税、高尔夫球场使用税、特别地方消费税、机动车税、矿区税、狩猎者登记税、固定资产税、法定外普通税	市町村民税、固定资产税、轻型机动车税、市町村烟税、矿产税、特别土地持有税、法定外普通税
目的税	自动车取得税、轻油交易税、狩猎税、水利地益税	洗浴税、事业所税、城市计划税、水利地益税、公共设施税、住宅用地税、国民健康保险税

资料来源：童适平：《战后日本财政和财政政策研究》，上海财经大学出版社 2002 年版，第 22 页。

　　相较于国税，日本地方税的设置更偏重应益性原则。但从总体上来看，与国税一样，直接税收入在地方税收总额中所占的比重较大。此外，就市、町、村而言，除市町村税外，固定资产税收入所占的比重也较高，2006 年达到42.5％。以 2006 年为例，日本都、道、府、县税总收入为 163243 亿日元；市、町、村税总收入为 201819 亿日元。日本都、道、府、县和市、町、村税收构成情况如图 5 - 2 和图 5 - 3 所示。

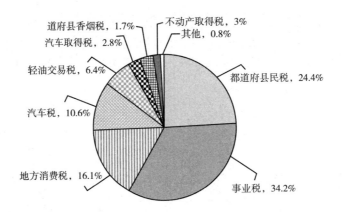

图 5－2　日本都、道、府、县税收结构（2006 年）

资料来源：李绍刚等："日本财税及相关经济制度研修报告之五"，财政部网站。

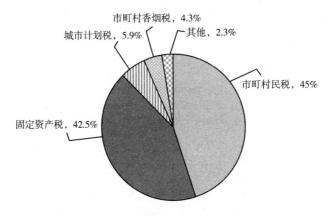

图 5－3　日本市、町、村税收结构（2006 年）

资料来源：李绍刚等："日本财税及相关经济制度研修报告之五"，财政部网站。

5.2.7　澳大利亚的地方税

同美国和加拿大类似，澳大利亚的基层政府（local government）产生于州政府，国家宪法对其并没有具体规定，相应其职责和税收权限也由州政府确定。

近年来，澳大利亚政府宏观税负水平在 35% 上下波动，其税收收入占GDP 的比重在 30% 左右，有上升趋势。自 1980 年以来，澳大利亚主要年度宏观税负水平和税收收入占 GDP 的比重情况如表 5－20 所示。

表 5 - 20　　　　　澳大利亚主要年度宏观税负和税收占 GDP 的情况　　　　单位：%

年度	宏观税负	税收占 GDP
1980		26.7
1990	32.8	28.5
1995	34.9	
2000	35.9	31.1
2005	36.7	30.8
2007		30.8
2008	33.4	—

资料来源：根据 Heather Kerr, Ken McKenzie, Jack Mintz "Tax Policy in Canada" 中表 1.1 和表 1.2 中数据整理。

　　澳大利亚中央政府收入占绝对优势，其收入占比在 80% 以上，地方政府收入占比较低，不足 5%。2007～2012 年澳大利亚各级政府收入占比情况如表 5 - 21 所示。

表 5 - 21　　　　　2007～2012 年澳大利亚各级政府税收收入占比　　　　单位：%

年度	中央政府	州政府	地方政府
2007	81.8	15.3	2.9
2008	81.9	14.9	3.2
2009	80.1	16.4	3.5
2010	80.3	16.2	3.5
2011	81.3	15.3	3.4
2012	81.4	15.3	3.4

资料来源：根据澳大利亚统计局网站数据整理得到。

　　澳大利亚的主要税种包括所得税（个人所得税和企业所得税）、商品和劳务服务税、工薪税以及财产税为主。其中又以所得税为主，其收入占全部税收收入的比重在 60% 左右。2007～2012 年澳大利亚各税种收入占比情况如表 5 - 22 所示。

表 5 - 22　　　　　2007～2012 年澳大利亚各类税收收入占比　　　　单位：%

年度	所得类	工薪税	财产税	商品服务税
2007	59.7	4.6	8.9	26.8
2008	59.2	4.9	8.2	27.6
2009	56.0	5.0	9.5	29.4
2010	56.9	5.0	9.3	28.8
2011	59.2	5.1	8.6	27.1
2012	58.2	5.0	8.7	28.1

资料来源：根据 Heather Kerr, Ken McKenzie, Jack Mintz "Tax Policy in Canada" 中表 1.1 和表 1.2 中数据整理。

其中，所得税类收入全部为中央政府收入，对中央政府收入贡献大（占全部中央政府税收收入的比重达到70%以上），从州政府来看，财产税、工薪税和商品服务税对州政府收入对贡献平分秋色。而财产税是地方政府税收收入对唯一来源。各类税收在中央和州政府税收收入中占比情况如表5－23和表5－24所示。

表5－23　　　　　　　各类税收收入在中央政府税收收入中对比重　　　　单位：%

年度	所得类	工薪税	财产税	商品服务税
2007	72.8	0.1	0.0	27.0
2008	72.2	0.1	0.0	27.7
2009	69.7	0.2	0.0	30.1
2010	70.7	0.2	0.0	29.1
2011	72.7	0.2	0.0	27.1
2012	71.4	0.2	0.0	28.4

资料来源：根据 Heather Kerr，Ken McKenzie，Jack Mintz "Tax Policy in Canada" 中表1.1和表1.2中数据整理。

表5－24　　　　　　　各类税收收入在州政府税收收入中对比重　　　　单位：%

年度	所得类	工薪税	财产税	商品服务税
2007	—	30.1	39.3	30.6
2008		33.3	33.4	33.2
2009	—	30.7	37.0	32.3
2010		30.8	36.0	33.1
2011		33.0	34.0	33.0
2012		32.7	34.5	32.7

资料来源：根据 Heather Kerr，Ken McKenzie，Jack Mintz "Tax Policy in Canada" 中表1.1和表1.2中数据整理。

从上述数据中可以看出，财产税在澳大利亚政府税收收入中占比较大，且成为地方政府（基层政府）税收收入对唯一来源。这源于澳大利亚在成立之初，深受美国经济学家美国经济学家亨利·乔治关于土地价值理念对影响，希望通过完善的土地价值分配方法给公众获益。

5.2.8　小结

从本节前文分析中我们可以得出以下几个结论：一是各国均秉持谨慎原则

对税收权限下放，其下放程度远不及事权支出责任；二是次中央政府的税基既有所得税类，也有商品服务税类，还有财产类税基；三是除个别国家外，基层政府的税基多为财产类税收。

5.3　启示与借鉴

根据前文的考察和分析，我们可以得出如下基本情况和启示。

5.3.1　基本情况

1. 地方税安排基本原则

给地方政府安排收入来源时，通常承认融资从属于职能，因为收入应当与支出责任相配。职能越多，需要的自有收入就越多，地方政府可以获得自有收入来源的范围和能力也就越大。当地方的职能扩展到成本高昂的领域，如办学和医疗卫生时，更多的收入来源就成为必需。但是安排税收时，一定要仔细考虑，尽量使税收对公共部门决策者和总体经济状况的影响最小化。

税收安排的做法得到受益原则的支持。也就是说，出发点是地方政府应当仅提供那些本地居民愿意支付的服务，同时在本地形成的收益应当与地方支出建立关联关系。对于各级政府来说，只有当收益与成本都局限于本地选区之内时，才谈得上追究责任的决策制定。

2. 税基情况

图 5 - 4 列示了 OECD 国家 1995～2005 年地方政府收入（省及省以下政府）税基结构情况。从图中可以看出，所得税（包括所得税、利润税和资本利得税）收入占比最高，2005 年在 40%左右。从变化趋势来看，所得税收入占比从 1995～2005 年经历了一个微幅上升然后下降再上升的变动，占比最高年度为 2000 年，占比在 43%左右。收入占比次之的为财产税，10 年来在 30%～35%波动。收入占比最低为商品劳务税，收入占比在 20%～25%波动，自 2000 年以来，商品劳务税收入占比有上升趋势。商品劳务税收入占比最低与 OECD 国家以所得税为主的税制结构相关，但值得注意的是，所得税收入占比、财产税收入占比以及商品劳务税收入占比之间差异远小于我国。

图 5 - 5 列示了 OECD 国家 1995～2005 年公司税收对地方政府收入占比情

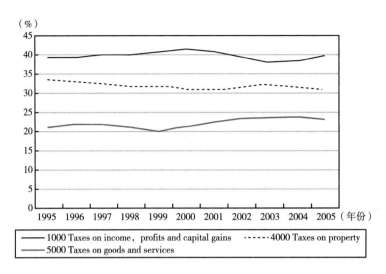

图5-4　OECD国家1995~2005年地方政府收入占比及结构情况

资料来源：OECD Revenue Statistics。

况。从图中可以看出，公司税收对地方政府收入占比基本在10%~11%，其中又以公司所得税收入占绝对优势，在8%以上，且自1995年以来收入占比有上升趋势。其次为公司财产税，但收入占比远低于公司所得税，占地方政府收入的比重仅为2%左右；公司支付的其他税收更是微不足道，10年来，不足1%。

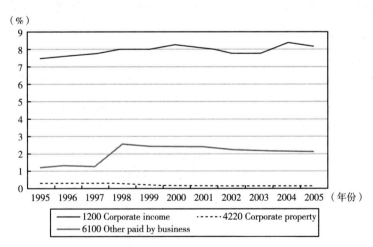

图5-5　OECD国家1995~2005年公司税收对地方政府收入贡献

资料来源：OECD Revenue Statistics。

3. 税种情况

主要的地方税种包括：财产税、所得税、销售税、营业税、其他税收和自有收入，如公用事业税、车辆税、物品入市税、矿区租用费、使用费和其他非税收入（使用费和公用企业盈余）。

5.3.2　启示

从各国的情况来看，各个国家的共享税较少，即使为共享税，其共享税方法与中国也有很大的不同。例如，我们国家的共享税多按征收规模的比例分享，而国际上其他国家的共享税采用共享税基、共享税率的方式（不过，从目前中国税权高度集中中央的情况下，税基共享和我国按征收规模分享的方式有何不同）。

但从我国强调发挥中央与地方两级政府积极性的情况下，共享税恰能做到这一点。关于税权下放问题，目前中国存在两难境地。如果税权下放，可能会带来地方政府滥用税权，导致地方政府间恶性竞争，从而阻碍全国统一大市场的形成。但是，如果税权完全上收，又不符合中国地大、情况差异大的中国现实。

5.3.3　借鉴

1. 我国地方税税基应由商品服务（消费）、所得和财产共同组成，近中期以消费和所得为主，中长期以消费和财产为主

按照税基不同，税收可以划分为商品服务类税收、财产类税以及所得类税收。需要解释的是，对财产税可以有两种理解，一是征税对象为财产，那么财产税则包括对财产征收的所有税收，包括财产流转和保有环节税；还有一种是特指对财产保有征税，即通常意义上所说的财产税。本书所指的对财产征税不仅包括对财产保有征税，如房地产税，还包括对居民不动产所有权和使用权转移（如房产交易、租赁和赠与）等征收的各类税。

我国目前商品服务类税收占绝对优势，所得税次之。选择地方税体系税基既要考虑收入充足，更要考虑税种属性，兼顾发挥地方政府的积极性以及受益性原则。从目前中国现实情况来看，将所得类税基全部作为地方税体系税基也无法满足收入规模原则（2012 年，个人所得税、企业所得税以及土地增值税三税收入为 28192.86 亿元，占比不足 27%），更何况也不能将所得税类税基全部作为地方税税基，否则会使地区间因税源竞争而导致阻碍生产要素流动，进而影响资源配置效率；财产类税收短期内更无法担此重任。对于商品服务类税收而言，增值税占绝对优势，但也不能将其作为主要考虑对象，目前25%的地方分享比例引致的地方政府投资冲动弊端已非常明显，关税和进口商品服务税（进口增值税和进口消费税）更不适宜做地方税税基。因此，综合考虑各方因素，最好选择是三税基的组合搭配，即财产税税基全部作为地方税税基，加上商品服务类一部分（以改革后的消费税和资源税为主，关于改革办法的讨论见后文），再加上部分所得税。从近中期来看，地方收入上会是以消费类为主，所得类为辅，可将所得类税收作为省级独享，将财产类税收作为市县级独享，将商品服务类税基作为共享税种（包括资源税）。之所以这样考虑，是基于生产要素的流动性和个人所得税的调控性质，以及商品服务类税收收入规模较大、资源税收入分布不均等特点。从中长期来看，则应以商品服务类税基为主，财产类税基为辅，其中财产类税收为市县独享，商品服务类为省市共享，所得税类比重继续收缩，尤其是随个人所得税综合与分类改革到位后逐步上收中央。

2. 逐步下放地方税权，条件成熟时给予地方政府一定的设税权

地方税体系完善应非常注重地方税权下放的研究与设计，这是分级财政、地方政府自主理财、发挥地方政府积极性的重要手段。当然在地方税权下放过程中，应充分考虑税权下放的度与节奏，以避免对市场公平环境的下放。

税权下放不仅包括税种选择权，税率调整权，也包括最终于一定条件下的因地制宜设税权。地区间各具特色、互补发展的态势早已显现端倪，近年国家也有意引导各地区按照"功能区"模式发展，这意味着各地的"特色税基"将会由潜在状态而浮出水面，"靠山吃山、靠水吃水"，在体制规范化条件下，地方政府应可以考虑适当地、依法地、按照科学合理的方式从"特色资源"中获取收入。由于"特色资源"不易流动，相应也不会产生税源竞争。同时特色资源的开发维护需要特殊成本支出，这种收入恰可以弥补这部分支出，也符合税收的"受益"特点。可以设想，在消费税中讨论增设特色消费税税目，各地区可以因地制宜地按照本地区特色资源设定具体税目和税率。例如一些中西部欠发达地区，其自然资源或"红色文化"积淀比较有特色，便可以考虑对来此的旅游者开征特色消费税（可比照借鉴美国旅游胜地凡在当地住宿旅客均要缴纳宾馆床位税这类办法）；再如，针对东部大城市的拥堵问题，可以考虑开征"拥堵税（费）"（比照借鉴伦敦等地经验）等。

第6章

我国地方税体系的整体设计

6.1 完善地方税体系的目标和原则

6.1.1 主要目标

党的十八大以来，中央在合理重构中央和地方收入划分制度、健全地方税体系上进行了一系列重大改革，全面推开"营改增"试点后及时出台实施了中央与地方增值税收入划分过渡方案，资源税从价计征改革全面推进，环境保护税法制定出台。房地产税立法、个人所得税改革、健全地方税体系等革工作稳步推进。

党的十九大明确指出，我国已经进入了中国特色的社会主义建设的新时代，强调要加快建立现代财政制度，建立权责清晰、财力协调、区域均衡的中央和地方财政关系；深化税收制度改革，健全地方税体系。站在新的历史起点上，面对新时代新要求，需要进一步深化改革，加快理顺中央和地方之间的收入划分体系，健全地方税体系。

总体来看，现阶段和未来一段时期内，完善地方税体系的主要目标是在进一步明确中央、地方事权与支出责任划分的基础上，结合税收制度改革和非税收入制度改革，科学、合理、规范地划分中央和地方税收立法权、税收收入权和税收征管权，构建现代地方税体系，实现合理分权，促进地方治理现代化。

具体而言，一个合意的地方税体系应该满足以下几方面的目标。

（1）税种适度。地方税体系应是由货物劳务税、财产行为税、资源环境税三大类税种所形成的一个科学、完善的体系。具体来看，各类税种的情况如下：一是货物劳务税类。税种包括地方分享的增值税和消费税，城市维护建设税等；二是财产行为税类。税种包括房地产税和车船税等；三是资源环境税

109

类。其中资源税是对矿产、水、森林、草场等多种资源征收的税种，环境保护税是对各种污染物排放征收的税种。

（2）制度完善。地方税税种制度的完善，在根据中央统一规定和要求进行改革和实现制度优化同时，还应通过扩大地方税税基和调整税制要素，结合分税制财政体制的改革，提高地方税收收入占地方本级税收收入的比重，以增强地方税收收入功能。

（3）结构合理。从地方税体系的结构来看，未来应形成与地方各级政府履行公共服务职能相匹配的主体税种。即通过改革和完善地方税体系，构建省级政府以流转税和所得税（增值税或消费税、企业所得税、个人所得税）为主体，市县政府以财产税（房地产税、车船税）为主体，以行为税、目的税为辅助的分级次主体税种。

（4）税权适度。在确保全国税制高度统一和中央税权相对集中的基础上，结合税种属性，扩大地方税权。应结合各个地方的税源特点，适度赋予地方一定的税政管理权限，包括对属于地方特有税源的税收立法权，对部分地方税税种的税目、税率调整权等，从而培育地方主体和特色税源，增强基层政府安排使用收入的自主性、灵活性。

（5）收入稳定。完善地方税制度，理顺税费关系，扩大地方税收收入规模，建立收入稳定增长的机制，构建规范、稳定的地方税收收入体系，进一步增强地方收入能力，为地方提供稳定的收入来源，构建以共享税为主、专享税为辅的中央和地方收入划分体系。统筹推进税收与非税收入改革，规范地方政府收入体系。形成以地方税收为主、非税收入补充的地方财力结构，实现地方财力与事权相匹配，促进地方政府更好地履行基本公共服务职能。

（6）征管高效。加强税收征管体系建设，构建以信息化为基础的科学、合理、高效的地方税收征管体制，提高税收征管水平和效率，简化地方税制度，促使地方税与税收征收管理的协调发展。

6.1.2 基本原则

1. 保持中央和地方财力格局总体稳定，既要发挥中央地方两个积极性，也要保证中央宏观调控能力不被削弱

我国是单一制的中央集权国家，各地区的经济发展水平，又极不平衡，中央担负了巨大的宏观调控任务，必须拥有足够的财力。在保证中央本级事权职责支出以外，还有很大力量，对各地区主要是经济欠发达地区实施财政转移支付补助，推进全国的基本公共服务均等化和主体功能区建设。同时，我国又是一个发展中国家，现阶段经济发展总体水平还比较低，城镇化建设、社会主义新农村建设、公共基础设施建设、环境与生态的保护和恢复，地方担负了艰巨任务，提供基本公共服务的普及义务教育，建立医疗卫生和社会保障，其困难重点，更在县乡基层。地方特别是县级基层，也必须拥有与其行使职能的事权职责支出相匹配的财力。因此，在地方税体系建设中，既要保证中央现有财力的持续相对稳定，又要通过调整改革，妥善处理中央与地方的税收收入分配关系，使地方有必要的自主财力。

2. 在遵循税收划分一般原则的基础上，也要适度考虑中国国情特点和现实约束

地方税体系的构建与完善，包括地方税种确定、共享税收入划分方法与比例以及税权对地方下放等，均应以尽量少影响生产要素自由流动和市场主体自主决策为一般原则标准，相应的税种（税基）在中央与地方间的划分，则需要考虑具体税种对生产要素流动影响以及对中央、地方分层级的宏观、中观调控功能实现的影响等因素。税种在中央、地方间的划分即税基的配置，一般认为要遵循如下基本原则：与国家主权和全局性宏观调控功能关系密切、税基覆盖统一市场而流动性大的税种，应划归中央；与区域特征关系密切、税基无流动性或流动性弱，以及税基信息复杂程度高、较为地域化、不易引起地区间过度税收竞争和需要"因地制宜"的税种，应划归地方。按此原则，如关税、增值税、个人所得税、社会保障税等应划归中央（或主要部分应划归中央），另如房地产税、陆上资源税、特定地方税等，应划归地方。

从各国具体实践情况来看，在基本遵循上述原则的情况下，不同国家根据本国情况，必有一些灵活、变通选择，我国最明显的现实因素是后发国家赶超战略，要求政府更多承担一部分发展经济的职责和巨型经济体客观需要充分发挥地方政府积极性，而且税制在相当长时间段内的社会可接受性制约势必更加要求"简税制，宽税基"，这些决定了共享税在地方税体系中于很长时期内必然具有举足轻重的作用。具体考虑当前阶段：（1）我国经济发展和税收制度现状决定了大宗税源还要在流转税形式上形成，主要包括增值税、消费税这些

"间接税"。另外，也要注重逐渐提升企业所得税和个人所得税、房地产税等直接税的比重。从促进商品和生产要素充分流动、形成全国统一市场以及提高资源配置效率的角度考虑，增值税、个人所得税本来不宜作为共享税，而应由中央政府独享，但在地方别无主力税种构成大宗、稳定的独享财力来源的情况下，增值税等不得不处理为中央、地方共享的税收。地方政府从中分享一部分收入，客观上对激励地方政府发展经济、发挥其"地方竞争"式的积极性也将产生推动，至少在一定时期之内无法根本改变这个格局。（2）"营改增"试点改革全面实施后，地方税种主要包括资源税以及与房地产有关的相关税种，从现实情况来看，收入体量都较小，而资源税和房地产税改革虽有其后劲，未来收入规模可望增加，但"远水解不了近渴"，短期内均不足以支撑维持目前地方政府自有收入占比水平。因此，从地方税收收入规模来看，也需要共享税提供支撑。基于以上考虑，共享税在我国有其长期存在的客观必要，但是需要坚持共享方案"一刀切"式的规范性，谨慎、合理设计共享方法与共享比例。

3. 与税制改革紧密结合

税制的改革和完善是制约地方税的一个重要方面，因为构成地方税的各个税种都是属于整个税制的内容。健全的税制，是合理划分中央地方税种的基础。我国目前的税制结构是以流转税为主体，个人所得税和企业所得税的增长也很快，而其他税种在税制中的地位较弱。现行税种或税制结构也限制了中央与地方在税种上划分上的合理划分。具体来看，税制改革中的营业税改征增值税就直接影响到现行地方税体系的构建，因为之前作为地方主体税种的营业税已不复存在。同时，其他税种的改革也会涉及地方税体系的构建，例如，资源税和房地产税的改革，通过制度完善和收入的增加，将有利于将这些税种建立为基层政府的主体税种。此外，消费税的改革，尤其是消费税在征收环节上的调整也会影响到地方税体系。例如，一方面，消费税扩大征收范围、调整税率后，有利于将国内消费税改为地方税税种；另一方面，消费税在征收环节上的调整，尤其是从生产环节调整为消费环节后，实际上会对地方税收收入产生影响。

因此，完善地方税体系应与税制改革紧密结合，在增减税种和对现有税种进行改造的基础上，合理划分中央地方税种和收入归属。地方税制的改革和完善必须放在统一的整体税制中进行考虑，不能脱离整个税制的改革和完善，单独或者自成体系地进行改革。地方税制和整体税制的统一包括税种的统一安排，避免中央税、共享税和地方税之间的交叉重复；各个税种的税率确定要综合考虑各个税种所涉及的税源状况，中央财力和地方财力的合理比例分布；各个税种之间的衔接以及税制的总体公平。

4. 与非税收入制度改革配套、协调联动

地方税体系的完善不能也不应该单兵突进，应该同时考虑非税收入等其他政府收入制度改革的统筹配套。

公有制经济的制度特点与资产累积决定了我国政府较其他国家拥有更多的自然资源、资产和资本，相应政府以所有者身份取得非税收入有其理论依据和现实需要，特别是随自然资源（土地、矿产等）的日益稀缺致使其经济价值凸显的情况下，政府尤应重视以规范合理方式获取收入，为政府履职提供支撑。近年来的财政实践也验证了这一点，如 2017 年地方本级公共财政收入91448 亿元，其中税收收入为 68665 亿元，占比为 75.1%，非税收入为 22783亿元（不包括土地出让收入等政府性基金收入），占比为 24.9%，非税收入中有相当一部分为产权收入。当前资源税税费关系和定位尚未厘清，税费负担分布也不甚合理。因此，应借地方税体系完善之际，规范非税收入制度，从而形成科学、系统、完整、有机配合的地方税收和非税制度体系。当前需要重点关注的是矿产资源税费制度搭配设计，如探矿权、采矿权等收入与矿山资源税关系；土地出让收入与房地产相关税收之间关系等。在完善地方税体系，尤其是房地产税改革时，应将现有与地方辖区内房地产相关的税收（包括流转税、所得税以及财产税）及各种收费进行归并、整合，均衡化，理顺开发、建设、流转和保有环节税费负担。

5. 与地方税收征收管理水平相协调

地方税制改革与地方税征管之间是相互影响、相互促进、互为前提条件的关系。地方税制改革为地方税征管创造良好的实施基础，有助于地方税征管质量和效率的提高；地方税征管水平又是地方税制改革与优化的制约因素，良好的地方税征管是保证地方税制有效运行的前提和手段。为了协调好地方税制改革与地方税征管之间的相互关系，在改革地方税制时首先要考虑到地方税征管能力的限制，同时也要注重通过征管制度改革，增强地方政府税收征管能力，为地方税改革打好基础。

6.2 完善地方税体系的总体框架

6.2.1 制定政府间财政关系法，对各级政府税权划分加以法律保障

在中央和地方之间进行税收立法权的合理划分而实现功效和福利最大化，应当有必要的民主机制和法律制度作保障。当前，针对我国在税收划分上存在的立法层次低、立法权行政化的趋势，我们必须加快立法进程，建立以《政府间财政关系法》为统帅和指导的结构合理、层次分明、相互协调、便于操作的税收划分制度。对税收立法权、税收收益权和税收征管权在中央与地方政府之间的划分作出合理配置。

6.2.2 结合税种属性，赋予地方政府一定的税收立法权限

税收立法权限是税收划分的一个重要内容。建立地方税制，其目的并不仅是充实地方政府财力，更重要的是通过赋予地方政府一定的税收立法权限，把地方政府的事权与财权有机地结合起来。由此，一方面，可以调动地方政府的积极性，允许地方政府因地制宜地实行差异化的税收制度；另一方面，因为税收立法需要经过当地人民代表大会同意，因此可以增进当地民众的主人翁意识，激励民众对政府财政行为进行监督。

目前，在不违背宪法和国家统一税法的前提下，可将部分地方税的税收立法权限下放给地方政府，同时为了避免税收立法权限的过度分散和滥用，拥有这一权限的地方政府主体不宜过多。较为合适的做法是将这一权限赋予省级政府，由省级政府根据各地实际情况，决定一些地方性税种的开征和停征，在一定范围内对税率进行调整等。

6.2.3 构建地方税税权的制度约束机制

在赋予地方相对独立的税权同时，还必须对地方政府的税权进行相应的约束。这种约束主要来自两个方面。

一是中央政府的约束。我国作为单一制国家，在实行地方税收分权时应注

意加强而不是削弱中央对地方税权的控制，但这种控制不再是一种行政性的权力控制，而是建立在《政府间财政关系法》等财政基本法基础上的法律规范控制。即通过法律对地方政府享有的税目、税率调整权和减免税权做出明确界定，规定某些限定条件，包括不得损害中央政府的权益、不得损害其他地区的权益、不得损害当地居民的权益等。全国人民代表大会及其常务委员会有权对违反国家法律、损害国家整体利益的地方税收法规予以废止或指令地方修正、纠正。

二是本地居民的约束。这主要通过扩大人民民主，完善民主决策程序，全面强化地方人民代表大会对地方政府的税权监督来实现。

6.2.4 改革重要税种的共享方式，构建合理的税收收入划分制度

如前所述，在地方税体系缺乏主体税种，且长期来看无法合理建设一个具有收入意义的地方专享税种的背景下，要进一步完善地方税体系，必须跳出以专享税为主的传统地方税思维，转而构建合理的共享税分享机制，形成以共享税收入为主、专享税收入为辅的地方税体系。

地方税体系以共享税收入为主，并不意味着地方税体系丧失了独立性。只要事先确定好科学的分享方式、明确分享比例并保持相对稳定，地方政府能够获得相对稳定的收入并具有长期预期，那么同样可以认为这部分收入是地方的长期稳定收入来源，是地方政府"自己的钱"，这就保证了地方税体系的相对独立性，地方政府的行为激励也不会发生偏差。因此，当前需要着重研究的是如何重新构建一个更合理的税收收入分享机制，特别是科学制定透明化、法治化的分享规则，既要给地方明确、稳定的收入预期，同时又不会扭曲地方政府的行为。

1. 增值税

调整增值税中央地方分享比例，改革共享方式。目前地方政府按照征收规模50%的比例分享国内增值税收入，对现实经济发展带来的弊端（地方政府抢夺税源、刺激投资冲动）较为明显。从学理上分析，增值税是一种消费税，其税基为GDP中的消费部分，依受益性原则可以作为地方税收收入，但由于增值税可转嫁的性质决定了纳税人与负税人不同，从而带来对于特定地区征收规模与负税规模不一致的问题。从各国实践来看，多将国内增值税作为中央

税，然后按照人口等因素转移支付至地方政府，这种处理方式名为中央税，实际功用则为地方税，且利于实现地区间分享规模与负税规模基本一致，因为总体而言，人口与消费规模直接正相关，人口数量占全国人口的比重能够大体反映本地区消费规模占全国消费规模的比重。但这种分配方法也有弊端，由于完全切断了征收量与分享规模的关系，也出现对经济发展的消极作用。出于适当发挥地方政府发展经济积极性的考虑，建议增值税仍作为中央、省、市县三级政府的共享税，同时改革1∶1的比例共享方式，以消除现行做法导致的地区间分配不公和地方政府行为扭曲。增值税的共享可根据各地的人口数量、消费能力、基本公共服务需要等因素，按照标准化公式在各个地区间进行分配，同时在每个财政年度之前应做好增值税收入分享的预算，使得地方政府能够根据这一预算制定地方财政收支预算，从而使增值税成为地方政府特别是省级政府的一个稳定、常态化的财政收入来源。

2. 企业所得税和个人所得税

目前，地方政府对企业所得税和个人所得税的分享比例均为40%。未来可视税制改革情况和地方收入规模缺口（按照现在地方自有收入占比）适度调整分享比例。从学理上分析，个人所得税是对生产要素（人力资本）征税，从我国目前促进劳动力作为生产要素无壁垒充分流动的提高资源配置效率角度来看，个人所得税收入不宜与地方政府分享，但原来迫于地方自有收入占比不能过低的压力，还是将其与企业所得税一起作为地方收入来源之一，未来则可探讨将其完全划为中央专享税。同时还要指出，由于个人所得税在我国税收总收入中的占比较低，近年来虽然个税收入持续快速增长，但当前其占税收总收入比重尚不足10%。相比较而言，地方政府可能更青睐企业所得税（对资本要素征税），且目前我国企业所得税的法人纳税特点已经对地区间收入分配产生不良影响，今后适度降低企业所得税地方分享比例可一定程度上缓解地区间财力差距问题。

3. 消费税

合理调整消费税征税环节和收入分享方式。考虑到现行消费税相对单一的征收环节和中央独享的收入分享方式，不利于适应扩大税基和发挥税收引导消费职能的实现，因此，在征管能力允许、条件成熟的情况下，可对消费税的征收环节和收入分享机制进行适度调整。但是，需要注意的是，这一调整应慎重考虑不同征税对象的特点,实行不同制度安排。对化妆品、贵重首饰及珠宝玉石等一般性商品,逐步将消费税由生产环节征收过渡到主要在零售或批发环节征收,并将这部分消费税收入划归地方,有利于增强消费税的调节功能,提升地方政府对消费环境和居民消费能力的关注,优化经济结构。但是,对于成品油、小汽车以及其他严重污染环境、过度消耗资源的产品,在生产环节征税,更具有成本效益。同时,对这部分产品的消费税收入,应继续明确其为中央收入。这是考虑到,如果将其作为地方收入,可能会导致其对地方政府经济行为的扭曲性激励,出现地方政府为了获得尽可能多的消费税收入,反而纵容高耗能、高排放、高污染产品生产和消费活动的发生。

6.2.5　深化地方专享税种改革,完善地方税制

在保持共享税收入规模的基础上,也要合理确定对方专享税种,完善税制要素,以扩大地方自主财力,为未来进一步深化地方税体系改革奠定基础。

1. 资源税

资源税是重要的地方税之一,在资源税从价计征改革全面推进后,当前仍有加快推进资源税改革。由于资源产品税费租的性质和作用各不相同,因此,我国的资源税改革不是简单的"以租代税""以税代租"或"以税代费",而是要从可持续发展、经济发展方式转变以及环境保护的角度,探讨如何建立价、税、费、租联动机制,充分发挥各自的积极作用,共同促进资源的合理开发和使用。自 2016 年 7 月 1 日起,我国全面推进资源税改革,通过全面实施清费立税、从价计征改革,理顺资源税费关系,资源税制度建设迈出关键一步。今后一段时间,应进一步深化资源税改革,优化制度设计,完善资源价格形成机制和补贴机制。

(1) 适度提高资源税税率。适当提高矿产资源的税率税额标准,有助于提高自愿地使用成本,限制资源的过度开发和使用。需要根据经济社会发展的需要,进一步提高稀缺性资源、高污染和高能耗矿产品的资源税税负,并结合资源产品价格形成机制改革,使资源税税负能最终体现在最终消费产品价格上,使最终消费品价格能够真实反映资源成本。

(2) 扩大征税范围,尽快在全国推行水资源税和森林、草场、滩涂等资源税改革。资源税的征收目的,已由原来调节资源开采的级差收益转向了保护

资源和提高资源利用效率，以及支持环保和生态环境建设。由此目的出发，资源税应该尽可能地扩大其征税范围，在条件完备的情况下，尽快考虑将水资源、森林资源、草场资源、耕地资源等资源也纳入征收范围。目前水资源税试点已在河北省等地进行，应加紧总结经验，向全国推开。同时应尽快推进森林、草场、滩涂等资源税的制度设计和适时实施。按照规定，省级政府可结合本地实际，根据森林、草场、滩涂等资源开发利用情况提出征收资源税具体方案建议。一般而言，对于森林资源税，可先按从量计征的方式征收，征税范围可根据拨给森林使用者的未砍伐林木的数量。为了确定该数量，按立方米对木材采伐区或木材储量进行实际评估。森林资源税的税率可按单位森林资源规定，也可以按使用的每公顷森林面积规定，最低税率根据森林资源相关产品市价水平的变化和该产品生产费用的变化进行动态调整。森林资源税的征税环节，可采用单环节纳税，在自制生产后销售环节纳税。纳税期限，可按季度纳税。

（3）完善资源价格形成机制和补贴机制。仅凭资源税制度设计，难以完全解决矿产资源领域存在的诸多问题，因此，需要在深化资源税改革的基础上，化解既得利益的阻碍，以市场化为导向，建立由市场关系决定的资源价格形成机制和煤、原油、天然气和电价格联动机制。完善价格构成要素，实行全成本覆盖，以使煤、电、油、气、水、矿产等资源类产品价格体现资源的开发成本、资源开采后为保证持续开发的补偿成本以及资源消耗过程中环境污染的治理成本等。通过理顺我国基础能源比价关系，和"冲破利益固化藩篱"，使资源、能源价格形成机制顺应市场经济。通过资源价格机制改革，淘汰部分落后、过剩产能，打造一个绿色、低碳、可持续的经济社会发展的"升级版"。

2. 房地产税

房地产税与百姓财产直接相关，第十八届三中全会提出了要加快房地产税立法并适时推进改革。加快房地产税立法与落实税收法定原则相呼应，也更有利于体现房地产税的公平性，凝聚共识，减少阻力。而在房地产税的改革上，需要统筹房地产税费制度，逐步整合目前房地产开发、流转、保有环节涉及的诸多收费和税收，改变目前重流转环节税收、轻保有环节税收的做法，将住房开发流转环节的税负转移到保有环节，适时开征不动产保有环节的房地产税。

首先，合并房产税和城镇土地使用税，开征规范的房地产税。在统一了房产税和城市房地产税后，我国现行房地产保有环节还有城镇土地使用税和房产税两个税种。由于房产和土地政策不同，给实际征管带来许多矛盾和困难。按照"宽税基、简税制"的原则，有必要将房产税、城镇土地使用税和其他与房地产保有相关的收费进行合并，开征统一规范的房地产税。

其次，扩大房地产税征收范围和税基。从房地产税征税范围来看，其设计应尽可能地将所有地区、所有纳税人的不动产都包括进来。较原有房产税和城镇土地使用税的征税范围相比，这将要求在三个方面扩大范围：由城镇扩大到农村、由非住宅类不动产扩大到住宅类不动产、由经营单位扩大到个人或家庭。从短期来看，根据我国现有的社会经济发展状况，目前应尽快扩大对个人住房征收房产税的改革范围。从中长期看，可对城镇土地使用税和房产税进行合并，并将城镇居民和农村居民的住宅房地产逐步纳入征税范围中，并对直接用于农业生产的房地产和农民住房等免税。

再次，改变房地产税计税依据。从国外房地产税的计税依据来看，大多数国家趋向于按房地产的评估值征收房地产税，使其具有随着经济增长而增长的弹性特征。我国房地产税也同样应该在房地产市场价值的基础上，以房地产的评估价值作为计税依据。这样既能够准确真实地反映税基和纳税人的负担能力，同时又能体现公平税负、合理负担的原则。

最后，在实行了房地产税改革并提高房地产保有环节的税负后，有必要降低房地产流转环节的税负，逐步取消土地增值税和耕地占用税，合并契税等其他房地产流转环节税种和收费项目。

3. 环境保护税

环境保护税已经于 2018 年 1 月 1 日起正式实施，虽然可能难以期望其能够迅速扭转国内日益严重的生态环境破坏局面，但有助于进一步表明政府在生态环境保护方面的决心，并通过环境保护税与法律手段、行政手段、其他环境经济手段等的协调配合，转变企业在污染减排和环境保护方面的理念和行为，有效加强国内在污染物减排上的调控力度。为了进一步发挥环境保护税的作用效果，未来仍有必要进一步深化改革。

（1）适时将二氧化碳排放纳入环境保护税的征收范围。对二氧化碳排放课征专门税收是应对气候变化和转变经济发展方式的必要手段。考虑到我国资源环境约束日趋强化，"十三五"期间中央对经济发展方式转变和生态文明建设提出了更高的目标和要求。对二氧化碳排放征税不仅是碳减排的重要政策工具，也对污染物减排有着重要的协同效应。在本次环境保护税立法过程中，二氧化碳由于各方面争议较大，暂不纳入环保税征收范围。碳税的争议涉及与碳排放权交易等碳减排政策手段的选择，以及国内在碳减排和应对气候变化方面的全盘考虑等因素。而随着对碳税与碳排放权交易制度的深入研究，两者可以并存及配合使用的观点已经得到了认同。对二氧化碳排放征税，可以单独课征碳税，也可以在环境保护税中单列出二氧化碳的税目。从国内现实来看，以环境保护税中的二氧化碳税目方式进行开征符合实际需要，更为符合"环境保护"的目的，也可避免单独进行碳税立法的难度。因此，在环境保护税法平稳运行一段时期后，有必要进一步进行探讨，将二氧化碳排放纳入环境保护税的征收范围，使"环境保护税法"得以名副其实。

（2）逐步提高法定税率水平。环境保护税法保持税费改革前后总体税负基本不变的做法，有利于平稳出台税法和避免企业负担增多。但现行负担平移的税费改革只是环境保护税实施的起点，为了能够真正激励企业治理污染和改变"宁愿缴费或缴税也不愿意治污"的状况，更好地发挥环境保护税的调控力度，在实施后一定时期内，应根据环境治理及社会经济生态发展等因素，通过修订法律的做法逐步提高法定税额水平，统一提高全国范围的税额水平下限，减少地区间的税额水平差异，避免因地区间税率水平相差过大导致出现污染转移问题。

6.2.6　深化征管体制和征管制度改革，实现地方税有效运行

深化税收征管体制和征管制度改革，增强税收征管能力是地方税体系建设取得成效的重要保障。

首先，深化国税地税征管体制改革，加快推进国地税合并方案落地实施。党的十九届三中全会作出了《关于深化党和国家机构改革的决定》，全国人大十三届一次会议表决通过并批准了关于国务院机构改革方案，其中明确提出，改革国税地税征管体制，将省级和省级以下国税地税机构合并。当前应尽快推进国地税合并方案的落地，按照"瘦身"和"健身"相结合的原则，完善结构布局和力量配置，构建优化高效统一的税收征管体系，保障地方税权特别是税收征管权的稳定、规范、高效行使。

其次，加强税收征管法律制度建设。立足解决制约税收征管实践的难点问题，增强前瞻性，抓紧做好税收征管法律制度的立、改、废工作，尽快完成《税收征管法》修订工作，平衡配置税务机关与纳税人的权利和义务，做到既适应加强征管、保障收入的需要，又满足规范权力、优化服务的要求。

最后，建立完备的涉税信息数据系统，增强税务部门征管能力。完备、准确的信息系统是推进房地产税、个人所得税改革的前提条件。在大力推进信息定税管税的前提下，税务部门亟须与相关职能部门共享信息，各部门之间也应建立这种信息共享机制。应建立全国统一通用的全社会人、房、地、企业、政府、社会机构等的标准化唯一代码制，由各部门运用唯一代码采集与之职责相关的个人、企业、政府、社会机构的基础性原始信息，并建立本部门的全国大集中、全覆盖的专业信息系统；在此基础上，形成各部门之间双边或多边信息共享平台；同时再建立一个独立于各部门之外的全国性、综合性的法定信息互通共享大平台，构建既能互通信息，又有限度、受约束、可控制的信息共享系统和机制。

6.2.7　统筹税费关系，规范政府收入

整顿规范地方的收费权是一项涉及方方面面利益的复杂工作。研究我国地方税的税权划分，不能就税论税，必须拓宽视野，将地方的收费权限问题一并纳入考虑。在下一步地方税的改革过程中，应该一方面向地方下放必要的税权，另一方面整顿规范地方的收费问题，从而使整个地方政府的财政行为纳入法制化、规范化轨道。

总体思路是：要按照现代市场经济的导向，将现行各种名目的收费按其性质类别分流归位，还其本来面貌，使其各自发挥特有的功能作用。对不合法、不合理的收费（基金）要尽快予以取消；对体现政府职能且属于税收性质和具有税收功能的收费，要实施"费改税"；对不再体现政府职能但仍需存在的部分收费，可以通过市场形式将其转为经营性收费，并依法征收；对符合国际通行做法又属必要的少量收费仍予保留，但收费标准要适当，并要有严格的制度规定。

第7章

房地产税：地方税改革的难点

7.1 重新认识房地产税

7.1.1 什么是房地产税

1. 对房地产税的理解

房地产税是指保有环节以房地产为课税对象并按评估价值所征收的税种。房地产税作为国家管理经济的一个重要调节杠杆，是国家参与房地产收益分配、再分配活动的主要方式，也是国家借以调控房地产市场，促进土地资源优化配置和有效利用的重要经济手段。

2. 对房地产税性质的认识

关于房地产税的性质，经济学界至今仍然存在很多争论，主要观点有：受益税、能力税、使用费和财产税等。

（1）房地产税是受益税。

房地产税是受益税的基本论点是：居民享受了地方政府提供的公共服务，如教育、治安、垃圾处理等，就应支付一定的税收。地方政府则用这些税收去改善公共服务、提高公共服务水平。因此，房地产税主要与居民享受的服务和政府提供的服务相挂钩，其收入是为了满足政府提供公共服务的需要。

（2）房地产税是能力税。

房地产税是能力税的基本论点是：理论和实证都证明个人（或家庭）房屋消费与个人（或家庭）的可支配收入呈显著的正相关关系。也就是说，收入越高的家庭买的房子价格也越高；收入低的家庭住房消费水平也越低。如按市场价格确定房地产税赋的话，房地产税能够体现可支付能力原则，即能力越高的人（或家庭）应该交付更多的房地产税。如收入高的人，一般会去富人区买房，而富人区的地价和房价就会高，因此，交纳的房地产税也就较多。

（3）房地产税是使用费。

按照蒂布特（Tiebout，1956）模型，假设存在一个地方社区体系，这些社区向居民提供不同水平的公共服务，收取不同水平的房地产税，居民可以"以脚投票"，自由选择居住在哪个社区，以挑选在自己的支付能力之内的最具吸引力的公共服务。在这样的分析框架下，房地产税成为购买社区公共服务的成本，每个人都按照他所需要的数量购入公共服务。因此，房地产税事实上不再是具有无偿性和强制性特征的税，而是一种具有有偿性和自愿性特征的公共服务的"使用费"（user charge）。

（4）房地产税是财产税。

尽管上述观点都有其一定的道理，比如使用费观点，起初看起来确实如此。事实上，纳税人缴纳的房地产税与他享受的社区公共服务之间的关系往往是脆弱的，它们并非一一对应。而且，蒂布特（Tiebout，1956）模型也会遇到可供选择的地方社区数量不足以及低收入阶层企图"搭便车"等问题的限制。

不过，使用费观点所暗含的一些推论倒是具有有趣的含义。例如，如果人们很关心自己所享受的公共服务，那么就可以预计，较高的房地产税对房价的下压影响可能被这些税收收入筹资的公共服务所抵消。以奥茨（Oates，1969）为代表的一些学者的研究表明，各个地方的社区在课税和提供公共服务方面的差异将同时体现在财产的价值中，即房地产税"负资本化"而公共服务"正资本化"。因此，如果两个社区提供的公共服务相同而房地产税的课税不同，那么，在其他条件不变的情况下，课税水平较高的社区，其财产价值将降低；巴尔（Bahl）和张军以我国山东省的一些城市为例的研究表明，我国的商业企业也存在利益梯度变化。也就是说，企业离主要公共服务的地理距离越远，收益率越低。这在某种程度上也佐证了我国房地产价值也可能受公共服务的影响。这些结论说明，如果要了解一个社区成员的福利状况，不能仅孤立地观察其房地产税的课税水平。

我们认为，房地产税实际上是属于财产税的范畴，即指对房地产征收的一种财产税性质的税种。由于各国在历史、文化、国情及经济调控目标方面均不同,因此在房地产税制方面差异较大,使用的名称也各不相同。

7.1.2 房地产税是地方税的重要组成部分

1. 房地产税是税收体系中不可或缺的组成部分

众所周知,完善的税收体系,应包括完善的商品税类、所得税类和财产税类三大体系。经过 1994 年以来的税制改革,我国的商品税制和所得税制已相对完整,但财产税制仍相对滞后。从宏观大背景来看,这种滞后与我国对财产尤其是对私人财产的保护尚不具备完善制度有直接关系。2004 年 3 月 14 日十届人大二次会议通过的《中华人民共和国宪法修正案》将"公民的合法的私有财产不受侵犯"列入国家的根本大法,为我国私人财产权的法律保护提供了切实有效的保护屏障。《中华人民共和国物权法》也已于 2007 年 3 月 16 日由十届全国人大第五次会议通过,自 2007 年 10 月 1 日起施行。这说明完善我国私人财产保护制度的工作已经启动,因而,构建和完善财产税体系也迫在眉睫。房地产税之所以是财产税类中的主要税种,其原因为,无论是健在者的财富还是已故者的遗产,房地产都是私人财产的主要内容。

2. 房地产税是基层政府的主要收入来源,是提高地方治理能力的保障

提高地方治理能力需要一定的财力保障。从国外的情况来看,房地产税是基层政府的主要收入来源。2017 年,我国的房地产税收入(房产税和城镇土地使用税)占地方本级财政收入仅为 5.43%①。但有资料显示:我国财政总支出的 65% 集中在省以下的地方政府,20 世纪 90 年代曾经高达 80%。但是在收入方面,地方政府没有相应的自主权,容易增加各种非法的乱收乱占费用等行为发生的可能性。如果能够使房地产税成为基层地方政府的主要收入来源,就可以为政府带来稳定的税源,最终会推进各地方政府在决策时秉承"对下负责"的态度,从长远利益考虑房地产市场投资环境,以确保可持续发展。

3. 从房地产税的特征来看,房地产税是地方税税基较理想的选择

一般来说,地方税主要用于为地方辖区内居民提供公共产品和服务,因此,地方税税基的选择应是地方政府稳定可靠的收入来源。而房地产税可成为

---

① 资料来源:财政部官网。

地方税税基较理想的选择。理由为以下四点。

（1）房地产税税基具有地域性和普遍性的特点，对其征税最符合税收的付出与受益对等原则。以房地产这样典型的不动产为例，其具有固定的坐落地点，不能随意移动，地域性强，而且房地产与每个家庭、每个人都息息相关。因此，以房地产作为税基征税相当于对辖区内每一居民征税。而且，房地产税税基的非流动性与地域性特点又使得其税基具有相对独立性。同时，房地产的增值及收益的高低与当地的基础设施、地方政府公共服务的优劣密切相关，不论是企业还是个人，都享受着来自地方财政支付的公共服务，因此，对辖区内的不动产征收房地产税，明显地体现了付税与受益对等原则，企业和居民理应承担相应的纳税义务。

（2）收入稳定可靠。由于房屋等不动产不能随意移动，隐匿比较困难，故房地产税税源比较可靠。随着人口的增加和经济的发展，房地产在不断增加，其价值则因时代变迁与纳税人有效需求的增加而不断提升，其纳税面宽，主要涉及当地居民，容易控管，税源可靠而充裕。而且，对于企业和居民个人而言，固定资产代表了一种相对长远的资本投资形式，税基稳定，不会发生税基的大量地区性转移。因此，对房地产的课税可以成为基层地方政府的一个相当丰富的税收来源。

（3）便于征管。由于房地产课税具有税源分布广泛的区域性特征，因此，适宜于地方政府对这一税源实施严格监控。同时，由于房地产具有不可隐匿的特点，征收相对方便，从而可以降低管理成本。

（4）有利于弥补全国统一税制的不足。房地产税是对财产存量课税，对社会再生产的负面影响较小，而且，房地产税是直接税，税负不易转嫁。因此，房地产税能有效弥补所得税和商品税两大税系的功能性缺陷，从而与二者相互联系，相互补充，共同构成一国完整的税收体系。

7.2 房地产税的来龙去脉

7.2.1 改革开放前的房地产税

中华人民共和国成立后，1950 年 1 月，政务院公布《全国税政实施要则》，规定全国统一征收房产税、地产税两个税种。1950 年 6 月调整税收，将房产税和地产税合并为房地产税。1951 年 8 月 8 日政务院公布《城市房地产税暂行条例》（以下简称《条例》）。城市房地产税以城市中的房屋、土地为征税对象、按照其价值或租价征收的一种税。1973 年全国试行工商税后，规定实行工商税的纳税人缴纳的城市房地产税并入工商税内缴纳。城市房地产税只对房地产管理部门，有房地产的个人和外国侨民征收。

按照《条例》规定，城市房地产税由产权所有人缴纳，产权出典者，由承典人缴纳；产权所有人、承典人不在当地或产权未确定及租典纠纷未解决者，均由代管人或使用人代缴。《条例》还规定，房产税依标准房价按年计征。地产税依标准地价按年计征。标准房价与标准地价不易划分的，可依标准房地价合并按年计征。另外，《条例》还规定了依房价按年计征的房产税，税率为 1%；依地价按年计征的地产税，税率为 1.5%；依房地价合并按年计征的房地产税，税率为 1.5%；依房地租价计征的房地产税，税率为 1.5%。1953 年税制修正时改为：从价按年计征的房产税，税率为 1.2%；从价按年计征的地产税，税率为 1.8%；从价合并按年计征的房地产税，税率为 1.8%；从租计征的房地产税，税率为 18%。

7.2.2　改革开放后的房产税

改革开放后，房地产税改革大体分以下三个阶段。

1. 颁布房产税和城镇土地使用税暂行条例

1984 年，第二步利改税和工商税制改革时，确定恢复城市房地产税。考虑到我国的实际情况，将城市房地产税分设为房产税和土地使用税，并分别制定条例。1986 年 9 月国务院颁布了《中华人民共和国房产税暂行条例》，自 1986 年 10 月起施行；1988 年国务院又颁布了《中华人民共和国城镇土地使用税暂行条例》，自 1988 年 11 月起施行。为适应社会主义市场经济发展的要求，1994 年税制改革将上述两个暂行条例进行了修订。

由于国家采取扩大内需、促进经济平稳较快增长的政策措施，已对房地产市场产生积极影响，不少城市商品住房成交量有所回升。为引导房地产开发企业积极应对市场变化，促进商品住房销售。支持合理融资需求，加大对中低价位、中小套型普通商品住房建设特别是在建项目的信贷支持，对有实力有信誉的房地产开发企业兼并重组提供融资和相关金融服务。为此，2008 年 12 月 17

日国务院总理温家宝主持召开国务院常务会议，研究部署促进房地产市场健康发展的政策措施。决定将按照法定程序取消城市房地产税。2008 年 12 月 31 日，国务院总理温家宝签署第 546 号国务院令，宣布 1951 年 8 月 8 日由原政务院公布的《城市房地产税暂行条例》自 2009 年 1 月 1 日起废止。自 2009 年 1 月 1 日起，外商投资企业、外国企业和组织以及外籍个人，依照《房产税暂行条例》缴纳房产税。

目前我国房地产税主要包括房产税和城镇土地使用税（见表 7 - 1）。

表 7 - 1　　　　　　　　　　　　我国房地产税

税种	纳税人	计税依据	税率
城镇土地使用税	在城市、县城、建制镇、工矿区范围内使用土地的单位和个人	纳税人实际占用的土地面积	0.6 ~ 30 元/平方米/年
房产税	房屋产权所有人（个人免征）	房产原值一次减除 10% ~ 30% 后的余值；房产出租的，以房产租金收入为房产税的计税依据	1.2% 或 12%/年

（1）房产税。

房产税是以房屋为征税对象，按房屋的计税余值或租金收入为计税依据，向房屋产权所有人征收的一种财产税。房产税是对纳税人资产存量征收的一种财产税。从征税范围来看，由于房产是以房屋形态表现的一种财产，它仅是社会各种财产中的一类，所以房产税是一种个别财产税。

1986 年 9 月 15 日，国务院正式发布了《中华人民共和国房产税暂行条例》，从 1986 年 10 月 1 日开始施行。房产税在全国范围内全面征收。但对中外合资经营企业，中外合作经营企业、外商独资经营企业的自有房产，按《城市房地产税暂行条例》① 的规定征收城市房地产税。

（2）城镇土地使用税。

城镇土地使用税是为了促进合理使用城镇土地，适当调节城镇土地级差收入，对使用的城镇土地征收的一种税。现行的《中华人民共和国城镇土地使

---

① 2008 年 12 月 31 日，国务院总理温家宝签署第 546 号国务院令，宣布 1951 年 8 月 8 日由原政务院公布的《城市房地产税暂行条例》自 2009 年 1 月 1 日起废止。自 2009 年 1 月 1 日起，外商投资企业、外国企业和组织以及外籍个人，依照《房产税暂行条例》缴纳房产税。

用税暂行条例》是国务院于 1988 年 9 月 27 日发布，自 1988 年 11 月 1 日实施。开征此税的目的是为了保护土地资源的合理利用和开发，调节土地级差收入，提高土地的使用效益，加强土地管理。

2. 部分地区对个人房产进行模拟评税试点

2003 年开始，财政部、国家税务总局选择深圳、重庆、南京、北京、宁夏吴忠、辽宁丹东作为物业税模拟评税试点。2007 年 9 月，财政部、国家税务总局将又选择安徽、河南、福建和大连 4 个省市纳入模拟评税试点范围。

（1）各地物业税模拟评税试点情况。

①北京市物业税模拟评税试点情况。北京市模拟评税试点始于 2003 年，当时选择的试点地区为亦庄，因为当地房地产信息化程度较高，相关数据比较完整；2004 年、2005 年，按照"城郊结合，新旧结合"的原则，分别选取了西城区、宣武区、顺义区和房山区作为试点地区，其分别代表了商业区集中的城区、老城区、新型工业开发区和远郊区的基本情况，同时选取了海淀区若干个住宅小区进行模拟评税；2006 年进一步扩大数据采集范围，在前几年的试点范围基础上，将西城区、顺义区所有纳税单位和区级财政拨款单位的房地产以及顺义区部分别墅式住宅也纳入试点范围。试点规模逐年扩大。

②辽宁丹东市物业税模拟评税试点情况。辽宁丹东市模拟评税试点工作始于 2004 年 10 月，根据 2006 年丹东市公布基准地价，丹东市城区综合定级分为 6 个级别。乡镇政府驻地均分为 2 个级别，即建成区以内的用地为一个级别，建成区以外、规划区以内的用地作为另外一个级别。一般情况下，特别大的建制镇可以划分为 3 个级别。土地级别和基准地价未覆盖区域，暂按相应级别最末级执行。基准地价的确定：是以不同的土地级别内的土地平均价格作为基准地价的。基准地价由土地取得费、土地开发费和土地纯收益（含有关利息、利润和相关费税）构成。评估范围确定为城市、与城市市区毗连的郊区、独立工矿区和开发区、县（含县级市）城、乡镇所在地的城镇的建成区及其近期规划区。在评估范围内的土地无论是国有土地还是集体土地同时估计出基准地价。

基准地价的土地开发程度根据城镇土地级别和土地用途来分别确定。商业用地界定为"六通一平"，工业用地界定为"五通一平"，住宅用地界定为"七通一平"。基准地价不考虑宗地内的土地开发程度（宗地内的场地平整除外）。

③宁夏吴忠市物业税模拟评税试点情况。宁夏吴忠市是我国物业税改革试点城市中唯一的一个欠发达的西北少数民族地区，与经济发达地区相比，房地产开发、交易、租赁活动并不活跃，房地产预期收益低。吴忠市利通区在2004年下半年到2005年年底已经完成了第一阶段的试点工作。财政局的主要职责是协调相关部门的运作、保证相关试点经费、并在宏观政策上起一定的管理作用，具体业务操作主要由税务部门来完成。利通区为此专门成立了工作小组，并进行了以下几项工作：一是开展模拟评税工作。主要是制定相关的制度和标准、项目工作的实施方案、组织评税专家技术组和开展针对模拟评税的咨询活动等。二是对人员进行培训。"请进来走出去"地对人员进行培训。并对6个政策性试点城市进行了两次全国性培训。三是采集信息。信息采集的方式主要是在确定范围和房地产税源的基础上，通过工作小组入户访谈，和由财政部门组建的信息小组在2个月内采集了大约3000余户的房产信息，其中企业400多户、行政事业单位1800多户（覆盖了60%）、居民小区800多户。信息搜集的范围主要包括行政事业单位房地产、有代表性的小区房地产等，还包括了对相关部门管理房产收费项目的水平的搜集。在采集信息过程中，由于房地产信息分散在房管、物业、居民个人、房地产开发商等多个不同部门，加强个部门配合、最大限度地保证信息的真实性显得尤其重要。

④南京市物业税模拟评税试点情况。江苏选择南京市承担省内具体的试点任务。在近4年的试点过程中，通过与专家的共同研究，运用"分区＋基准价格"的评估思路，建立了成本法、市场法和收益法批量评估技术标准体系，并在此基础上借助信息化手段，采用三层体系结构开发技术，建立起较为完善和具有较强操作性和适应性的计算机批量评税系统。税务人员运用此系统，依据在南京市鼓楼区、江宁区和高淳县采集的纳税人房地产信息，对2959户纳税人6000宗房地产进行了模拟评税。评估的房产总面积达到966.54万平方米，评估的土地面积为2396.17万平方米，以2006年6月为评估时点，成本法的评估总值达到了317.13亿元，测算的物业税收入较原房地产"三税"收入（房产税、城市房地产税和城镇土地使用税）有了较大幅度的增加。在上述过程中，对一些个人的住宅，包括一些别墅和高档公寓也进行了调查和评估，开展了一些相关的研究。随着这些工作的深入以及思考的积累，感到个

人自住住房征税的问题已变得越来越复杂，这一政策涉及的风险也越来越大。

⑤深圳市物业税模拟评税试点情况。2004年9月，财政部和国家税务总局联合下发了《财政部 国家税务总局关于同意北京等6个地区开展房地产模拟评税试点工作的批复》，经积极主动争取，最终被确定为6个试点地区之一，由此启动了深圳市房地产模拟评税试点工作，深圳市罗湖区物业税模拟评税工作的如下：一是2004年11月深圳市政府正式发文成立了由深圳市政府主管财税工作的副秘书长担任组长，地税局、财政局、国土局、建设局和罗湖区政府领导担任副组长的深圳市房地产模拟评税试点工作领导小组。领导小组下设办公室（办公室设在市地税局），负责协调试点工作领导小组、实施小组及相关部门间的关系，解决实施方案落实过程中的问题。二是2005年年初，深圳市房地产模拟评税试点工作进入全面实施阶段。实施小组采取直接从市国土局、建设局等相关部门获取信息的方式进行数据采集。实施小组于2006年4月基本完成以成本法为主的评税软件的开发。三是2007年10月，为进一步推进房地产模拟评税试点工作，财政部、国家税务总局下发了《关于进一步做好房地产模拟评税深化试点工作的通知》，对下一步的房地产模拟评税试点工作做了要求：第一，更新、核实和增加评税数据，增强数据的代表性和准确性。第二，以保持改革前后纳税人税负不变和"房地产三税"收入规模不变的评税和测算结果，分别按行业和企业经济类型对评税结果进行深入分析。第三，开展个案评税试点。第四，加强评税成果在房地产税收征管中的应用。将房地产模拟评税技术和成果应用于无房产原值或申报原值明显不合理房产的房产税计税价值的确定。

⑥安徽芜湖市物业税模拟评税试点情况。根据财政部、国家税务总局《关于同意安徽等四个地区开展房地产模拟评税试点工作的批复》（以下简称《批复》）精神，芜湖市是安徽省确定的2个试点地区之一，模拟评税试点基本情况如下：第一，提高认识，明确试点工作思路。2007年9月，财政部、国家税务总局将安徽、河南、福建、大连4个省市纳入模拟评税试点范围，芜湖作为安徽省两个试点城市之一，参加了在北京举行的试点工作动员培训会，领取了试点工作任务，接受了专门培训。会议结束后，芜湖市税务、财政等部门认真组织学习了《批复》以及省局试点方案等文件精神，研究试点工作方

向，部署落实试点任务，确保试点工作注重实效、积累经验、简便易行。第二，积极协调，健全组织机构体系。从接受试点任务起，芜湖市就建立了以地税部门为主工作机制，试点工作得到省财政厅、省地税局、市政府建委、房管、国土等部门的关心和支持。省财政厅、省地税局领导非常关心试点工作，通过多种方式了解试点工作的进展。芜湖市政府也高度重视试点工作，印发了《关于成立房地产模拟评税试点工作领导组的通知》，成立了由市委常委、常务副市长为组长，各部门主要负责人参加的评税试点工作领导组，强化部门间的协调和配合。随后，具体实施部门市地税局也下发文件明确了内部的工作机构。第三，循序渐进，确保试点工作有序开展。一是制定了实施方案，明确了试点工作的指导思想、工作范围、工作步骤、责任单位以及配套措施等。二是由芜湖市政府牵头召开了试点工作领导小组协调会，就部门配合和评税数据信息采集等工作进行了动员部署。三是地税局与南京市工业大学签订了技术支持合同，依托专家力量，为模拟评税结果最终的科学性、客观性和有效性提供技术层面的保障。四是采集相关资料。先后采集了芜湖市城市土地分级、基准地价、芜湖市房屋建安工程造价、建设与房地产开发收费标准、建设工程所涉税费资料等数据近 1000 个，二手房地产交易案例逾 2 万个以及商业用房租金案例 493 个，及时提供给南京工业大学进行技术标准初稿的编制，配合其通过测算、调整和实地调研等方式完善有关参数数据，并多次邀请房管、土地等部门以及房地产估价中介机构人员对评税技术路线、技术标准进行讨论和评审。第四，加强培训，提高试点人员工作水平。一是认真参加财政部和国家税务总局组织的培训学习。二是邀请大学教授、国家税务总局地方税司领导和先期试点单位的有关人员对干部进行房地产模拟评税、房地产估价理论方法以及相关评税软件等方面知识的培训。三是芜湖市地税局组织干部到南京江宁县地税局进行专门的考察学习，汲取试点单位的工作经验。四是邀请南京工业大学精通房地产评估的专家教授来芜湖就评税技术标准的建立过程进行讲解培训。五是将房地产模拟评税的相关知识、法律法规以及相关文件等汇编成册，发放给试点单位学习，提高试点人员对试点工作的认知水平。

（2）物业税模拟评税试点存在的主要问题。

从调研情况来看，由于各地情况不同，具体的物业税模拟评税方案及存在问题各不相同，但归纳起来，大体存在以下一些共性问题。

一是缺乏统一有效的评税软件。

二是主要房地产模拟评估值与房地产市场价值存在较大差异，主要原因有基准地价指标的不合理、高额装修没有计入评估结果、评税参数设计得不合理等。

三是房地产模拟评估值与房地产的原值有较大差异，原因主要表现在由于物价上涨，原计账金额较低，历次清产核资的数据没有得到真实的反映，由于上市、贷款等需要，纳税人人为地将资本做大。

四是由于信息多部门管理，采集信息遇到了重重困难，且房产、土地等有关部门的地籍、产籍资料不全，特别是其电子化水平不高，直接制约了评税工作的质量。

五是三种评估方法的数据参数有待于进一步核实，才能确保评估结果的客观性和公平性。

六是财政、税务系统内缺乏懂得评估理论和方法、熟悉计算机操作的人员，需要进行系统培训，以适应评税工作的需要。

七是制定技术标准和建立评估系统的技术手段落后。由于房地产模拟评税工作在我国当时还是一个较新鲜的事物，所以相对国外财产税制较发达国家的做法，我国在技术手段的应用上还存在较大差距。

3. 部分城市（上海和重庆）进行对个人住房征收房产税改革试点

为进一步完善房产税制度，合理调节居民收入分配，正确引导住房消费，有效配置房地产资源，2010 年 12 月 8 日，国务院第 136 次常务会议同意在部分城市（上海和重庆）进行对个人住房征收房产税改革试点，具体征收办法由试点省（自治区、直辖市）人民政府从实际出发制定。

根据国务院第 136 次常务会议有关精神，2011 年 1 月 27 日，上海市和重庆市人民政府分别印发了《上海市开展对部分个人住房征收房产税试点的暂行办法》和《重庆市开展对部分个人住房征收房产税试点的暂行办法》，决定自 2011 年 1 月 28 日起在上海市和重庆市开展对部分个人住房征收房产税试点。

从上海和重庆两地试点方案来看，尽管都是对房屋所征税收，但两者在试点范围、征税对象、适用税率、税基和免税面积上还是有较大区别（见表 7 - 2）。

表 7－2   上海和重庆两地房产税试点方案比较

	重庆市	上海市
试点范围	重庆主城区（渝中区、江北区、沙坪坝区、九龙坡区、大渡口区、南岸区、北碚区、渝北区、巴南区）	上海市行政区域
征税对象	独栋别墅存量房增量房均要征税 对于独栋别墅，不管存量房还是增量房，均要征税；对于房价达到当地均价两倍以上的高档公寓也将征税；此外，对于在重庆无户口、无工作、无投资的"三无"人员在重庆所购房产，购买两套以上住房的从第二套开始要征收房产税	自办法施行之日起新购的住房 暂行办法施行之日起本市居民家庭在本市新购且属于该居民家庭第二套及以上的住房（包括新购的二手存量住房和新建商品住房）和非上海市居民家庭在上海市新购的住房。新购住房的购房时间，以购房合同网上备案的日期为准
适用税率	税率 0.5% ~1.2% 新购高档住房价格超过均价两倍，按 0.5% 税率征收。全部独栋商品房收房产税。购房价格超均价 3 倍以下收 0.5%，3~4 倍收 1%，4 倍以上收 1.2%	适用税率暂定为 0.6% 适用税率暂定为 0.6%。应税住房每平方米市场交易价格低于本市上年度新建商品住房平均销售价格 2 倍（含 2 倍）的，税率暂减为 0.4%
税基	目前以房产交易价为征税基数 目前将以房产交易价为征税基数，三五年以后可能会采用评估估值的方法。如无存量商品住宅，买首套独栋商品住宅和高档住房都有抵扣。将采取存量独栋商品住宅可以抵扣 180 平方米，高档住房可以抵扣 100 平方米，且以户为单位进行核算	人均免税住房面积 60 平方米 上海市居民家庭在本市新购且属于该居民家庭第二套及以上住房的，合并计算家庭全部住房面积人均不超过 60 平方米的，其新购的住房暂免征房产税；人均超 60 平方米的，对属新购住房超出部分的面积，按暂行办法规定计算征收房产税
免税面积	一个家庭可对一套应税住房扣除免税面积，存量独栋住宅为 180 平方米，新购高档住房为 100 平方米	上海市居民家庭人均 60 平方米

7.3 对现行房地产税的评价

7.3.1 现行房地产税为提高地方治理能力提供一定的财力保障

我国房地产税主要有房产税、城镇土地使用税。我国自房地产税开征以来，经历了收入规模偏小、增长缓慢和收入增长明显加快的两个阶段。以城镇土地使用税为例，1994 年之前，由于土地计税面积变化不大，全国城镇土地使用税收入长期停留在 30 亿元左右的规模；1994 年实行分税制后，各地纷纷改按幅度税率的上限征收，1994～2004 年，该税收入逐渐增长但增长速度依然较慢，年均增幅在 10% 左右，低于该阶段税收总收入的年增幅 15%；随着房地产业行业的快速发展，自 2005 开始，该税收收入快速增长，尤其是 2007 年、2008 年，该税收入连续两年大幅攀升；2017 年，全国城镇土地使用税为 2360.00 亿元，比 2016 年增长 4.6%。但总体来看，保有环节房地产税收收入的增长步伐慢于税收收入总额的增长，保有环节房地产税收收入占税收收入的比重平均为 3% 左右；占地方财政收入的比重平均为 5% 左右，比重不高（见表 7 – 3）。

表 7 – 3　　　房地产税收收入占税收收入总额和地方财政收入比重　　单位：亿元

年度	房产税(1)	城镇土地使用税(2)	房地产税收合计(3)	税收总收入(4)	占税收总收入(%)(5)=(3)/(4)	地方财政收入(6)	占地方财政收入(%)(7)=(3)/(6)
1994	64.51	34.55	99.06	5126.88	1.93	2311.60	4.29
1995	87.65	35.85	123.50	6038.04	2.05	2958.58	4.17
1996	102.18	39.42	141.60	6909.82	2.05	3476.92	4.07
1997	123.93	43.99	167.92	8234.04	2.04	4424.22	3.80
1998	159.85	54.21	214.06	9262.80	2.31	4938.95	4.33
1999	183.53	59.07	242.60	10682.58	2.27	5594.87	4.34
2000	209.58	64.94	274.52	12581.51	2.18	6406.06	4.29
2001	228.59	66.18	294.77	15301.38	1.93	7803.30	3.78
2002	282.40	76.84	359.24	17636.45	2.04	8515.00	4.22
2003	323.90	91.60	415.50	20017.31	2.08	9849.98	4.22
2004	366.30	106.20	472.50	25718.00	1.84	11879.75	3.98
2005	435.90	137.32	573.22	28778.54	1.99	15100.76	3.80
2006	515.18	176.89	692.07	34804.35	1.99	18303.58	3.78
2007	575.46	385.49	960.95	45621.97	2.11	23572.62	4.08
2008	680.34	816.90	1497.24	54223.79	2.76	28649.79	5.23
2009	803.66	920.98	1724.64	59521.59	2.90	32602.59	5.29
2010	894.07	1004.01	1898.08	73210.79	2.59	40613.04	4.67
2011	1102.39	1222.26	2324.65	89738.39	2.59	52547.11	4.42
2012	1372.49	1541.72	2914.21	100614.28	2.90	61078.29	4.22
2013	1581.50	1718.77	3300.27	110530.70	2.99	69011.16	4.78
2014	1851.64	1992.62	3844.26	119175.31	3.23	75876.58	5.07

续表

年度	房产税 (1)	城镇土地 使用税 (2)	房地产税 收合计 (3)	税收总 收入 (4)	占税收总收入 (%)(5)= (3)/(4)	地方财政 收入 (6)	占地方财政收 入(%)(7)= (3)/(6)
2015	2050.90	2142.04	4192.94	124922.20	3.36	83002.04	5.05
2016	2220.91	2255.74	4476.65	130360.73	3.43	87239.35	5.13
2017	2604.00	2360.00	4964.00	144360.00	3.44	91447.54	5.43

注：（1）资料来源：《中国税务年鉴》（1995—2017）、《中国财政年鉴》（1995—2017）；2017 年收入来自财政部网站。（2）房产税收入中包括城市房地产税，2008 年 12 月 31 日，国务院公布了第 546 号令，自 2009 年 1 月 1 日起废止《城市房地产税暂行条例》，外商投资企业、外国企业和组织以及外籍个人，依照《中华人民共和国房产税暂行条例》和内资企业一样缴纳房产税。（3）地方财政收入是指地方本级收入，不含中央税收返还和补助收入。

7.3.2　现行房地产税存在问题

从我国现行房地产税来看，存在的主要问题如下。

1. 税基窄，税款流失较多

我国房地产税征税范围一般针对的是经营活动中所涉及的房地产行为，而对于个人的生活用房等则排除在征管范围之外，相应地缩小了房地产税基范围。随着农村经济的不断发展以及新型城镇化建设步伐的加快，农村已出现大量营业、出租用房，而现行房产税只对我国城市、县城、建制镇和工矿区的房产征收，对农村的房产不征收，造成农村房地产税的流失。

2. 重交易轻保有，税负不公

我国房地产在开发流通阶段设置了增值税、土地增值税、耕地占用税、契税、企业所得税、个人所得税等税种，另外还要缴纳各种收费等。而在房地产保有期间设计的税种只有房产税和城镇土地使用税，税负低，且免税范围大，通常情况下只对一部分企事业单位征收，私人拥有住房一般无须缴税。这种典型的交易重保有轻的税制模式造成了严重的税负不公平。一方面，房地产开发流通环节的税费过于集中势必将提高新建商品房的价格，从而带动市场价格上扬；另一方面，房地产保有环节税费种类相对少，税负较轻，阻碍了土地有偿使用市场的建立与健全。

3. 税制设计滞后

我国现行房地产税税种基本上是 20 世纪 80 年代中期设置的，有的甚至更早，税制内容严重滞后于经济形势的发展。

一是计税依据不合理。我国现行主要房地产税收的计税依据分别为房产余值、租金收入或实际占用的土地面积，房地产市场开放以后，许多房产的实际价值已成倍增长，目前计税依据不能正确地反映房地产的现有价值、土地的级差收益和土地、房产的时间价值，不能随着经济的发展、房地产的增值而相应增加税收收入，也就不能很好地发挥其调节收入的作用。

二是税率设计不合理。如现行城镇土地使用税采用大中小城市分级分类的幅度定额税率，尽管当时已考虑了企业单位的负担能力和土地最基本的级差收入，但较少考虑因各地经济发展水平、人口密度、人均消费水平不一而体现的土地的现实价值。随着土地制度的改革和土地市场的开放，土地之间的级差收益日益突出，过低的税额标准，使得土地使用税的调节力度明显下降。再如，现行房产税按照两种计税依据分别采用单一税率1.2%和12%，没有考虑各地区经济发展的差别，因而也不利于地方政府根据本地区的实际情况灵活调节。同时，房产税这两种计税方法下的税负存在明显差异，导致自用与出租房产之间税负失衡。

同时，由于房地产保有环节税率较低，房地产转让、收益所得环节税率过高，在鼓励房地产流动、避免房地产空置或低效利用方面不能起到税率应有的调节作用。房地产收益所得环节的所得税、土地增值税不区分纳税人持有房地产时间的长短，税率一视同仁，不区分房地产投资行为与投机行为，不利于房地产市场的健康发展。

4. 收入能力没有充分发挥出来

由于房地产税课征对象较难隐藏，税源比较稳定、容易控制和管理，因此在很多国家的地方税收收入中占有较重要的地位。而我国，房产税开征以来，由于只对企业征收，且计税依据为原值或租金收入，收入规模一直偏小。虽然近年来随着房地产行业的蓬勃发展，房地产税收入有了明显增加，但房地产税的收入能力仍没有充分发挥出来。

5. 费大税小，扭曲了税费关系

从理论上来看，对同一税源，税费品种应尽量控制，就房地产税费而言，从世界各国情况来看，针对房地产分层设置单独的税种并辅之少量专项收费确有必要，但尽可能减少税费数量是一个共同趋势。然而我国的现实是房地产业面对的税费尤其是各种收费数量多且乱。目前，涉及房地产业的收费包括土地使用权出让金、地产交易手续费、征地补偿安置费、市政配套费、扩容费等几十种，这一方面加重了纳税人的负担；另一方面也大大削弱了税收的调节作用。

7.4　对推进房地产税立法的思考

十八届三中全会《决定》中明确提出了"加快房地产税立法并适时推进改革"的要求。房地产税立法是一项极为复杂的工程，明确其立法的依据和宗旨、立法中需要处理的主要关系、立法中的障碍是这一立法工程中的重要内容，也是房地产税制设计的重要前提。

7.4.1　房地产税立法的依据和宗旨

1. 房地产税立法的法理依据

法理依据是房地产税立法必须解决的一个重要问题。当前对于房地产税立法的法理依据所产生的争论，主要集中于两个方面。

一是土地出让金问题。房产作为私人财产的重要组成部分，对其征税理应无可厚非，但有人以"已缴纳土地出让金"为由，对此提出质疑——如果保有环节再每年征税，就是重复征收。实际上，在现代经济生活中，税制本身就有重复因素——多种税、多环节、多次征，这被称为"复合税制"。这一税制是各个经济体几百年来税收实践中反复整合、适应客观规律而形成的基本框架，反映的主要是税制既要为政府履行职能筹集必要收入，又要发挥对经济、社会生活的各种调节职能，不同的税种需各有侧重，各自设计，形成一个带有"复合"特征的税制体系。而客观地说，这种复合税制本身就包含重复征收因素，所以这里的"真问题"不是允许不允许重复征收的问题，而是重复得是否合理的问题。何况实际上土地出让金不是税而是租金。从市场经济制度建设的角度而言，政府保护市场公平竞争和私人合法财产，是市场经济的内在逻辑。这一逻辑的另一面就是对私人财产予以征税，为维持政府正常运转和提供公共服务筹集资金。土地出让金是政府凭借所有者身份对使用权持有人收取的地租，而房地产税则是政府以社会管理者的身份因提供管理和公共服务而收取的税，二者在法理上并不矛盾。租和税可以合理匹配，并不互相排斥地二者只能择其一，一国制度设计应该使它们并行不悖地适应整个调控体系的优化。

二是土地所有权问题。有人以"土地私有是征收房地产税的前提"为由，反对征收房地产税，这也是值得商榷的。首先，从土地所有权来看，国外的市场经济体并不全是土地私有制。以老牌工业国英国为例，英国有很多形式的公有土地，包括中央政府层级的公有、地方政府层级的公有以及公共团体的公有，也有规范的交易形成地皮的使用权。英国有的地皮长达999年的使用权，实际上已经对终极所有权形成了虚化。但从法律的角度来看，英国的土地公有和私有界定很清晰，并非土地私有制一统天下。但保有环节的税收对于这两种情形是全覆盖的。其次，从利益主体的独立性上来看，在我国城镇土地终极产权是国有的情况下，每一个不动产的具体使用权的保有者，都具有各自相对独立的物质利益。国家完全可以凭借自己的政治权力通过征税来调节物质利益的状态与格局。总之，土地的所有权性质并非是决定房产税开征与否的直接前提，房地产税征收的内在依据是政府对于建筑物所有权、土地使用权的保护，以及公共服务的供给，土地所有权问题并不构成开征土地保有环节税收的法理障碍。

2. 房地产税立法的宗旨：提升地方治理能力

从国外立法实践来看，各国对于房地产税立法的宗旨并不相同。例如，美国将对不动产及其建筑物等财产统一征收的房地产税称为财产税，其征税的主要目的是为地方政府提供稳定的财政收入，以满足地方提供公共服务的需要；新加坡对其房产征收财产税，其最根本的目的为了发展房屋及其附属建筑的基础设施建设；由于自20世纪80年代后期开始，日本房地产泡沫加速膨胀，为此，日本开征房地产税的目标更多是为了抑制房地产价格的快速上涨。

从前面分析可知，尽管房地产税既可为地方增加财政收入，还可以调节居民财富和收入分配以及调节房地产价格，但发挥这些功能的同时，又都存在一定限制或缺陷，使其不能从根本上解决这些问题。确立房地产税的立法宗旨，应立足于我国全面深化改革的目标和任务，从制度建设角度去考虑。在中共十八届三中全会通过的《中共中央关于全面深化改革若干重大问题的决定》，提出了我国全面深化改革的目标是实现国家治理体系和治理能力的现代化，税制改革是财政改革的一项重要任务，而在税制改革中又提出了"完善地方税体系"。因此，房地产税的立法宗旨，应该定位于完善地方税体系，形成科学、平衡的税制体系，提升地方治理能力。这一宗旨，特别是对提升地方治理能力的要求，实际上暗含或是容纳了房地产税的增加地方财政收入、调节调节居民财富和收入分配以及调节房地产价格这三种功能，这就使房地产税的立法宗旨处于一个更高的层面之上。

7.4.2 房地产税立法需要处理的主要关系

房地产税立法涉及诸多关系，这些关系处理的是否恰当，影响到房地产税的制定质量和运行效果。总体而言，房地产税立法需要处理好五个方面的关系。

1. 房地产税与地方治理的关系

房地产税的特点以及国外实践都表明，房地产税理应作为地方税种。作为地方财政收入的重要来源，房地产税是地方治理的重要基础。房地产税对地方治理的影响，主要体现在两个层面：其一，房地产税的制度设计及收入状况，直接影响地方政府的治理能力。地方政府的治理能力不仅依赖于制度、规则，而且需要一定的物质基础。房地产税是地方财政收入的重要来源，成为地方政府治理能力的物质基础。房地产税状况，不仅影响地方财政收入和地方公共服务供给状况，而且还对地方政府责任、地方稳定、地方治理效率等产生重要影响。其二，房地产税对辖区居民责任与能力产生一定的影响。同时，治理体系结构和治理能力是影响房地产税构建的重要因素。一个高效的房地产税，应与地方治理结构和能力相匹配。如果房地产税不能为地方有效治理提供财力支撑，则会削弱地方治理能力；如果房地产税征收过高，同样也会损害地方治理状况，因此，一个合理的房地产税制度设计，需要在房地产税的征收与地方治理的需要之间取得平衡。

2. 开征房地产税与稳定税负、居民承受能力的关系

开征房地产税需要考虑宏观税负和居民承受能力。稳定税负是我国当前税制改革的一项原则和要求。从现实来看，虽然我国的宏观税负水平在整体上处于一个基本合理的区间，但需要重视宏观税负的上升趋势。如果开征房地产税，在其他税制改革不作大的调整的情况下，则有可能增加我国的宏观税负，宏观税负增加一旦过高，就会与我国税制改革稳定税负的要求相悖。因此，开征房地产税实际上有一个预设的前提——稳定税负。既要实现开征房地产税、增加地方收入，又要实现稳定宏观税负，则需要处理好调整、优化整个税制结构，做到有增有减，使宏观税负保持在一个合理的范围。同时，开征房地产税还需要考虑居民承受能力。不仅要考虑居民的收入水平变化，而且要考虑居民的购房成本以及其他大项支出情况。如果房地产税超过居民的承受能力，就极有可能引发社会问题。因此，房地产税的制度设计需要考虑宏观税负和居民承受能力，处理好其中的诸多关系。

3. 中央与地方关系

房地产税的制度设计，应在优化中央与地方财政关系的大背景下去考虑。首先，需要处理好中央与地方的税权关系。开征房地产税要发挥中央和地方的两个积极性，既要考虑税制的大体统一，又要考虑到我国地方差异较大的现实。如果由中央完全统一制定征收范围、税率等要素，则很难具体区分经济发达与欠发达地区、房地产市场过度发展与发展不足等情况，"一刀切"的房地产税制很难达到预期的目的。因此，应在中央制定基本框架的前提下，赋予地方一定的税权，例如，税率在浮动范围内自行选择权。然后，需要考虑开征房地产税与中央、地方财政体制调整的关系。当前我国地方出现的财政困难，很大一个原因是事权、财权与财力的不匹配。开征房地产税虽然有利于在增加财力方面缓解这一问题，但要真正解决需要依赖于财政体制的调整。为此，需要将房地产税的开征与中央和地方的财政体制调整、事权的划分、转移支付的确定等结合起来。

4. 立法、征收试点与整体推进的关系

采取渐进式的改革路径，是前一阶段我国税制改革取得成功的一条经验。即：采取了先易后难、循序渐进的稳妥改革方式，先试点和总结经验，再逐步推开。由于房地产税牵涉到多方面的利益分配问题，因此对经济社会各方面的影响也比较大。采取渐进式的改革路径，一方面可以对税制的实施情况进行不断的检验和反思，便于根据实际情况完善税制设计，提高税制的科学性；另一方面，可以兼顾各方面利益，减少和避免房地产税改革对经济社会发展的不利影响，降低改革的成本和风险。因此，应处理好立法、征收试点与整体推进的关系，在加快立法的基础上，按照"全国推进、渐进改革、分步实施"的思路，将实施步骤分为立法及征收准备、实施征收、巩固完善三个阶段。

5. 开征房地产税与农地产权制度等其他改革的关系

农地产权制度改革是我国当前的一项重要改革措施，并出台了诸多改革措施。例如，2015 年 11 月，中共中央办公厅、国务院办公厅印发《深化农村改革综合性实施方案》，提出开展农村土地征收、集体经营性建设用地入市、宅基地制度改革试点。房地产税涉及大量农村宅基地、建立在农村集体土地之上的小产权房，这部分房地产要不要纳入房地产税的征收范围，需要妥善处理。房地产税能否顺利推行，需要处理好房地产税的制度设计与农地产权制度等其他改革的关系，依据公平原则，在考虑房地产性质和居民承受能力的情况下，作出积极稳妥的制度安排，提高现实可操作性。

7.4.3　房地产税立法中的障碍分析

目前，对于房地产税改革方向的基本认识是合并房产税和城镇土地使用税，开征房地产税，将征收范围扩展到个人住房。社会上对个人住房征收房地产税既有一定的预期，也对其合法性和合理性提出质疑。由于房地产税不仅与社会公众每个人的切身利益相关，还受到经济、法律、技术等多方面因素影响，因而房地产税的立法中也必然会存在着一些障碍，需要通过立法过程凝聚共识，减少阻力。

1. 房地产税的征管风险问题

任何一个税种的实施需要有相应的税收征管能力进行匹配，否则就会导致税制难以贯彻执行。从国内的税收征管能力看，目前在房地产税的征管上还存在一些问题和风险。主要表现为以下三方面。

一是国内缺乏对个人和家庭征税的经验和基础。长期以来，在国内以间接税作为主体的税收收入结构下，纳税人多为企业和单位主体。即使是以个人作为纳税人，也多是通过企业和单位进行扣缴，很少有个人纳税人直接进行申报纳税。在这种情况下，房地产税面向个人和家庭征收，对征管将是一个极大挑战。面对国内巨量的房地产税纳税人，要求纳税人全部都依法申报纳税不现实，税务机关进行核实、评估、征缴的工作量也是巨大的。实际上，现行对个人住房租赁征收房产税流于形式的结果，也已经证明了对个人住房征收缺乏实际征管能力。总体来看，由于我国目前的税收征管能力有限，短期内还无法做到普遍开征房地产税。

二是房地产税征管需要有相关配套制度条件的完善。房地产税的全面开征应具备房地产登记信息系统和房屋价值评估系统两个技术前提。即对个人住房征税必须先了解和掌握个人住房的相关信息，这样，才能够客观地对个人住房价值进行评价。但从目前来看，覆盖全国的房地产登记信息平台最快也是在2017年才能基本建成。对地方的调研结果也表明，由于国内房地产的产权混乱，目前相关部门实际上还不能掌握所有的房地产情况，也不能对拥有住房的个人的婚姻和家庭信息全面掌握。在这些征管基础条件尚不具备的情况下，房地产税将难以征收。

三是对个人征税的相关征管法律法规也不够健全。如果推进房地产税的立法实施，那么现行税收征管法就需要进行修改，因为原来的法律对税收保全措施和强制执行措施方面都没有涉及个人问题，而目前税收征管法的修订还没有完成。

2. 房地产税征收的公共风险问题

房地产税是财产税和直接税，社会公众将直接能够感受到税收负担。因此，对个人或家庭征税，其社会风险很高。如果房地产税的税负设计让社会公众感觉过高，将对社会稳定有可能产生很大影响。尤其是国内个人或家庭拥有房产的多少与其纳税能力之间并不匹配，即可能出现个人或家庭有房产但缺乏有纳税的连续收入的情况。例如，过去房改之后的这部分群体，可能除了房产外没有其他太多收入来源，还有一部分人是贷款买房，可能连还贷都相当困难。如果不考虑这种情况，对他们征收房地产税的社会矛盾也会比较尖锐，甚至会引发群体性事件。

从国际上来看，房地产税的社会风险也是实实在在存在的。例如，以英国政府推行的"人头税"改革为例来看，撒切尔夫人在1989年先在苏格兰试行以"人头税"（即小区收费）取代地方政府差饷，1990年将试点扩展到英格兰和威尔士。"人头税"就很快成为撒切尔夫人任期内最不受全民欢迎的政策之一。1990年3月31日，在英格兰和威尔士推行"人头税"的前一天，伦敦出现大型游行示威，并演变为暴动，事后数以百万计的人拒绝缴税。再如，在全面征收房地产税的美国，尽管各州财产税法律历经多次修订完善，征纳税的每个环节都有法可依、公开透明，但仍受到美国民众的广泛诘难和指责，更是引发了多次抗税革命。因此，国内全面征收房地产税的社会风险不能低估，应避免出现与社区居民全面拒绝缴纳物业费类似的抗税情况。

3. 房地产税的配套税制改革问题

宏观税负稳定和实施结构性减税是国内目前推进税制改革的基本原则要求之一，全面征收房地产税作为一项增税措施，需要有相应的减税政策配套来实现宏观税负稳定。同时，房地产税改革也涉及整个房地产税收的改革配套问题。由于我国与房地产相关的税种有：增值税、企业所得税、土地使用税、土地增值税、耕地占用税、城镇维护建设税、房产税、契税、印花税和个人所得税。在房地产税收上是典型的"重流转、轻保有"。因此，房地产税的改革是在减少交易环节房地产其他税收和相关收费的前提下，增加居民住宅保有环节的房地产税。通过这些措施来稳定税负，不额外增加民众的税收负担。在房地产税立法中，这些配套的税费改革能否实现，也会对房地产税开征产生较大的影响。

7.4.4　房地产税立法中的制度设计难点

与房地产税在立法上存在的一些障碍问题相对应，房地产税在具体制度设计上也同样存在一些难点，包括征收范围、免征额、税率水平和税收优惠等制度的确定。

1. 征收范围的确定问题

理论上，房地产税的征税范围应尽可能地将所有地区、所有类型的房地产都包括进来。同时，从房地产税的长期发展来看，有必要在立法时设定大的征税范围，为今后房地产税的发展留出空间。与原有房产税和城镇土地使用税的征税范围相比，这将要求房地产税由城镇扩大到农村、由非住宅类房地产扩大到住宅类房地产。根据我国现有的社会经济发展状况，上述全面的征税范围显然不现实，扩大范围也不可能一次性的完成。在立法的征税范围设计上，有以下几方面的难点问题。

一是与房地产税功能定位相对应的征税范围确定。如果将房地产税主要定位于收入功能，则要求征税范围需要扩大，甚至不给予个人住房房地产税的免征额设计。但如果将房地产税主要定位于调节功能，尤其是确定为对占有房产多或高价值房产的人征税，以及抑制住房消费上的奢靡，节约住房和土地资源，则房地产税的征收范围将会缩小，不对居民的基本住房进行征收，而主要是针对多套住房和高端住房征收，与重庆市的房产税改革类似。

二是与众多产权性质房产相关的征税范围确定。目前，国内住房产权的类型众多，包括国有房产（包括军产）、集体所有房产、私有房产等，个人住房也包括商品房、社会保障性住房等，还涉及不具有法律地位的小产权房。对这些房产是一视同仁的征税还是区别对待，也是征税范围设计上的难点。尤其是对小产权房，还涉及如果对其征收房地产税，是否就将违法问题合法化的争议。

对于上述难点问题，我们的建议是：在立法上可以采取先将各类房地产都纳入征税范围，再通过免税设计明确对部分房地产暂不进行征收的做法。按照这种思路，房地产税的征收范围可确定为：在中华人民共和国境内的所有房地产。具体包括：生产经营用房地产和非生产经营用房地产。具体征收范围如下：一是各类生产经营企业和单位拥有的房地产；二是城镇居民拥有的房地产；三是农村居民拥有的房地产；四是农业用地。

为了避免现阶段房产税的征税范围过大，应对以下房地产暂免征收房地产税，将其排除在征收范围之外。主要为：一是农业用地（属于集体土地所有权的农业用地）；二是对农村居民拥有的房地产（属于集体土地所有权的宅基地及其房产）。其中，对于属于集体土地所有权但作为经营性用途的农村集体建设用地的房地产，应不属于免税的范围，需要缴纳房地产税。对于"小产权房"，基本的前提还是其非法性和进行清理，对现实存在的小产权房可考虑将其作为经营性用途的农村集体建设用地的房地产进行征收。

与征收范围相对应，房地产税的征收对象是纳税人拥有和使用的土地和房屋（建筑物及其附属物）。具体包括：一是具有土地使用权的生产经营用地，即单位或个人用于工业、商业、建筑业、服务业等生产经营活动，拥有土地使用权的土地；二是生产经营用的房地产（土地和房屋）；三是农村和城镇居民住房；四是属于集体土地所有权的农业用地。

2. 免征额的设置问题

目前，对于房地产税计税依据的共识是，在房地产市场价值的基础上，以房地产的评估价值作为计税依据。同时，在制度设计上，对个人住房的全部评估价值进行征收最为简化。但从国内现实来看，保障居民的基本住房需求是顺利开征房地产税的前提条件。为了推进房地产税的实施，较为一致的观点认为应对个人和家庭的基本住房需求给予免税。按此要求，就存在着对个人住房的免征额设计问题。

房地产税免征额的设计也存在一定的难点，主要涉及免征额是按照住房套数或住房面积，还是按房产评估值的一定比例进行设计。从目前情况来看，由于不同住房的面积不同，且不同类型和区域的房产的价值差别过大，按套数给予1套住房免征显然不合理。如果按照住房面积，即以基本住房需求确定免征额，则涉及家庭情况和人均扣除面积标准的确定问题。人均扣除面积标准是全国统一，还是规定上限由地方具体确定；家庭是按照3口之家计算（国家放开二胎政策后，以后的家庭是否以4口之家为标准），还是按照实际人口数量计算。或者，对每套住房的评估价值给予一定比例的扣除。此外，对于个人拥有的在不同城市的住房，是每个地区的住房都能够享受免征额，还是只能选择在一个城市的住房享受免征额。这些问题都需要在具体制度上加以解决。

从目前情况来看，由于不同住房的面积不同，且不同类型和区域的房产的价值差别过大，按套数给予1套住房免征显然不合理。而按照房地产评估值的一定比例给予免征，又难以考虑居民家庭人口的状况问题。我们认为，允许家庭成员合并扣除免税面积，按照人均住房面积即以基本住房需求来确定人均免税面积，并结合不同地区房地产的平均评估价值来确定免征额较为合理。

按照人均免税面积来确定免征额，关键是如何选择人均免税面积标准。目前来看，人均免税面积标准有几个可参考的依据。

第一，国内的人均住房面积。根据统计，2012年全国城镇居民人均住房建筑面积为32.9平方米、农村居民人均住房面积为37.1平方米。以此为依据，可考虑对城镇居民人均免税面积设为30平方米（如果未来对农村居民住宅征收房地产税，其人均免税面积应超过城镇居民）。

第二，上海市和重庆市房产税试点改革的做法，根据《上海市开展对部分个人住房征收房产税试点的暂行办法》规定，人均免税面积（住房建筑面积）为60平方米。而根据重庆市《房产税改革试点暂行办法》规定，扣除免税面积以家庭为单位，一个家庭只能对一套应税住房扣除免税面积。纳税人在该办法施行前拥有的独栋商品住宅，免税面积为180平方米；新购的独栋商品住宅、高档住宅，免税面积为100平方米。纳税人家庭拥有多套新购应税住房的，按时间顺序对先购的应税住房计算扣除免税面积。在重庆市同时无户籍、无企业、无工作的个人的应税住房均不扣除免税面积。总体上看，假设家庭为3口之家，上海和重庆两地的房产税试点改革中的免税面积范围为33.3～60平方米。

考虑到不同地区的人均住房面积上的差别，由全国统一制定人均免税面积不符合各地因地制宜的要求。应以具体地区的家庭社会平均基本住房需求和社会平均评估价值为标准，计算确定出的具体地区的家庭住房免征额。这样，在保障基本住房需求的同时，纳税人拥有住房越多，纳税越多，总体上保证征税的公平性。

综合来看，建议国家统一制定人均免税面积的幅度范围为30～60平方米，再由地方根据实际情况确定具体人均免税面积。同时，地方有权限根据各地实际情况确定各个具体区域的住宅人均面积平均评估价格，最终确定出对居民家庭的房地产税免征额。

3. 税率水平的确定问题

房地产税开征后其税收负担应当是多少较为合适，是人们普遍关注的一个问题，也是房地产税制度设计上的核心和难点。国外的房地产税作为地方税，主要是根据地方政府提供公共服务的需要来确定税率水平。国内地方财政收入的来源很多，难以以此方法来确定税率水平。

房地产税作为对企业和居民个人不动产的征税，尤其是对个人所拥有的不动产征税，其税率水平的设计，不仅需要考虑房地产税本身的税负问题，还要结合个人所得税、增值税、消费税等实际上最终也由居民个人承担税负的整体税负状况，所有这些税种形成的整体税负不能超过居民个人的承受能力。即按照我国目前居民的收入状况是否能够承担得起？会不会出现人们担心的所谓"买得起房，养不起房"的问题，是否会由于纳税人无力纳税而出现比较严重的欠税。尤其需要考虑到在采取银行按揭方式购房情况下的居民个人负担问题。因此，需要考虑将哪些税费后移，哪些不能后移，哪些需要房产所有者在保有阶段承担，哪些不需要其承担。同时，我国目前的税制改革是分步实施的，那么，在房地产税税收负担的设计上应如何考虑和协调与其他税种的关系？在分步实施税制改革的过程中每一个税种都是在其条件成熟时，独立进行改革和出台的，但每一个税种又不应当是独立进行改革的，在改革的过程中协调好各个税种的关系至关重要。

总体来看，房地产税的税率水平设计应区分房地产类型，对经营性房地产按照保持改革前后的税负水平基本保持不变，对个人住房按照符合地方居民纳税能力的原则进行设计。

一是经营性房地产的税率水平。现行房产税对经营性房产（不考虑个人出租住房）是按照房产余值（房产原值一次减除 10% ~ 30%）适用 1.2% 的税率征收；城镇土地使用税则是根据不同区域的 0.6 ~ 30 元的具体税率征收。按照房地产评估价值统一征收房地产税后，在计税依据和税率形式上都有了很大调整，因而无法直接将原房产税或城镇土地使用税的税率水平平移过来。因此，建议按照改革前后的税负水平基本保持不变的原则的进行设计，即在设定了一定的比例税率水平后，总体上保证房地产税应纳税额与房产税与土地使用税的应纳税额总和保持一致。同时，考虑各地区的差异问题，应设置一定的税率幅度范围，允许各地选择具体税率水平。根据北京市对经营性房地产改革前后税收负担的测算结果，在考虑不征税土地价值（划拨土地）的情况下，保持改革前后税负基本不变的房地产税税率水平为 0.82%，这可考虑作为经营性房地产的税率下限，并将原房产税 1.2% 的税率作为税率上限。综合来看，建议将经营性房地产的房地产税幅度税率水平确定为 0.8% ~ 1.2%。

二是个人住房的税率水平。由于个人住房属于房地产税的新增征税范围，不能采用经营性房地产的税率水平确定方法。但目前上海市和重庆市对个人住房征收房产税的实践可以提供一定的参考。根据《上海市开展对部分个人住房征收房产税试点的暂行办法》规定，其税率水平为 0.4% ~ 0.6%（一般适用税率暂定为 0.6%。应税住房每平方米市场交易价格低于本市上年度新建商品住房平均销售价格 2 倍（含 2 倍）的税率暂减为 0.4%）。根据重庆市《房产税改革试点暂行办法》规定，其税率水平为 0.5% ~ 1.2%（独栋商品住宅、"三无"人员第二套普通住房以及建面成交单价在均价的 3 倍以内的高档住房，税率为 0.5%；3 倍（含）~ 4 倍的，税率为 1%；4 倍（含）以上的税率为 1.2%）。由于上海市和重庆市作为直辖市属于经济发达地区，居民负担能力会高于国内其他经济不发达地区，因此结合全国范围的房地产状况和居民负担能力，在两地的最低税率水平 0.4% 基础上进行下调，选择 0.2% 作为个人住房的税率下限；为了不过多增加居民个人的税收负担，选择 1.2% 作为个人住房的税率上限。综合来看，建议将个人住房的房地产税幅度税率水平确定为

0.2%～1.2%。

三是地方的税率选择权限。房地产的具体适用税率水平由地方根据当地经济发展状况在上述经营性房地产和个人住房的房地产税税率幅度范围内确定。从上海和重庆市的实践来看，其中区分了普通住宅和高档住宅实行不同的税率。因此，也应允许地方在税率幅度范围内设置差别税率。

4. 税收优惠的确定问题

房地产税的优惠政策设计上主要涉及的问题包括：一是对属于单位性质主体的纳税人，包括国家机关、各级政府、人民团体、军事、外交机构，事业单位，以及宗教和慈善等社会公益性组织是否给予免税；二是对不具备纳税能力的住房是否给予减免税。国内房产上的特殊情况是拥有房产多少和纳税能力不成正比，需要解决纳税人税负与纳税能力不相匹配的问题，考虑部分低收入群体的减免税问题。

按照国家财税体制改革中对税收优惠政策提出的要求，房地产税应尽可能少地设计税收优惠。但基于国内房地产类型和居民个人收入水平的实际状况，也需要给予部分税收优惠政策设计。

总体来看，房地产税优惠政策设计应遵循以下几方面的原则：一是应遵循量能负担的原则，综合考虑纳税人拥有的财富和实际的收入水平，尤其是拥有房产多少和纳税能力不成正比的特殊情况，对部分低收入者和特殊群体给予优惠政策；二是应遵循法定原则，属于中央规定的房地产税优惠政策一经确定，各地政府应严格执行，不能擅开各种口子，让税法成为"议价"税法。使纳税人可以遵循税法事前预测经营成本，进行正确的投资决策。三是应遵循地方授权原则。基于全国各地经济水平和房地产发展的不均衡性，也有必要赋予地方政府适当的税收优惠上的减免权限，以使税收优惠能够正确地发挥作用。

按照原房产税和城镇土地使用税的优惠政策规定，结合房地产税的定位，除了在征收范围分析中明确对农业用地和农民住房给予免税政策外，建议的房地产税优惠政策主要为：

一是对国家机关、人民团体、军队以及由国家财政部门拨付事业经费的单位自用的房地产，免征房地产税。

二是对市政街道、广场、绿化地带等公共用地以及城市公用设施等房地产，免征房地产税。

三是对宗教寺庙、公园、名胜古迹、博物馆、慈善机构等社会公益事业自用的房地产，免征房地产税。

四是对保障性住房（公共租赁住房等）免征房地产税。对自住型产权共有住房，给予一定的税收优惠，可授权地方具体确定。

五是对不具备纳税能力的部分特殊群体的房地产，给予房地产税减免政策。不具备纳税能力的部分特殊群体，主要是指残疾人、低于一定收入水平的老年人、属于城市低保的家庭等，具体减免税办法由地方根据当地实际情况制定（见表7-4）。

表7-4   房地产税的基本税制设计

纳税人	在中华人民共和国境内拥有土地使用权、房屋所有权的单位和个人，为房地产税的纳税义务人，应当依法缴纳房地产税
征税范围和对象	在中华人民共和国境内的所有房地产，生产经营用房地产和非生产经营用房地产。具体为： （1）各类生产经营企业和单位拥有的房地产； （2）城镇居民拥有的房地产； （3）农村居民拥有的房地产； （4）农业用地
计税依据	（1）房地产税以房地产的评估价值作为计税依据； （2）经营性房地产以应税房地产评估价值的70%作为计税依据； （3）个人住房的计税依据是应税个人住房评估价值扣除免税额的结果； （4）对个人住房以家庭为单位给予一定的免征额，免征额以规定的人均免税面积和相应的房地产平均评估价值计算确定。人均免税面积的幅度范围确定为：30～60平方米，具体人均免税面积由地方在幅度范围内容根据实际情况确定
税率	（1）建议将经营性房地产的房地产税幅度税率水平确定为0.8%～1.2%； （2）建议将个人住房的房地产税幅度税率水平确定为0.2%～1.2%； （3）房地产的具体适用税率水平由地方在上述经营性房地产和个人住房的房地产税税率幅度范围内确定
税收优惠	（1）对农业用地和农民住宅，暂免征收房地产税； （2）对国家机关、人民团体、军队以及由国家财政部门拨付事业经费的单位自用的房地产，免征房地产税； （3）对市政街道、广场、绿化地带等公共用地以及城市公用设施等房地产，免征房地产税； （4）对宗教寺庙、公园、名胜古迹、博物馆、慈善机构等社会公益事业自用的房地产，免征房地产税； （5）对保障性住房（公共租赁住房等）免征房地产税。对自住型产权共有住房，给予一定的税收优惠，可授权地方具体确定； （6）对不具备纳税能力的部分特殊群体的房地产，给予房地产税减免政策。具体减免税办法由地方根据当地实际情况制定

7.4.5 房地产税的评估与征管

1. 房地产税的评估

（1）评估机构选择。

我国的评估机构现分为政府事业单位性质的评估所与社会上企业性质的从事评估的中介公司两种。

①社会上企业性质的评估机构。这是一种独立法人的中介机构。对其设立的批准只能依法进行。《中华人民共和国城市房地产管理法》第57条对此作了规定。但中介行业是一种特殊行业，对从事房地产评估业务的机构应该也必须进行一定的资质审核。也就是说，对他们的管理应从资质审核入手。《城市房地产市场评估管理暂行办法》中规定，要从事房地产市场评估业务的单位，应向当地城市人民政府房地产主管部门提出申请，经资质审核同意，并经工商行政主管部门核发营业执照，成立房地产评估事务所，方可开业经营。

今后，这种性质的评估机构将越来越多。就其主办单位、人员组成、技术水平而言，情况各异，差别较大。如何进行有效的管理呢？建议在初次资质审核的基础上，引入动态的定期的资质管理。首先，根据工作业绩、专业人员结构、年业务量、市场信誉等方面情况设立不同资质等级，界定其评估范围。其次，定期进行评审，优升劣降，规范和维护评估的市场秩序。

②政府事业单位性质的评估机构。政府房地产主管部门设立的房地产评估机构是非经营性的评估机构。它与社会上中介性质的评估机构有质的区别。这种评估机构具有双重职能：一是行使或代行政府对房地产市场评估的管理职能；二是承办本行政区内的基准地价、涉及政府税收及由政府予以当事人补偿赔偿费用的房地产评估业务。这种机构也可从事当事人委托的其他评估业务。但应注意划清与经营性评估机构的界线，避免出现双重面孔。政府主管部门不应设立经营性评估机构，更要避免一套人马两块牌子。

从房地产课税的角度来看，相关的房地产评估管理问题有二：一是市场中介机构所提供的评估服务是否可以用于房地产税课征，这实际上是一个市场与政府的关系问题；二是上下级政府间如何划分房地产评估职能，这实际上是一个政府间关系问题。

从国际上来看，近年来，房地产税评估中利用民间评估部门的现象越来越普遍。这一现象说明作为政府行为的房地产税课征并不是民间评估部门不能插足的"禁区"。当然，从实际的运行结果来看，利用民间评估部门可能会在数据的可信度、评估责任的划分以及评估的后续支持等方面存在问题。不过，有关房地产评估的总趋势是市场将逐步收回原来被各政府部门（显然，税务部门也包括在内）蚕食分割的房地产评估职能。在这种趋势下，可以预见，我国的房地产税评估将会越来越多地利用市场中介机构提供的评估结果。

在这一转轨过程中，政府税务部门还会在一定期间内保留直接参与房地产评估的权力；另外，即使是在具体的评估工作完全交给市场以后，税务部门还是需要设置专门的机构，以评估、确认市场中介所提供的评估结果。因此，在政府内部，还是存在一个如何在上下级政府间划分评估权限的问题。对此，笔者的建议是：在房地产税改革的初期，可采用省级税务部门集中评估模式。因为这种模式具有规模经济、利于采用统一的操作规则和标准的评估程序、交易证据丰富以及资源共享等好处。但是，由于这种模式集权的程度高，损害了地方当局对评估过程的控制；由于房地产税收入将大部分甚至全部划归市、县财政，省级政府推行这种模式时的积极性也有限。因此，省级税务部门集中评估模式最终将会被市、县税务部门分散评估模式所取代。

（2）评估方法的选择。

不同的评估方法，其评估结果是不同的，因此，选择合适的评估方法来评估房地产价格，对房地产评估来说是至关重要的。从国外来看，世界各国（地区）房地产税税基评估方法上主要有以下几个特点：一是各国都较完善的基准地价制定和更新制度，作为土地价值评估的基础；二是各国均根据其税制的不同，对土地、建筑物单独或联合进行评估；三是为了节省评估成本，一些国家采用回归基础指数化（regression based indexing）方法作为预测工具来评估房地产的价值，该方法主要是根据房地产的现值回归更新出评估的价值；四是对于不同类型的房地产，采用不同的方法；例如，住宅更多采用比较法、成本法等；商铺等一般采用收益法；工业用地和建筑主要采用承包商法，即根据现行使用状况下改良物的有效资本价值及土地的价值，对照改良物的价值折算为有效资本价值；五是世界各国大多将土地或建筑物的改良价值作为评估的结果即税基，这种做法的优点在于能够避免土地或建筑物的闲置或低效利用，提高土地的利用效率；六是评估技术上引进一些先进的计算机技术作为支撑，大大提高了工作效率；主要有计算机辅助批量评估系统（CAMA）和地理信息系统（GIS）等，这些技术的应用，不仅减小了工作量，而且便于评估价值的更新各分析。

随着我国房地产市场的逐步发展成熟，房地产评估的数量越来越大，评估的目的和要求也千差万别，因而任何单一的方法都不能很好地满足评估的要求，必须充分利用各种评估方法的优点，结合待估房地产的具体情况，综合运用各种评估方法。我们认为，目前应逐步确立以市场比较法为主导，以收益还原法和成本法为补充的评估方法体系，才能适应房地产市场经济的要求。

①从应用范围来看，市场比较法的适用面较宽，可以说不管什么类型的房地产评估，只要能找到类似房地产交易的实例，都可以使用。而收益法只能适用于有收益或有潜在收益的房地产，对于机关、学校、公园等公共房地产的评估大多不适用。成本法由于其理论依据的先天性缺陷，适用范围也受到限制，但成本法能较好地解决在缺乏类似交易实例和房地产实际收益资料下的房地产评估问题。因此，收益法和成本法都不足以成为房地产评估的主导方法，但这两种方法却能够较好地验证市场比较法的结果，弥补市场比较法留下的空白。三种方法结合使用，就可基本解决各类房地产的评估问题。

②从准确性来看，市场比较法由于依据现实市场交易实例，通过比较修正，把各种影响房地产价格的主要因素都考虑了进来，其结果能够较准确地反映房地产的当时实际市场价格。收益法由于客观纯收益和贴现率（利率）的确定比较困难，因而其准确性就难以把握。成本法依据的是房地产建造所"必要"的和"合理"的费用，这一费用也难以准确界定，所以评估的价格也容易偏离市场实际。

③市场比较法确定的价格更容易被人们接受。因为在市场经济的环境里，生产成本只能抽象地决定房地产的价格，而市场供求法则是人们最容易接受的价格信号。收益法通过年纯收益和贴现率（利率）确定房地产价格，具有间接性。因此，市场比较法就被认为是最为可靠和可以接受的方法，而且在任何评估目的下均可采用这种方法。更为重要的是，尽管评估时使用了其他方法，但仍将几乎不可避免地要使用市场比较法。虽然我国目前运用市场比较法评估房地产时会受到诸如交易实例不足、信息交流不畅、资料积累不够以及专业评估人员经验不丰富等因素的约束，但随着我国房地产市场的进一步发展，市场

交易实例必然增多，信息交流也将日益改善，专业评估人员的素质也会不断提高，市场比较法必然成为一种主要的评估方法。

④从建设社会主义市场经济的长远目标来看，市场比较法适应了国家的长期发展趋势，具有旺盛的生命力。市场比较法对于房地产的交易特别是二、三级市场交易价的评估非常适用。

通过上述三种方法的综合运用，就能够比较全面、有效地开展房地产评估工作，合理地确定房地产的价格，适应多种评估目标。当然，对于一些特殊评估目的的房地产，我国还可以采用剩余法等其他方法，完成评估任务，达到评估目标。

（3）评估周期的选择。

世界各国房地产税的评估周期可总结为以下几个特点：一是一般以 3 年或 5 年作为周期进行详细系统的评估，其余年份的税基根据主要评估年的结果进行修正得出；二是一些发达的国家和地区，由于其技术和财政能力的相对较强，评估周期较短且相对固定；反之，一些发展中国家或地区评估周期较长，且不够固定；三是各国（地区）评估周期的选取和其国土面积有较大的相关性，面积较大的国家或地区的评估周期较长，面积较小的国家或地区的评估周期相对较短。

我国是最大的发展中国家，我们认为我国的房地产评估周期应相对较长一些为宜，以 3 年或 5 年作为周期进行详细系统的评估，其余年份的税基根据主要评估年的结果进行修正得出。

2. 房地产税的征收管理

从法制建设方面来看，我国税收征管方面的法律法规已经比较健全，1992 年 9 月 4 日七届全国人大常委会第二十七次会议通过的《中华人民共和国税收征收管理法》是新中国第一部以法律的形式来规范税收征管。1995 年 2 月 28 日八届全国人大常务会第十二次会议对该法的个别条款进行了修订。为适应新的税收征管的需要，2001 年 4 月 28 日九届全国人大常务会第二十一次会议又对该法进行了较大幅度的修订。修订后的征管法贯彻了税收法律关系的平等性，确立了税收权利的债权性质，体现了科技进步在税收中的作用，从而进一步完善了我国的税收征管法律制度。修订后的税收征管法的实施对于加强税收征收管理，保障国家税收收入，规范税收的征收与缴纳行为，保护纳税人的合法权益，必将发挥重要的作用。

随着房地产税制改革的向前推进，若房地产课税最终建立在以房地产评估值作为计税依据的基础上，那么，现行的税款征收制度以及相关的制度安排将难以支撑改革后的房地产税。为此，建议从以下两个方面加以完善。

（1）建立健全激励约束机制。

从征收机关、纳税人之间的非合作博弈来看，纳税人首选是不纳税或少纳税。为了鼓励纳税人依法纳税，应给依法纳税的纳税人一定的激励。激励的方式有两种：一是对纳税人提供适当的经济激励，以促使纳税人最大限度地遵守税收制度；二是通过宣传税收与公共服务之间的关系，以提高纳税人自觉纳税的意识。在房地产税方面，国外有对纳税人提供经济激励的先例，如在菲律宾，地方议会可以对那些在规定期限内缴纳税款的纳税人提供10%的折扣。

在对纳税人依法纳税提供应当经济激励的同时，加大偷、骗、抗税的纳税人的处罚力度，使偷、骗、抗税人的损失远远大于履行纳税义务，从而确保税收征收管理的依法进行。

（2）提高税收征管信息化水平。

房地产税的征收和管理需要高度的计算机自动化水平来支持。要有效地管理成千上万个纳税人，靠手工操作几乎是不可能的。国外的经验表明，房地产税征收管理的主要方面和重要方面在于计算机化，一些国家已经从利用计算机支持的群体评估系统中得到了好处和规模效益。国家税务总局相继正式公布了《税务管理信息系统一体化建设总体方案》《关于加速税收征管信息化建设推进征管改革的试点工作方案》，确定每个省选择一个地市进行试点，拉开了我国新一轮税收征管改革的序幕。税收征管信息化建设已成为新一轮征管改革的突破口和前提条件，信息化和专业化不可阻挡地成为新一轮征管改革的发展方向。当前，可借鉴"金税工程"的成功经验，引入现代化技术手段加强对房地产税的监控管理，加快税务部门管理信息化的进程，建设具有中国特色的房地产税信息管理系统，并将信息处理与管理程序结合起来。

第8章

资源税费改革：地方税重要税种的改革

8.1 为什么要征收资源税

8.1.1 资源与资源税

1. 什么是资源

（1）资源与自然资源的定义。

人类对于资源的认知，经历了从传统资源观到大资源观演变的过程。演变后的大资源观对社会发展具有更加全面积极的作用。大资源观中，资源一般是指一国或一定地区内拥有的物力、财力、人力等各种物质要素的总称，分为自然资源和社会资源两大类。其中，自然资源是自然界形成的、可供人类使用的、各种物质和能量的总称，是人们认为有用的自然因素或自然界存在的资源，如阳光、空气、水、土地、森林、草原、动物、矿藏等。自然资源的突出特点是自然性，是自然形成物、存在物，其发展变化有其自然生态规律，且自然资源种类繁多、性质和功能多样。经济资源、文化资源、人力资源、政治资源和制度资源是人类社会劳动的成果，又被称为社会资源。

大资源系统中的各个子资源系统在社会发展中具有不同的支撑作用，缺一不可，相互补充，共同发展，共同利用，共同配置形成强大的合力，才能确保社会的全面发展。

综上所述，资源的概念有狭义和广义之分。广义概念指一切有利用价值、在一定科学技术条件下可以转化为社会财富的、稀缺的自然要素和社会要素。狭义的资源一般是指自然界存在的天然物质财富，即物力资源或自然资源。

本书探讨的资源是指狭义的概念，即自然资源。关于自然资源的定义，主要有以下几种：

《辞海》中把自然资源定义为：一般指天然存在的自然物，不包括人类加工制造的原料。如土地资源、水资源、生物资源和海洋资源等，是生产的原料来源和布局场所。这个定义强调了自然资源的天然性。

联合国环境规划署指出：自然资源是指一定时间条件下，能够产生经济价值以提高人类当前和未来福利的自然环境因素的总称。可见这个定义是非常概括和抽象的。

大英百科全书中自然资源定义的是：人类可以利用的自然生成物，以及生成这些成分的环境功能。前者包括土地、水、大气、岩石、矿物、生物及其积聚的森林、草场、矿床、陆地和海洋等；后者为太阳能、地球物理的循环机能（气象、海洋现象、水文、地理现象）、生态学的循环机能（植物的光合作用、生物的食物链、微生物的腐败分解作用等）、地球化学的循环机能（地热现象、化石燃料、非燃料矿物生成作用等）。这个定义明确指出环境功能也是自然资源。

我国的一些学者认为：自然资源是指存在于自然界中能被人类利用或在一定技术、经济和社会条件下能被利用作为生产、生活原材料的物质、能量的来源。

可见，自然资源的范畴随着人类社会和科学技术的发展而不断变化。人类对自然资源的认识，以及自然资源开发利用的范围、规模、种类和数量，都是不断变化的。

（2）自然资源的分类。

按照自然资源是否可耗竭的特征分成耗竭性资源与非耗竭性资源两大类。耗竭性资源按其是否可更新或再生，又分为可更新资源和不可更新资源两类：不可更新资源指地壳中有固定储量的可得资源，由于它们不能在人类历史尺度上由自然过程再生（如铜）或由于它们再生的速度远远小于被开采利用的速度（如石油和煤），因此，一般认为它们是可耗竭的。可更新（再生）资源是指在正常情况下可通过自然过程再生的资源，这类资源在开发利用限定到一定程度或阈值内，其数量和质量能够再生和恢复，如各种生物及生物与非生物因素组成的生态系统。如果此类资源被利用的速度超过再生速度，它们也可能耗竭或转化为不可更新资源。非耗竭性资源是指在目前的生产条件和技术水平下，不会在利用过程中导致明显消耗的资源，如太阳辐射能、风和海潮，海水等，这些资源在本质上是连续不断地供应的，它们的更新过程不受人类影响[①]。

（3）矿产资源及其属性。

矿产资源属于不可再生资源，其中一些金属（如黄金、铂，甚至铜、铁、锡、锌等）是可以重复利用的，而石油、煤炭、天然气等能源矿产则是不能重复利用的。

根据《中华人民共和国矿产资源法实施细则》第二条规定，所谓矿产资源是指由地质作用形成的，具有利用价值的，呈固态、液态、气态的自然资源。矿产资源是重要的然资源，是社会生产发展的重要物质基础，现代社会人们的生产和生活都离不开矿产资源。与其他自然资源相比，矿产资源及其开发具有如下三方面特点：一是矿产资源具有稀缺性、可耗竭性、不可再生性和战略属性，矿产资源的开采与利用能够产生巨额经济租金。二是矿产资源的分布及自然禀赋条件（矿产的丰度、吨位、开采条件及地理位置）存在差异，使得矿产资源的开采能够产生级差收益。三是矿产资源具有对土地的依附性。矿产资源开发在为矿区所在地带来财富的同时，也对当地的生态环境带来破坏。

2. 多维视角看资源税

（1）什么是资源税。

矿产资源企业缴纳的税收，除了一般性的流转税和所得税等税种以外，主要表现为对矿产资源企业特有的税收——资源税。按照包括范围的大小，资源可以分为广义和狭义两种。目前世界各国对资源征税，一般都属于狭义的资源税。就是指以土地、矿藏、水利、森林等自然资源的开发和利用征税，既可以体现国家资源有偿使用的原则，又可以适当调节不同自然资源的级差收入。

资源税从性质上划分，可分为一般资源税和级差资源税。

一般资源税是国家对国有资源，根据国家的需要，对使用某种自然资源的单位和个人，为取得应税资源的使用权而征收的一种税。如我国宪法规定的城市土地、矿藏、水流、森林、山岭、草原、荒地、滩涂等，为取得应税资源的

---

① 资料来源：矿秘书网：http://www.kms88.com/news/html/2013/1113/228270.shtml。

使用权而征收的税。一般资源税的特点是对占用开发自然资源者，不论其所占用的资源质量优劣、取得的收入多寡，一律平等对待，无差别地普遍征收。一般资源税的征税目的，主要在于从国有资源占用开发权力的让度中取得财政收入，以体现国有资源有偿使用的原则。

级差资源税是对占用开发国有资源者因资源条件差异而获得的级差收入征收的一种税，其特点是根据资源质量优劣及收入多寡，有差别地征收，对哪些占用优等资源者多征税，反之，少征税，而对占用劣等资源者则给予免税。级差资源税的征税目的侧重于运用税收经济杠杆调节资源占用者的级差收入，为企业之间开展平等竞争创造良好的外部条件。而为国家筹集财政资金和促进自然资源的合理开发利用，则是两种资源税的共同征收目的。

实际上许多国家的资源税往往是既对占用开发国有自然资源者普遍征收，又在征收过程中根据资源条件差异对不同纳税人实行区别对待，分别确定高低不等的税收负担，兼有一般资源税和级差资源税的性质。

（2）为什么征收资源税。

①基于租金理论的视角。马克思的地租理论把地租分为了绝对地租和级差地租两种形式。绝对地租产生的原因是土地所有权的垄断。而级差地租是指经营较好的土地所获得的、归土地所有者占有的超额利润。其产生的原因是土地的资本主义经营垄断。

地租理论在当今西方主流经济学中得到了发展。当代西方经济学告诉我们，只要存在垄断，就有超额利润存在，这种超额利润就体现为"地租"，因此，地租不再是土地特有的东西，它的外延被延伸了，凡是处于垄断地位的要素都可以得到超过机会成本的剩余或者余额，即地租。矿产资源的价值理论就源于地租的普遍化。由于其具有不可再生性的特征，以及国家凭借强制力的所有权垄断，也会产生地租，矿产资源的地租表现为矿产资源的租金。

1931 年著名经济学家哈罗德霍特林发表论文《耗竭性资源经济学》，首先提出了矿产资源耗竭理论，霍特林以"社会价值"来判断开采可耗减资源的合理性。资源边际产出的社会总价值是为了得到该单位产出的社会意愿支付价格，这一价格减去边际开采成本就是社会净价值。其主要结论是霍特林法则，它说明了资源不可再生性对资源价格的影响：即使在完全竞争条件下，资源价格也不等于边际开采成本，两者的差额（社会净价值）是稀缺租金（霍特林租金）。当资源的供给是固定时，随着对资源的需求增长，资源将变得相对稀缺，或者当未来可用资源稀缺时，就会带来资源产品边际成本（即价格）的提高，这两种情况都会使得生产者剩余增加。稀缺性租金是一个衡量资源稀缺程度的有效指标，特别是当边际开采成本基本不变时，稀缺租金为正表明未来可用资源所能获得的收益越大，即未来资源越少，资源正在变得稀缺。稀缺性租金作为必须支付给资源所有者的租金一般就表现为矿区使用费、权利金或类似于我国的矿产资源补偿费，属于一种绝对地租。

虽然马克思、萨缪尔森和霍林特在地租（租金）的产生方面存在分歧，但都指出了资源所有者可以凭其所有权收取地租（租金）。而霍林特更是进一步指出：随着人类对资源需求的增加，资源的稀缺性进一步显现，地租（租金）有进一步提高的趋势。

②基于外部性理论的视角。外部性问题在经济学体系中处于独特地位，一个世纪以来，许多经济学家都曾从不同角度对外部性概念的内涵进行过探讨。所谓外部性，就是两个经济主体之间在缺乏任何相关交易的情况下，一个主体对另一个主体的福利所造成的影响，这种影响包括正负两个方面。外部性对利益相关者来讲是不公平的，因此必须对外部性进行纠正，即通过外部性的内部化来解决这一问题。外部性的纠正，经济学界通常有两种截然不同的方法，即"庇古税"方法和科斯"产权"方法。前者是基于政府机制的手段，后者则是基于市场机制的手段。

庇古认为，应由国家采用干预的手段进行外部性的内部化，即通过税收或补贴的办法，如根据污染所造成的危害对排污者收税，将污染的成本加到产品的价格中去，来消除这种边际的私人与社会成本相背离的状况，弥补两者之间的差距。具体来说，对边际私人纯产值大于边际社会纯产值的部门征税，对边际私人纯产值小于边际社会纯产值的部门实行补贴。通过这种征税和补贴，就可以导致经济资源从边际私人纯产值小的地方转移到边际私人纯产值大的地方，以减少边际私人纯产值与边际社会纯产值之间的差距，其结果将使经济福利增加。

还有一种方式是科斯定理。即当交易费用为零时，政府仅仅通过设定资源使用的权力或财产权就可以使外部成本内部化。但现实经济生活中，交易费用不可能为零，通过交换产权来使得外部成本内部化就受到了极大限制，其中一个明显的交易费用就来自交易人数，如果过大，产权交换将无法进行，所以，利用产权交易纠正外部性的做法并不普遍。

目前世界上很多国家除了对资源使用环境造成的环境污染开征环境税和碳税之外，也对资源开采环节开征资源税，已使资源开采产生的外部成本内部化。这也是资源税的理论依据之一。

8.1.2 资源税是地方税的重要组成部分

政府间税收划分的目的是保证各级政府具有与其事权相适应的财源，满足居民的各种不同需求，实现社会福利的最大化。国内外学者提出了若干政府间税收划分的标准，最著名的是马斯格雷夫的七原则[①]、世界银行专家罗宾·鲍德威等人的六原则[②]、加拿大学者杰克·M.明孜的五原则以及塞利格曼的三原则[③]等。综合起来看，政府间税收划分应遵循以下一般原则。

一是保证各级政府履行事权。税收最基本的属性是筹集收入，为政府提供公共产品融资，因此，保证各级政府收入充裕是税收划分的重要原则。基于事权不断下移的现实，地方政府应掌握更多的税收收入。

二是收入稳定，各级政府所提供的公共产品的种类和数量相对稳定，因此

---

① 马斯格雷夫认为，政府间税收划分应遵循七项原则：（1）流动性强的税收最好划归中央，否则会引起资源在地区间流动，扭曲资源在地区间的优化配置，中低级政府应对辖区间流动性低的税基征税；（2）应该让那些能够最有效执行统一税基的辖区使用累进税率的个人税；（3）以保障收入再分配为目标的累进税应该划归中央，因为对收入的再分配应该由中央政府在全国范围内调节，实现公平目标应该以全国为疆界；（4）用于稳定经济手段的税收应划归中央，因为稳定经济是全国性的职责，应由中央政府履行，而具有周期性稳定特征、收入起伏不大的税收应划归地方；（5）地区间分布不均的税源划归中央，否则会引起地区间税收收入不平衡；（6）依附于居住地的税收，如销售税和消费税，较适合划归地方；（7）受益性税收及收费对各级政府都适用。

② 加拿大学者杰克·M.明孜提出的税收划分的五原则：一是效率原则，税收划分应尽量减少对资源配置的影响；二是简化原则，税制应简化，便于公众理解和执行，提高税务征管效率；三是灵活标准，有利于各级政府灵活地运用包括预算支出、税收补贴等措施在内的一系列政策工具，使税收与是事权相适应；四是责任标准，各级政府的支出与税收的责任关系相协调；五是公平标准，要使全国地区间的税种结构、税基税率大体上平衡，即各地居民的税负平衡。

③ 美国财政学家塞利格曼对税收划分提出了三项原则：一是效率原则，即以征税效率的高低为标准来确定税种的归属。如果某税种由地方政府征收效率更高，更有利于税款的及时入库，就应该将这种税归地方税；相反，应划归中央税；二是适应原则，即以税基的宽窄作为分税的标准。税基宽的税种为中央税，如印花税；水及狭窄的划为地方税，如房产税；三是恰当原则，即以税收负担是否公平作为划分标准。为了使全国居民公平地负担的税种应归于中央税；反之，税源、纳税人只涉及部分地区和部分人的税种应化作地方税。

就要求税收收入稳定，以使政府能够稳定地提供公共服务。

三是关于税收中性与税基流动性的考虑。发挥市场配置资源的基础作用是市场经济国家遵循的基本规律，这要求税收在政府间划分时，对微观经济主体经济行为选择的影响越小越好。因此，对流动性生产要素征的税，税基流动性大，如货物和劳务税和所得税，如划分给地方政府，则会加剧地方政府间竞争，影响资源配置，因此适宜做中央税。而对非流动性生产要素征的税（典型如财产税），税基不易流动，且受益性明显，适宜做地方税。

四是关于"激励兼容"与政府特定调节职能相适应的考虑。各级政府除提供公共产品外，还负有其他经济职能，典型如中央政府的经济调节职能以及调节收入分配职能，同时不同税种通过制度设计也具有除筹集财政收入以外的调节功能，因此在政府间税收划分时，应遵循政府职能与税种功能相顺应的原则。典型如个人所得税和社会保障税，具有调节收入分配和财富再分配职能，因此适合做中央税。

五是信息优势与行政效率原则。政府间税收划分还应遵循降低稽征成本原则。如房地产税及收费等可对应于地方政府的信息优势及征管效率优势，故应划为地方收入。

六是其他政治考虑。如为发挥中央的"控制力"，应将税基大的税种配置于中央。对于税基属地认定极易陷于争议的税种，如海洋石油的资源税，应考虑作为中央税，避免地区间矛盾。

从上述原则来看，与区域特征关系密切、税基无流动性或流动性弱，以及税基信息复杂程度高、较为地域化、不易引起地区间过度税收竞争和需要"因地制宜"的税种，应划归地方。资源税的征税对象为自然资源，税基固定，且局限于一定区域之内，具有地方税种最基本的属性要求，适合于划归地方政府收入。

8.2　我国资源税费制度的历史演变脉络

8.2.1　矿产资源无偿使用，资源税费制度缺失阶段（1949～1978 年）

中华人民共和国成立以后，我国实行高度集中的计划经济体制，对自然资源的配置、开发、利用和保护基本上也适用完全的行政调整机制，即实行全方位、全领域的政府行政管理。在这种情况下，自然资源的所有权和使用权不分离，资源所有权和使用权的主体及其确认方式也不明确。相应地，自然资源无价值，自然资源的使用也是采用划拨的无偿方式。因此，在这一阶段，矿产资源是典型的公有公用公营的产权制度安排，行政管理成为矿产资源产权制度安排的唯一模式，任何个人、企业不得以任何名义占有或出让矿产资源而获利，也没有所谓的资源税费制度。

8.2.2 矿产资源有偿使用制度开始建立，资源税费制度起步阶段（1979～1993年）

1. 矿产资源有偿使用制度开始建立

党的十一届三中全会以来，国家一方面加强了对自然资源的开发、利用和保护的行政管理；另一方面尝试推行自然资源有偿使用和建设自然资源市场的政策。有关自然资源行政管理及自然资源权属、有偿使用和自然资源市场的立法逐步加强。1982年1月国务院发布了《中华人民共和国对外合作开采海洋石油资源条例》，标志着我国矿产资源有偿开采制度开始建立。1986年8月19日，我国颁布了《矿产资源法》首次规定"国家对矿产资源实行有偿开采。开采矿产资源，必须按照国家有关规定缴纳资源税和资源补偿费"。这一规定结束了我国长期对矿产资源的无偿划拨使用的历史。

此外，我国分别于1989年和1990年发布了《开采海洋石油资源缴纳矿区使用费的规定》和《中外合作开采陆上石油资源缴纳矿区使用费暂行规定》，对我国开采石油、天然气的企业收取矿区使用费。在这一阶段，随着矿产资源勘查和开采许可证制度、有偿开采制度、税费制度和矿产资源开发监督管理制度等的实施，我国矿产资源有偿使用和矿业权有偿取得制度逐步建立。对矿产资源开采企业征收矿区使用费、资源税和矿产资源补偿费等，逐渐确立了矿产资源有偿开采制度。

其他自然资源的有偿使用也在相关立法中得以明确，例如，1987年1月1日开始实施的《土地管理法》中规定："国家依法实行国有土地有偿使用制度。但是，国家在法律规定的范围内划拨国有土地使用权的除外"；《水资源法》中规定："国家对水资源依法实行取水许可制度和有偿使用制度。但是，农村集体经济组织及其成员使用本集体经济组织的水塘、水库中的水的除外。"《物权法》中更是全面规定："国家实行自然资源有偿使用制度，但法律另有规定的除外。"

2. 资源税开征

改革开放后，政府与国营企业的分配关系发生变革，特别是 1983 年、1984 年实施的两步"利改税"改革，使国营企业逐渐由政府的附属机构转化为自负盈亏、依法缴纳所得税、相对独立的经济实体，对利润的追逐成为企业生产经营的重要动力。在新的经济形势下，政府如果不对资源级差收入进行有效调节，就会造成资源采掘企业之间的盈利水平因资源条件差异而高低悬殊、税后利润"苦乐不均"，这不仅影响企业公平竞争，而且会扭曲企业的经营行为。一方面，那些占有优等资源的企业会借助得天独厚的自然条件轻易取得高额利润而放松经营管理和经济核算；另一方面，开采优质资源产生的超额利润可能刺激企业"采富弃贫""采易弃难"等浪费资源的行为。加之这一时期非公有制经济主体开始涉足采掘业，政府也需要对他们获得的资源级差收入进行有效调节。

在此背景下，资源税作为政府用以调节资源级差收入的一种手段应运而生。1984 年 9 月国务院出台了《中华人民共和国资源条例（草案）》，开始对部分矿产资源开采企业进行征税，并于 1986 年 6 月起石油资源税改按产量定额征收。当时政府确定的资源税征收目的是"把由于自然资源条件优异而形成的级差收入收归国家，排除资源因素造成的利润分配苦乐不均，促进企业合理利用资源，加强经济核算，提高经济效益"[1]。当时的资源税仅对开采应税资源且年销售利润率超过 12%（这是当时工业和交通运输企业的平均利润水平）的企业征收，其计算方法是以销售额为计税依据，采用"超率累进税率"，从价计征。但由于当时我国资源类产品实行非常稳定的计划价格，这种以利润水平作为划分征、免界限和确定税率高低的依据的方法，容易产生"鞭打快牛"的负面效果。因为企业的盈利水平取决于诸多主、客观因素，即使资源优劣程度、开采条件相同的企业，其利润率也会因管理水平不同而有差别。

---

[1]　国家税务总局：《税收工作文献汇编》，法律出版社 1993 年版。

为此，资源税从 1986 年起先后对原油、天然气和煤炭改为"从量定额"征收，以应税产品的课税数量为计税依据，根据不同种类、产地应税产品的资源状况、开采方式、运输条件等因素确定有差别的单位税额，计算应纳税额。由于价格变动等因素的影响，分别在 1991 年 1 月、1992 年 7 月、1992 年 8 月对煤炭和铁矿石等产品的税收负担进行了较大范围的、反复的调整。

8.2.3 矿产资源有偿使用与资源税费制度逐步完善阶段（1994～2010 年）

1. 矿产资源有偿使用制度逐步健全阶段

20 世纪 90 年代是我国经济体制改革的转折点，随着社会主义市场经济体制改革的不断深入，矿产资源产权制度改革也不断推向市场化改革的方向。

为调节矿产资源所有者和采矿权人之间的产权关系，1994 年出台了《矿产资源补偿费征收管理规定》，针对我国已发现的全部 173 种矿产资源征收矿产资源补偿费，以保障矿产资源所有者的财产权益。1996 年，国家颁布了《矿产资源法》修正案，明确了国务院是矿产资源国家所有权的行使主体，建立完善矿业权管理制度，对矿业权审批权限进行了调整，强化了矿业权的排他性等。国家允许矿山可以在一定的条件下通过拍卖、出租和抵押的方式交易使用权。1998 年国家连续出台了《矿产资源勘查区块登记管理办法》《矿产资源开采登记管理办法》《探矿权、采矿权转让管理办法》三个关于矿产资源勘查、开采等方面的市场化改革的配套法规。《矿业权出让转让管理暂行规定》(2000) 中明确了矿业权出让和转让的方式。《探矿权采矿权招标拍卖挂牌管理办法（试行）》（2003）和《关于进一步规范矿业权出让管理的通知》(2006) 等规范性文件，明确了矿业权市场的构成，包括矿业权一级出让市场和二级转让市场共同构成，逐步打破原有单独依靠行政授予和禁止流转的僵化格局，促进矿产资源的合理化配置，提高矿产资源的勘查、开采和利用的效率。

2. 资源税制度逐步完善阶段

为了适应社会主义市场经济发展的要求，我国于 1994 年进行了具有里程碑意义的分税制财政体制改革，工商税制全面改革。1993 年 12 月 25 日，国务院重新修订颁布了《中华人民共和国资源税暂行条例》，对资源税进行了重大改革。这次改革主要在以下几个方面作了较大调整：一是恢复和扩大了资源税的征收范围，将实际征税范围扩大到原油、天然气、煤炭、其他非金属矿原矿、黑色金属矿原矿、有色金属矿原矿和盐七个类别，同时，取消了盐税；二是拓宽了资源税纳税人的范围，将资源税的纳税人拓展为在我国境内开采"条例"规定的矿产品或者生产盐的单位和个人，包括外商投资企业和外国企业；三是改变了税额标准确定办法，在沿用原有从量定额征税办法的基础上，根据客观经济条件的发展变化，对税额进行了重新核定；四是以应税产品的课税数量（销售和自用数量）为计税依据；五是规范了纳税地点，明确规定资源税的纳税地点在采掘地。同时，按照 1994 年分税制的规定，除海洋石油资源税作为中央收入外，其余资源税作为地方收入。

在此背景下，资源税的政策目标也进行了调整，在保持原有的"促进资源合理开采，节约使用，有效配置；合理调节资源级差收入，促进企业公平竞争"等政策目标的基础上，又增加了"为国家取得一定的财政收入，以提高财政收入的稳定性；有利于正确处理国家与企业、个人之间的分配关系；配合分税制财政体制的实施，资源税应有利于增加地方财政收入，把中西部地区的资源优势变为经济和财政优势，并调动资源开采地爱矿、护矿的积极性"[①] 这一时期资源税的政策目标与初创阶段相比，更具有多元化特点。

3. 我国资源税费制度存在的问题

（1）政府权力与资源税费征收之间关系混乱。

政府公共收入通常可分为公共权力收入和公共产权收入两大部分。其中，国家凭借政治权无偿取得的公共权力收入包括税收收入、政府性基金、罚款和捐赠收入；国家凭借公共产权所有者代表的身份，即所有权取得的公共产权收入包括国有资产收益、政府性收费和特许权收入（见图 8-1）。同样，国家也是凭借着政治权和所有权参与矿产资源的管理和收入分配。

目前征收的资源税费所体现的政府权力之间关系混乱。如目前普遍存在着对资源税和矿产资源补偿费之间的相互关系认识混淆。资源税在设立之初是一种调节税，即针对部分矿产品，按矿山企业的利润率实行超率累进征收，是用以调节开发自然资源的单位因资源结构和开发条件的差异而形成的

---

① 刘植才：《我国资源税制度改革发展的回顾与展望》，载于《税务研究》2014 年第 2 期。

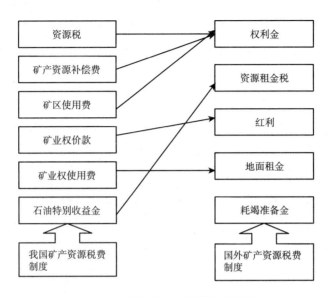

图 8-1 国内外矿产资源税费对应关系

级差收入，在 1986 年 3 月颁布的《中华人民共和国矿产资源法》第五条规定，"国家对矿产资源实行有偿开采，开采矿产资源必须按照国家规定缴纳资源税和矿产资源补偿费"，随后资源税的征收办法改为按实际产量定额征收，并在 1994 年的税制改革中延续下来。资源税征收方式的改变，使资源税实际上变成了对国有资源有偿使用的补偿，但其名义上仍具有普遍征收和调节资源级差收益的功能。由此，部分观点认为资源税的性质已有所改变，资源税既具有原有的资源税调节级差的性质，还具有"资源补偿费"的性质，即资源税同资源补偿费之间性质趋同，这种税费并存的现象造成资源税费的关系紊乱。

（2）矿业权配置的"双轨制"削弱了国家产权权益，助长了企业经营的短期行为。

2006 年，财政部、国土资源部发布了《关于深化探矿权采矿权有偿取得制度改革有关问题的通知》，规定国家出让新设探矿权、采矿权，除按规定允许以申请在先方式或以协议方式出让的以外，一律以招标、拍卖、挂牌等市场竞争方式出让。这一规定虽然在矿业权市场化配置上前进了一大步，但历史上矿业权配置的无偿性，导致了当前我国在矿业权配置上还存在着事实上的有偿取得与无偿取得、行政手段出让与市场手段出让的"双轨制"。矿业权配置的"双轨制"削弱了国家产权权益，这是因为，在矿业权出让阶段实现国家的财产收益最大化，最有效的办法是通过招标、拍卖、挂牌出让等市场化手段来确定价款。申请和协商等方式都将导致矿业权价款被低估。另外，由于无偿取得制度下矿产资源的产权不清晰，客观上助长了企业经营活动的短期行为，这是一直以来我国矿产资源开采回采率低下的主要原因。

（3）资源税费制度不利于企业建立长效发展机制。

与一般的经济活动相比，矿产资源活动具有很大的特殊性，一方面由于矿产资源的稀缺性和可耗竭性，会给资源开采者带来高收益；另一方面，矿产资源活动又具有高风险性和高投入性。因此，通常，国家需要制定特别的税费政策，以引导经营者采取长期有效的开采行为，确保资源的合理、适度开发。而我国当前资源税费制度缺乏适当的激励机制，鼓励企业建立长效发展机制。

由于矿产勘查的高成本和高风险，为了激励矿业企业进行矿产勘查投资，各国一般制定了一系列行之有效的激励政策。我国现有资源税费制度，没有针对矿产勘查活动的高风险、高投入给予充分的激励，这是我国部分资源枯竭型地区和企业无力进行新的资源勘探以及企业转产发展的一个重要原因。

（4）存在资源税费制度设计缺陷。

①资源税费计征标准偏低，客观上助长了企业"采富弃贫"，造成了资源浪费和环境恶化。资源税费制度虽项目较多，但大部分税费征收标准偏低，达不到既定的开征目标，不利于资源的合理开发使用。资源税虽几经调整，其既定的调整目标一直是调节级差收入，维护资源的合理开采。但由于资源税制度设计的缺陷，其发挥的调节功能极其有限。我国当前属于资源驱动型的高投资经济增长模式，但与此不相协调的是，资源税收入占税收收入总量的比重一直偏低，从表 8 - 1 可以看出，1994 年，资源税收入占税收收入的比重从没有超过 1%，这与当前资源开采行业不断上升的利润形成了鲜明的对比。究其原因，在于资源税实行在从量定额计征的基础上，根据不同的资源产品和资源条件的差异，区别不同的开采单位，采用高低不同的税额标准。这种做法，在过去矿产资源价格被国家有效计划控制、资源产品供求基本平衡、计量单位规范的情况下，可以有效发挥调节级差收益的作用。但随着市场化改革的推进，大部分矿产资源的价格已经由市场供求决定。特别在当前矿产资源市场供不应

求，价格不断攀升的情况下，资源税的从量征收方式无法实现税款缴纳与资源产品的市场价格的联动，无法体现"涨价归公"的原则，从而导致资源税收入规模小，调节作用有限。虽然近几年国家调整了部分资源税税额后，资源税收入有了较快增长，但资源税在整个税收收入所占比重一直很低，始终没有超过1%。

表8－1   1994～2011年资源税税收收入情况

年度	税收收入合计（亿元）	资源税收入（亿元）	年增长率（%）	占总税收比例（%）
1994	5126.9	45.5	—	0.9
1995	6038.0	55.1	21.9	0.9
1996	6909.8	57.3	3.99	0.8
1997	8234.0	56.6	1.22	0.7
1998	9262.8	61.9	9.36	0.7
1999	10682.6	62.9	1.62	0.6
2000	12581.5	63.6	1.11	0.5
2001	15301.4	67.1	5.50	0.4
2002	17636.5	75.1	11.92	0.4
2003	20017.3	83.1	10.65	0.4
2004	24165.7	99.1	19.25	0.4
2005	28778.5	142.6	43.9	0.5
2006	34804.4	207.3	45.4	0.6
2007	45622.0	261.3	26.1	0.6
2008	54223.8	301.6	15.4	0.6
2009	59521.6	338.2	12.1	0.6
2010	73210.8	417.6	23.5	0.6
2011	89738.4	595.9	42.7	0.7

资料来源：《2012年中国统计年鉴》。

以矿产资源补偿费为例，据有关方面透露，目前我国矿产资源补偿费平均费率为1.18%，而国外与我国矿产资源性质基本相似的费率一般为2%～10%，如美国为12.5%，澳大利亚为10%。相比之下，我国石油、天然气、黄金等矿种的矿产资源补偿费费率更低，如油气为1%，黄金为2%，远远低于国外水平。

②耗竭准备金制度缺失。相比于国外成熟的资源税费制度，我国现行的资源税费制度存在诸多问题，但最关键的问题在于制度本身存在缺陷，导致其规制功能"缺位"。这种"缺陷"主要表现为"耗竭基金"即是一种风险准备金制度的缺失。

我们知道，随着高科技及其发展带来的后果和负面影响，人们开始承受风险的巨大威胁，风险问题渗透到了人类活动的各个领域，人类认知结构也呈现出向"风险"判断转化的特点，判断事物的标准不再单纯依靠"发展指标"而开始重视风险和环境脆弱性指标。这种认知结构的转换，体现在各种领域，而尤其在生态环境的认知及治理方面，风险的概念被广泛使用。资源型城市和企业在为我国经济社会发展做出了突出贡献的同时，也面临着巨大的生态环境破坏和维护社会稳定的风险。这些风险无疑是一种公共风险。公共风险是相对于私人风险而言的，是指个人和企业无法承担的风险，只能由政府来承担的风险。以资源型企业的矿山开采活动常见的地质风险——地陷为例，其环境损害要超过地震，由此引发的社会群体事件屡见不鲜，严重影响资源型地区的社会稳定。

对于资源枯竭型城市和企业面临的风险，有些表现为显性风险，表现为对生态环境的破坏，有些则是隐形风险，尚没有对生态环境和社会稳定产生负面影响，但一旦当这种"不确定性"表现为"确定性"，其后果同样是不可逆的。因此，进行事前规制，建立资源型城市和企业的风险准备金制度将有利于对生态环境外部性规制，有利于资源型城市和企业的可持续发展。

8.2.4　多轮资源税费制度改革（2010 年至今）

虽然自 20 世纪 80 年代以来，我国的资源税费制度一定在改革中不断前行，但依然存在着租税性质不清，耗竭准备经缺失以及税费制度设计存在着诸多不完善的地方。特别是由于资源的稀缺性，资源品的市场价格日渐上涨。各方建议将"从量定额"征收方法改为"从价定率"征收，资源税同资源品的价格挂钩，实现资源税的价税联动机制，让国家以矿产资源所有者的身份分享资源涨价的收益，体现"资源涨价归公"的理念。因此，资源税费多轮改革在 2010 年开始拉开帷幕。

1. 矿产资源"从量计征"到"从价计征的"改革探索

2010 年 5 月，中共中央、国务院决定，在新疆率先进行资源税费改革，将原油、天然气资源税由从量计征改为从价计征。据此，财政部、国家税务总局发布了《新疆原油 天然气资源税改革若干问题的规定》，自 2010 年 6 月 1 日起，在新疆开采原油、天然气缴纳资源税，实行从价计征，税率为 5%。我国的资源主要集中在西部，自 2010 年 12 月 1 日起，在新疆实行的石油、天然气资源税改革推广到西部地区的 12 个省、区、市。

在新疆实施从价计征经验的基础上，2011 年 9 月 21 日国务院第 173 次常务会议通过《国务院关于修改〈中华人民共和国资源税暂行条例〉的决定》，规定自 2011 年 11 月 1 日起在全国范围内施行，改革的内容主要包括在现有资源税从量定额计征基础上增加从价定率的计征办法，调整原油、天然气等品目资源税税率。

接下来，资源税从价计征的改革试点开始扩大。《财政部国家税务总局关于湖南和湖北省实施部分资源品目资源税从价计征改革试点的通知》规定，2013 年 1 月 1 日起，在湖南省对铅锌矿和石墨进行从价计征改革试点，税率为 5%；在湖北省对磷矿石进行从价计征改革试点，税率为 10%。

2014 年 9 月 29 日召开的国务院第 64 次常务会议决定，自 2014 年 12 月 1 日起实施煤炭资源税从价计征改革，同时清理相关收费基金，各界期待已久的煤炭资源税即将拉开序幕。2014 年 10 月，财政部相继颁布了《关于实施煤炭资源税改革的通知》《关于调整原油、天然气资源税有关政策的通知》《关于全面清理涉及煤炭原油天然气收费基金有关问题的通知》三个文件，对煤炭、原油、天然气的资源税费政策改革问题进行了明确。煤炭资源税费改革是财税体制改革的重要突破口，也是地方税体系建设的重要组成部分，开始对精矿征税，破解了资源税改革的征管难题，为资源税全面从价计征开辟了道路。同时也为即将开展的资源税全面改革的确定了基本原则和改革思路。改革的主要内容是清费立税、从价计征、环节延伸、精矿折算。

（1）清费立税。

清费立税是改革的前提。具体是清理涉煤收费基金，将煤炭矿产资源补偿费费率降为零，停止针对煤炭征收价格调节基金，取消山西煤炭可持续发展基金、原生矿产品生态补偿费、煤炭资源地方经济发展费等，取缔省以下地方政府违规设立的涉煤收费基金。

另外，对原油、天然气及今后实行从价计征改革的其他资源品目，均比照煤炭资源税改革清费原则处理。

（2）从价计征。

从价计征是煤炭资源税费制度改革的核心。在继原油、天然气由从量计征改为从价计征后，煤炭资源税也由从量计征改为从价计征；结合资源税费规模、企业承受能力、煤炭资源赋存条件等因素，将税率幅度确定为 2% ~ 10%，由省、自治区、直辖市人民政府在此幅度内拟定适用税率。结合当前煤炭行业实际情况，现行税费负担较高的地区要适当降低负担水平。税率公布前要报财政部、税务总局审批。

（3）精矿折算。

精矿折算是这次资源税费制度改革在计税依据方面的创新。目前，越来越多的煤炭开采企业直接销售以原煤加工成的洗选煤，全国原煤的洗选率已达60% 左右。随着国家节能环保力度的加大，这一比例还将继续上升。为便利征纳双方，此次改革对应税煤炭销售额进行了调整：

第一，纳税人开采原煤直接对外销售的，以原煤销售额作为应税煤炭销售额计算缴纳资源税；

第二，纳税人将其开采的原煤，自用于连续生产洗选煤的，在原煤移送使用环节不缴纳资源税。自用于其他方面的，视同销售原煤，依照有关规定确定销售额，计算缴纳资源税；

第三，纳税人将其开采的原煤加工为洗选煤销售的，以洗选煤销售额乘以折算率作为应税煤炭销售额计算缴纳资源税。其中，洗选煤销售额包括洗选副产品的销售额，不包括洗选煤从洗选煤厂到车站、码头等的运输费用。折算率可通过洗选煤销售额扣除洗选环节成本、利润计算，也可通过洗选煤市场价格与其所用同类原煤市场价格的差额及综合回收率计算。折算率由省、自治区、直辖市财税部门或其授权地市级财税部门确定。

第四，纳税人将其开采的原煤加工为洗选煤自用的，视同销售洗选煤，有关规定确定销售额，计算缴纳资源税。

（4）环节延伸。

在洗选煤销售环节征税，相对于在原煤移送使用环节征税，对纳税人更有利，也更合理。

自 2015 年 5 月 1 日起实施稀土、钨、钼资源税清费立税、从价计征改革。轻稀土按地区执行不同的适用税率，其中，内蒙古为 11.5%、四川为 9.5%、山东为 7.5%。中重稀土适用税率为 27%。钨适用税率为 6.5%。钼适用税率为 11%。

2. 全面推进资源税改革

在先后对原油、天然气、煤炭、稀土、钨、钼 6 个品目实行了清费立税、从价计征改革试点，2016 年 5 月 9 日，财政部国家税务总局发布《关于全面推进资源税改革的通知》，规定自 2016 年 7 月 1 日起，全面推进资源税改革，实现对所有矿产品的从价计征改革，并与之前实施的相关品目改革实现了并轨，统一规范了资源税征收制度，全面提高了调控经济的作用，为下一步全面推进资源税改革立法工作创造了有利条件。

一是扩大资源税征收范围。开展水资源的试点工作，并逐步将其他自然资源纳入征收范围。

二是全面推开从价计征方式。对《资源税税目税率幅度表》中列举名称的 21 种资源品目和未列举名称的其他金属矿实行从价计征，计税依据由原矿销售量调整为原矿、精矿（或原矿加工品）、氯化钠初级产品或金锭的销售额。

三是全面清理涉及矿产资源的收费基金。将全部资源品目矿产资源补偿费费率降为零，停征价格调节基金，取缔地方针对矿产资源违规设立的收费基金项目，减轻企业负担。

四是合理确定资源税税率水平。由中央统一规定了矿产品的税率幅度。在规定的税率幅度内，省级人民政府按照改革前后税费平移原则，并根据资源禀赋、企业承受能力等因素，对主要应税产品提出具体适用税率建议，报财政部、国家税务总局确定核准后实施。

五是合理设置税收优惠政策。在收入分配体制及经费保障方面，按照现行财政管理体制，此次纳入改革的矿产资源税收入全部为地方财政收入；水资源税仍按水资源费中央与地方 1∶9 的分成比例不变。河北省在缴纳南水北调工程基金期间，水资源税收入全部留给该省；资源税改革实施后，相关部门履行正常工作职责所需经费，由中央和地方财政统筹安排和保障。

现行资源税税目税率幅度如表 8 - 2 所示。

表 8 - 2　　　　　　　　　　　现行资源税税目税率幅度

序号	税目		征税对象	税率幅度
1	金属矿	铁矿	精矿	1% ~6%
2		金矿	金锭	1% ~4%
3		铜矿	精矿	2% ~8%
4		铝土矿	原矿	3% ~9%
5		铅锌矿	精矿	2% ~6%
6		镍矿	精矿	2% ~6%
7		锡矿	精矿	2% ~6%
8		未列举名称的其他金属矿产品	原矿或精矿	税率不超过20%
9	非金属矿	石墨	精矿	3% ~10%
10		硅藻土	精矿	1% ~6%
11		高岭土	原矿	1% ~6%
12		萤石	精矿	1% ~6%
13		石灰石	原矿	1% ~6%
14		硫铁矿	精矿	1% ~6%
15		磷矿	原矿	3% ~8%
16		氯化钾	精矿	3% ~8%
17		硫酸钾	精矿	6% ~12%
18		井矿盐	氯化钠初级产品	1% ~6%
19		湖盐	氯化钠初级产品	1% ~6%
20		提取地下卤水晒制的盐	氯化钠初级产品	3% ~15%
21		煤层（成）气	原矿	1% ~2%
22		黏土、砂石	原矿	每吨或立方米 0.1 ~5 元
23		未列举名称的其他非金属矿产品	原矿或精矿	从量税率每吨或立方米不超过30元；从价税率不超过20%
24		海盐	氯化钠初级产品	1% ~5%

注：（1）铝土矿包括耐火级矾土、研磨级矾土等高铝黏土。（2）氯化钠初级产品是指井矿盐、湖盐原盐、提取地下卤水晒制的盐和海盐原盐，包括固体和液体形态的初级产品。（3）海盐是指海水晒制的盐，不包括提取地下卤水晒制的盐。

资料来源：国家税务总局网站。

3. 完善矿业权配置制度

随着资源税费制度的改革，矿业权配置中的"双轨制"等问题也更加凸显。2017 年 1 月，中央全面深化改革领导小组第三十一次会议近日召开。会议审议通过了《矿业权出让制度改革方案》《矿产资源权益金制度改革方案》等文件。完善矿业权出让制度是维护矿产资源国家所有者权益的重要保障，要推进矿业权竞争性出让，严格限制矿业权协议出让，调整矿业权审批权限，强化出让监管服务。其目的是以维护实现国家矿产资源基本权益为核心，理顺矿产资源税费体系，合理调节矿产资源收入，建立符合我国特点的新型矿产资源权益金制度。

《矿产资源权益金制度改革方案》方案具体内容包括：

一是在矿业权出让环节，完善矿业权出让制度，进一步扩大矿业权竞争性出让范围，取消探矿权价款、采矿权价款，征收矿业权出让收益。

二是在矿业权占有环节，将探矿权使用费、采矿权使用费调整为矿业权占用费，占有矿业权从事矿产资源勘查开采者依法缴纳矿业权占用费。矿业权占用费依据占地面积、单位面积定额，由财政部门会同矿产资源主管部门按年征收。

三是在矿产开采环节，将矿产资源补偿费适当并入资源税，完善资源税制。

四是在矿山环境治理恢复环节，取消矿山环境治理恢复保证金，建立矿山环境治理恢复基金，建立动态化监管机制，推进环境治理成本内部化，使矿山企业真正履行矿山环境治理与生态修复责任。矿山企业需单设会计科目，根据矿山环境治理与生态恢复的要求，按照销售收入一定比例提取矿山环境治理恢复基金，计入企业成本，提取的资金由企业用于开展矿山环境保护和综合治理。

《方案》提出的配套改革政策包括：一是矿业权占用费、矿业权出让收益纳入一般公共预算管理，由各级财政统筹用于地质调查和生态保护修复方面支出。二是取消地勘单位矿业权价款转增资本金政策。三是取消已转增国家资本金矿业权价款补缴政策。

4. 探索扩大资源税的征税范围

全面推进资源税的改革，更多是将从价计征的改革扩大到所有矿产品品目。对于矿产资源之外的其他自然资源，仅在河北省进行了试点工作，有待进一步扩大征收范围。

为全面贯彻落实党的十九大精神，推进资源全面节约和循环利用，推动形成绿色发展方式和生活方式，2017 年 11 月 24 日，财政部、国家税务总局、水利部印发了《扩大水资源税改革试点实施办法》的通知，规定自2017 年 12 月 1 日起在北京、天津、山西、内蒙古、山东、河南、四川、陕西、宁夏 9 个省（自治区、直辖市）扩大水资源税改革试点。除规定情形外，水资源税的纳税人为直接从江、河、湖泊（含水库）和地下取用水资源的单位和个人，对一般取用水按照实际取用水量征税。同时，为发挥水资源税调控作用，按不同取用水性质实行差别税额，地下水税额要高于地表水，超采区地下水税额要高于 3 倍，对特种行业从高征税，对超过规定限额的农业生产取用水、农村生活集中式饮水工程取用水等从低征税。具体适用税额，授权省级人民政府统筹考虑本地区水资源状况、经济社会发展水平和水资源节约保护的要求确定。

8.3 资源税立法的建议

继 2011 年以来资源税费制度多轮改革后，中国的资源税费制度日渐完善。按照"落实税收法定则"的要求，2017 年 11 月 20 日财政部和国家税务总局发布了《资源税法（征求意见稿）》（以下简称为《征求意见稿》），标志着资源税提升立法级次正式进入程序。《征求意见稿》明确了资源税的基本法律制度框架和内容，为进一步立法完善提供了基础。但从《征求意见稿》整体来看，依然存在着以下问题：一是征税范围偏窄。目前，资源税主要针对矿产资源征收，水资源税只在河北等省份试点征收，没有将全部的水资源、森林资源、草场资源等可再生资源也包括在征收范围中。二是税负水平较低，未能充分反映资源的内在价值，导致资源被过度开采使用。三是税收归属不清等。需要利用立法的契机对制度进行改革和完善。

我们认为，由于长期以来，中国资源税费存在着租税性质混淆的情况，资源税的立法工作，应从明确资源税的立法目的出发，才能正本清源，事半功倍。

8.3.1 资源税的立法目的

一直以来,我国的资源的租、税、费关系混洗不清,也是累次资源税费改革中的核心问题。在经过多轮资源税费制度改革和矿产权合理配置之后,资源税征税范围开始拓宽,资源税的功能定位与单纯考虑矿产资源的资源税已有所不同。我国的资源税改革不是简单的"以租代税""以税代租"或"以税代费",而应发挥保障国家权益、促进资源保护和合理开发、促进生态环境保护的作用。探讨如何建立价、税、费、租联动机制,充分发挥各自的积极作用,共同促进资源的合理开发和使用。

结合国内资源环境的状况以及与其他资源税费的关系,资源税在上述三个功能作用方面会有所侧重除了取得收入,随着征收范围的拓展,资源税在促进资源合理开发利用和保护生态环境方面的作用和定位更加清晰,尤其应在生态环境保护上要发挥更大的作用。相应地,在新的资源税理念下,资源税法中应明确提出保障国家权益、促进资源保护和合理开发、促进生态环境保护三个方面的立法目的。

8.3.2 完善矿产资源税制度

1. 适度提高资源税税率

适当提高矿产资源的税率税额标准,有助于提高自愿地使用成本,限制资源的过度开发和使用。需要根据经济社会发展的需要,进一步提高稀缺性资源、高污染和高能耗矿产品的资源税税负,并结合资源产品价格形成机制改革,使资源税税负能最终体现在最终消费产品价格上,使最终消费品价格能够真实反映资源成本。

2. 进一步探索精矿折算和伴生矿等征税办法

资源税已经实行对精矿征税,破解了资源税改革的征管难题,为资源税全面从价计征开辟了道路。从价计征后的对原矿和精矿计税依据的具体确定是税法中不可回避的,应在资源税法中明确原矿和精矿计税依据的一般性具体规定。建议选择授权地方政府分别确定原矿和精矿的具体适用税率的方式,由地方根据实际情况进行测算和确定。通过选择既相对简化又符合矿业企业实际情况的办法,进一步探索共伴生矿的征税对象如何确定。共伴生矿中的各种矿成分价值不同，一些伴生矿的精矿价值甚至要远远超过主矿种，但其加工成本也要远远高于普通矿石。如果对其从价计征方案设置不当，既可能导致矿产品的税负偏低，造成税收流失，也可能加重矿产品的税收负担，不利于共伴生矿的开发利用。应抓住资源税立法过程中可重新调整税率水平的机会进行明确。

3. 扩大征税范围，尽快在全国推行水资源税和森林、草场、滩涂等资源税改革

资源税的征收目的，已由原来调节资源开采的级差收益转向了保护资源和提高资源利用效率，以及支持环保和生态环境建设。由此目的出发，资源税应该尽可能地扩大其征税范围，在条件完备的情况下，尽快考虑将水资源、森林资源、草场资源、耕地资源等资源也纳入征收范围。目前，水资源税试点工作已在河北省等地进行，应加紧总结经验，向全国推开。同时应尽快推进森林、草场、滩涂等资源税的制度设计和适时实施。按照规定，省级政府可结合本地实际，根据森林、草场、滩涂等资源开发利用情况提出征收资源税具体方案建议。一般而言，对于森林资源税，可先按从量计征的方式征收，征税范围可根据拨给森林使用者的未砍伐林木的数量。为了确定该数量，按立方米对木材采伐区或木材储量进行实际评估。森林资源税的税率可按单位森林资源规定，也可以按使用的每公顷森林面积规定，最低税率根据森林资源相关产品市价水平的变化和该产品生产费用的变化进行动态调整。森林资源税的征税环节，可采用单环节纳税，在自制生产后销售环节纳税。纳税期限，可按季度纳税。

4. 完善资源价格形成机制和补贴机制

仅凭资源税制度设计，难以完全解决矿产资源领域存在的诸多问题，因此，需要在深化资源税改革的基础上，化解既得利益的阻碍，以市场化为导向，建立由市场关系决定的资源价格形成机制和煤、原油、天然气和电价格联动机制。完善价格构成要素，实行全成本覆盖，以使煤、电、油、气、水、矿产等资源类产品价格体现资源的开发成本、资源开采后为保证持续开发的补偿成本以及资源消耗过程中环境污染的治理成本等。通过理顺我国基础能源比价关系，和"冲破利益固化藩篱"，使资源、能源价格形成机制顺应市场经济。通过资源价格机制改革，淘汰部分落后、过剩产能，打造一个绿色、低碳、可持续的经济社会发展的"升级版"。

第*9*章

加快推进税收征管改革

9.1 税收征管与完善地方税体系

9.1.1 地方税收征管能力提高是完善地方税体系的重要内容

地方税收征管对于完善地方税体系的重要性，可以从以下三个方面来分析。

1. 地方税收征管是完善地方税体系的基础

从完善的税收制度角度来看，其包括两个方面：税收收入制度和税收征管制度，二者是相互依存、相互制约的一个有机整体。税收收入制度的复杂程度决定了税收征管的难度，而税收征管能力反过来限定了税种及其具体制度的选择。税收征管是保证税收收入制度得以贯彻实施的有效手段，因而税收征管是税收制度实现的基础。维托·坦齐曾指出，"税收管理对于决定实际的（或有效的）税收制度，而不是法定的税收制度起着关键作用。"卡萨内格拉·德·韩舍尔甚至提出，"发展中国家的税收管理就是税收政策"。尤其是对发展中国家来说，"没有管理制度变化的政策变化是空洞无效的，必须确保税收政策的变化与管理能力相协调"。① 我国的实践也证明了这一点。地方税收制度的改革也同样如此，如果仅关注税收收入制度而忽略了税收征管制度，将会导致地方税整体功能的下降。因此，在新时期的地方税体系建设中，应统筹谋划地方税收收入制度和地方税收征管制度的相互适应、相互协调，避免"单边改革"

---

① ［美］理查德·M. 伯德等：《发展中国家税制改革》，中国金融出版社 1994 年版，第 1 页。

而降低税制改革的整体有效性。

2. 地方税收征管是中央与地方两级治理下完善地方税体系的必要选择

从国家治理的角度看，其在纵向上实行两级架构：一级是国家（中央）层面的；另一级是地方层面的。省以下都属于"地方治理"，在性质上不同于国家（中央）治理。因此，在中央与地方的分权改革在整体架构上是实行两级分权。按照两级分权思路，地方税是地方治理的重要基础和手段，因为地方税是地方财政收入的主要来源，其状况直接影响地方政府的治理能力。与之对应的是，地方税收征管能力是地方治理能力的重要方面，税收征管也同样需要服务于地方治理的需要，完善地方税体系离不开地方税收征管的配合。实际上，国内的税收征管在 1994 年分税制改革后很长一段时间内实行的就是国家、地方两级的分权架构。因此，地方税收征收管理是在国家治理的两级分权架构下完善地方税体系的必要选择。

3. 地方税收征管符合地方税特点的需要

从地方税的特点来看，目前属于地方税的营业税、城市维护建设税、房产税、城镇土地使用税、土地增值税、车船税、契税、耕地占用税、烟叶税、资源税、（一般）印花税①等税种，除了营业税、城市维护建设税等税种外，多属于收入零散、规模相对较小的税种，且征管难度大。同时，上述地方税在不同地区的税源和税基等方面还存在着较大的差异。例如，个人所得税和房产税的税源在发达地区与不发达地区之间就有着较大差别。此外，随着国内税收制度的变革，纳税人逐步由主要为企业向主要为个人或家庭转变，在这种情况下，针对财产征收的相关地方税，如车船税、房产税等税种在征管上的难度也相应增加，这也为地方税收征管带来了挑战。因此，有必要加快推进地方税收征管改革，提高地方税收征管能力。

9.1.2　完善地方税体系对地方税收征管的要求

完善地方税体系目标为：构建现代地方税收体系，实现合理分权，促进地方治理现代化。为了实现这个目标，地方税体系对地方税收征管也提出了相应

---

① 营业税、城市维护建设税和资源税实质上属于共享税，且营业税在"营改增"全面改革后将不再存在。

的要求。

1. 地方税收征管能力应能够满足地方税的需要

前面的分析已经表明，税收收入制度与税收征管制度之间应该相协调和适应，即税收征管能力应该能够支撑税收制度的改革。应该说，在一定时期的税收征管能力是相对稳定的，其反映了社会整个的管理水平，税收征管能力可以超前，但是不能超过整个社会平均管理水平。因此，地方税制度一定需要基于现行的地方税收征管能力，或者考虑税收征管能力可以提升的可能性进行改革。如果不考虑税收征管能力这个基本条件，只是从地方税体系优化的角度去设计一些税种制度改革，即使制度能够设计出来，也是难以实施的。地方税体系的建设，以及地方税收制度和税收政策的制定应与地方税收征管能力相匹配，地方税收制度设计和税收政策目标的设定不能脱离税收征管能力来进行，不考虑征管能力的约束将会导致政策目标难以实现或政策效果的减弱，甚至可能适得其反。因此，地方税体系的完善既需要基于现行地方税收征管能力，也对地方税收征管能力的提高提出了要求。

2. 地方税收征管应能够实现较好的管理效果

地方税收征管的改革和完善，应首先立足于实现税收征管的基本目标，即提高税法遵从度（纳税人和征税人）和实现征纳关系的和谐。一方面，提高税法遵从度是税务机关与纳税人共同的责任和义务，表现为税务机关带头遵从税法，依法行使国家赋予的税收管理权力，促使税法得到公正执行；纳税人依法诚信纳税的意识越来越强，自行申报纳税的质量越来越高。通过提高税法遵从度，既要减少纳税人的税收风险，也要减少税务机关的执法风险；另一方面，提高纳税人满意度，要求税务机关通过优质服务、规范管理，切实保障纳税人合法权益，营造公平竞争的税收环境，树立税务部门良好社会形象，增进纳税人对税收工作的理解和支持，提高纳税人对税务机关服务与管理行为的认可程度。

3. 地方税收征管应能够具有较高的管理效率

地方税收征管在提高征管质量和效果的同时，还需要强调效率，即降低税收流失率和征纳成本。一方面，降低税收流失率就是要缩小税收实征数和法定应征数之间的差距，提高税收征收率，确保税收收入随着经济发展实现平稳较快增长。这既体现了纳税人履行纳税义务遵从税法的程度，也反映了税务机关服务和管理的水平；另一方面，降低征纳成本，包括降低纳税人的遵从成本和税务机关的征收成本。要通过加强税法宣传、优化办税服务、简化办税程序、公正公平执法等途径，减轻纳税人负担，降低纳税人遵从成本；通过整合管理资源、压缩管理层级、加强信息共享等途径，提高行政效能，降低税务机关征收成本。

9.2　税收征管的发展历史与现状

9.2.1　国内税收征管体制情况

税收征管体制是中央和地方之间划分税收征管权限的制度，也是国家财政管理体制的重要组成部分，体现了税收征管集权与分权的关系。税收征管权限的明确划分，是税收征管体制的首要问题。如果权限划分不清，在税收管理上责、权、利统一的原则就不可能完整、准确地体现出来。因此，哪些征管权限由中央行使，哪些由地方行使，都应规定清楚，避免越权行使和互相扯皮现象的发生。

目前，国内是按照按收入归属划分税收管理权限。即凡属中央财政的固定收入以及共享收入，管理权限在中央；凡属地方财政的固定收入，管理权限在地方。在 1994 年分税制改革后，为配合分税制改革，我国的税收征管机构被划分为国税局和地税局两个部门，分别负责不同税种的征收管理工作。总体来看，国税局主要负责中央税、中央与地方共享税的征收管理，地税局主要负责地方税的征收管理①。总体来看，国税局主要负责中央税、中央与地方共享税的征收管理，地税局主要负责地方税的征收管理。部分税种由海关征收或代征。

根据 2018 年 3 月中共中央印发的《深化党和国家机构改革方案》要求："改革国税地税征管体制。为降低征纳成本，理顺职责关系，提高征管效率，为纳税人提供更加优质高效便利服务，将省级和省级以下国税地税机构合并，具体承担所辖区域内各项税收、非税收入征管等职责。"按照改革方案要求，国税和地税机构未来将进行合并，因而未来所有的税种将由国税局征收管理国

---

① 关税由海关负责征收管理，进口增值税和消费税由海关代征。

税、地税合并前后的征管范围如表 9 - 1 和表 9 - 2 所示。

表 9 - 1   国地税合并前的国税局、地税局和海关的征管范围

征管机构	税 种
国税局	国内增值税；国内消费税；铁道（铁路建设基金）、各银行总行、保险总公司集中缴纳的营业税；铁道（铁路建设基金）、各银行总行、保险总公司集中缴纳的城市维护建设税；铁道、各银行总行、保险总公司集中缴纳、中央企业、海洋石油企业、地方和外资银行及非银行金融企业以及其他按规定属于国税局征收管理的企业所得税；（储蓄存款利息所得）个人所得税；车辆购置税；海洋石油企业资源税；证券交易印花税
地税局	（除国税局征收之外的）营业税、（除国税局征收之外的）城市维护建设税、（除国税局征收之外的）企业所得税、（除储蓄存款利息所得之外的）个人所得税、房产税、城镇土地使用税、车船税、耕地占用税、土地增值税、契税、（除证券交易之外的）印花税、（除海洋石油企业之外的）资源税、烟叶税、环境保护税
海关（国税委托代征）	关税、进口增值税、进口消费税、船舶吨税

表 9 - 2   国税、地税合并后的国税局和海关的征管范围

征管机构	税种
国税局	国内增值税、国内消费税、城市维护建设税、企业所得税、个人所得税、车辆购置税、房产税、城镇土地使用税、车船税、耕地占用税、土地增值税、契税、印花税、资源税、烟叶税、环境保护税
海关（国税委托代征）	关税、进口增值税、进口消费税、船舶吨税

9.2.2   国内税收征管模式的发展情况

1. 税收征管模式的历史沿革

从 1949 年中华人民共和国成立至今，为适应经济社会形势的转变，我国的税制已历经了五次较大的税制改革。同时，如果以实行的征收管理方式或模式来划分，税收征管也相应发生了变化。总体上来看，可划分为四个阶段。

（1）实行传统管理模式的阶段。

在中华人民共和国成立后到 20 世纪 80 年代中期的很长一段时间内，我国在税收管理上实行的都是一种专管员管理模式。所谓专管员管理模式，是指在税收管理中设立税务专管员一职，由专管员固定对其所属的纳税人进行管理，并负责所有税种征收和管理中的所有事务。其特点是："一人进户，各税统管，征管查集于一身，上门收税。"这种传统的保姆式的管理模式是我国长期

实行的计划经济体制下国家直接管理企业的产物，它与传统计划经济下的所有制形式单一、经济规模较小、纳税人较少的情况相适应，具有便于分工、职责明确、管理简便、联系群众，推动税务人员深入到户，掌握规律、控制税源、防止偷漏等优点，在加强企业经济核算、促进经济发展、保证财政收入等方面发挥了积极的作用。

（2）税收征管改革的探索阶段。

在我国实行改革开放政策以后，随着经济体制的转型和经济的发展以及税收制度的改革，传统专管员的管理模式已经越来越不适应新的经济形势发展对税收工作的要求。为了使管理上与变化了的经济和税制相适应，1985～1994年，各地先后试行了"税税征管、税务检查"两分离和"纳税申报、税务代理、税务稽查"三位一体的征管模式，陆续实现了"专管员"从管户制向管事制的转变，解决了税务机关内部合理分工和人员制约机制问题。1990年年初，国家税务局在《关于今后十年间工商税制改革的总体设想》中提出：变税务人员上门征收为纳税人主动到税务机关申报纳税，1991年在全国推行。

（3）向现代税收征管转型的阶段。

1992年我国启动市场经济体制改革至今，我国的社会主义市场经济体制已经初步确立，与之相应的分税制改革也取得初步成功。为适应全新的经济体制和经济运行模式，国家提出了新的税收征管模式。1995年国家税务总局明确我国税收征管改革的模式是"以纳税申报和优化服务为基础，以计算机网络为依托，集中征收，重点稽查"，即"30字"模式。1997年，国务院转批国家税务总局《关于深化税收征管改革的方案》，全国统一执行。这一模式的要求可概括为建立一个制度、四个体系，即建立纳税人自行申报纳税制度、税务机关和社会中介组织相结合的服务体系、以计算机网络为依托的管理监控体系、人工与计算机结合的稽查体系、以征管功能为主的机构设置体系。

2001年，国家税务总局提出"科技加管理"的征管方向，要求在征管工作中实现税收征管的信息化和专业化，解决淡化责任、疏于管理和干部行政执法权监督的问题。因此，2003年在"30字"模式的基础上补充了"强化管理"4个字，正式变为"以纳税申报和优化服务为基础，以计算机网络为依托，集中征收，重点稽查，强化管理"的"34字"模式。

（4）逐步建立现代税收征管的阶段。

在上述税收征管模式的基础上，国内根据税收制度的变化、信息化手段的增强等转变，又进一步的进行相关改革，包括加强税源管理，实行税收管理员制度；加大稽查力度，建立稽查执法办案责任制；优化纳税服务，采取"一窗式"服务，推行多种申报方式等，并进一步完善税收征管的组织结构、程序、手段等一系列现代化税收征管的内容。目前，国家税务总局在《"十二五"时期税收发展规划纲要》中明确提出了新的税收征管模式发展目标，即"构建税收征管新格局。以实行分类分级管理为基础，以加强税收风险管理为导向，以实施信息管税为依托，以核查申报纳税真实性、合法性为重点，以规范税收征管程序和完善运行机制为保障，大力推进税源专业化管理，完善创新税收征管模式"。

总体来看，我国目前税收管理的改革开始遵循税收管理的发展规律，并正在逐步与市场经济相适应。这代表了我国税收管理改革和发展的方向，并为今后的进一步改革打下了坚实的基础。自此，我国的税收征管逐步走上了现代化和科学化的道路。

2. 我国税收征管发展的现状

经过多年的改革和发展，我国目前在税收征管建设方面也取得了较好的成果，税收征管能力、质量和效率都不断提高，保障了税收收入的持续快速增长。

（1）现代税收管理理念初步确立，依法行政得到普遍落实。

按照科学化、精细化管理理念，推行专业化、信息化管理，积极借鉴和运用促进税法遵从、税收风险管理以及信息管税等国际先进管理理念。依法行政能力和水平不断提高，税收执法进一步规范，税法遵从度和纳税人满意度有效提升。

（2）税收征管制度、组织、方式和机制不断完善。

一是征管制度体系不断健全。陆续出台了配套的综合性和分税种、特定业务征管制度、办法等部门规章以及规范性文件，征管制度体系基本形成；二是税收征管组织结构逐步完善。进一步明确职责分工，优化业务流程，健全岗责体系。在按税种、功能设置机构的基础上，尝试按照纳税人类型设置机构；三是税收征管方式不断创新。纳税人自行申报纳税主体地位初步确立，纳税评估和税收管理员制度全面试行，税务稽查机制不断完善。积极开展税源专业化管理试点，尝试实行分类分级管理，不断创新完善税收征管方式，征管资源利用效率逐步提高；四是税源管理机制逐步建立。进一步加强和改进税源管理，初步形成了税收分析、纳税评估、税务稽查相互联动、配合、促进的税源管理机制。

（3）税收征管的信息化和科技水平显著提高。

一是在信息化建设方面，加强涉税数据采集、管理和应用工作，积极推进与海关、公安、银行、财政、社保等部门以及国税局、地税局之间的信息共享。利用信息集中的优势，健全税收风险预警等指标体系。加强对税源与征管状况的监控分析，及时发现和堵塞征管漏洞；二是征管科技水平明显提升。全国税务系统信息化基础设施建设不断加强，金税工程网络覆盖全部国税机关和大部分地税机关，运行顺畅。全国国税系统实现了各类征管数据的省级集中，地税系统多数实现了省级集中。税收征管主要应用系统基本覆盖各级税务机关和绝大多数纳税人，预警分析、纳税评估等系统普遍投入运行。

9.2.3　现行地方税收征管存在的主要问题

在国内税收征管能力和水平不断提高的同时，从地方税收征管的角度来看，也存在着一些问题。

1. 国地税机构之间的协调有待加强

我国 1994 年进行国税局和地税局的分设，是在国家治理的两级分权框架下的选择结果。从国税和地税分设的实际运行情况来看，机构分设确实在一定程度上调动了中央与地方的积极性，这一点从我国近年来税收收入的高速增长可以反映出来。但是，国税和地税机构的分设，从 1994 年运行至今也已经出现了一些需要解决的问题，主要表现为以下两点。

（1）国地税的分设增加了征纳成本。

设立两个各自独立成系统的征税机构，相对于一个征税机构来说会增加包括人力等方面的成本，这一点从我国税收征收成本状况也可以看出来。根据相关报道，我国的税收征收成本达到 8%，这较国外税收征收机构相比征收成本过高，效率过低。而目前国内在 1994 年后没有实行税务机构分设的上海等地，相对在征收成本上要更有效率。对于纳税人而言，需要在两家税务机构分别办理几乎相同的登记、申报和纳税等事项，这大大加重了纳税人的负担。

（2）机构分设增加了机构间的争议。

由于现行国税局和地税局在征收管理上的范围划分存在着多重标准，征收的税种实际上存在一定的交叉，这也导致国税局和地税局之间存在着一定的争抢税源的问题。同时，地税、国税背后的两套征收机构也导致了税收政策在实际执行中存在一定的差异，推行不够通畅。机构分设不仅增加了征税成本和纳税成本，由于两个机构之间的矛盾，还产生了两个机构之间的协调成本，严重影响了税收管理的效率。由于管理体制制约以及征管软件不统一等方面的原因，国地税合作还处于初级阶段和表面层次，国地税之间行政资源还未能充分共享，导致上述征纳成本的增加，部门间的协调有待加强。

2. 地方税收征管模式和工作有待完善

从征管理念、组织职责、征管程序、信息化手段等方面看，现行地方税收征管还存在着有待完善的地方。

（1）现代管理理念有待强化。

风险管理还没有普遍运用，征纳双方法律地位平等的理念还没有从根本上树立起来，忽视税法遵从的现象依然存在。

（2）税收征管组织、程序有待完善。

一是征管程序还不完善，管理缺位的问题比较明显，对纳税申报真实性、合法性审核不到位，纳税评估质量不高，稽查执法手段不够完备；二是职责分工不够科学，存在多头重复检查和报送涉税信息等问题，一些复杂涉税事项管理层级低，税源管理薄弱，税收管理员属地划片固定管户方式需要改进。

（3）税收征管信息化建设和应用不足。

一是信息化运用处于浅层次水平。硬件建设快于软件建设，在税源监控、分析管理方面软件的开发运用水平不高。二是信息管税水平不高，现有信息没有得到充分利用，第三方信息来源渠道还不通畅，征纳双方信息不对称状况没有得到有效改善。

（4）人力资源建设有待加强。

一是税收征管中的人力资源配置不尽合理，重点税源管理力量不足，征管力量占比相对较低。二是税务人员综合素质有待提高，人力资源整合统筹不够到位，税收征管高层次专业化人才比较匮乏，机构设置和干部奖惩机制有待完善。

9.3 建立科学高效的地方税征管体系

9.3.1 地方税收征管的总体改革思路

国内经济社会的阶段性发展和税制改革的趋势等方面，对税收征管的改革提出了新的要求。国家治理的提出，建设法治型、服务型、廉洁型、责任型政府，要求改变传统税收管理方式；税源状况的不断变化，包括纳税人的数量急剧增长，大型企业集团相继涌现，纳税人的经营方式、经营业务日益复杂，也对税收征管带来新影响；新一轮信息技术革命对税收征管既提高信息管税水平奠定了基础，企业经营和管理的电子化和电子商务飞速发展，又给税收征管带来严峻挑战。

基于上述经济社会形势的变化和地方税体系建设的要求，未来地方税收征管改革的目标为：围绕服务科学发展、共建和谐税收的工作主题，逐步构建以明晰征纳双方权利和义务为前提，以风险管理为导向，以专业化管理为基础，以重点税源管理为着力点，以信息化为支撑，以高素质专业人才队伍为保障的现代化税收征管体系，不断提高税法遵从度和纳税人满意度，降低税收流失率和征纳成本。

按照地方税收征管改革的目标，基于地方税体系建设的要求，地方税收征管的主要改革内容包括：一是合并国地税机构；二是加快推进地方税收征管改革；三是加强地方税收征管信息化建设；四是建立健全税收征管法规体系。

9.3.2 合并国地税机构，提高征管效率

国税和地税之间如何设置才能适应我国税收征管发展的需要。对此，理论界一直都存在着争议和不同的看法。尤其是在国内实施营业税改征增值税的改革后，对于国地税机构的合并问题引发了新一轮的讨论。

总体来看，对国税和地税机构分设持赞同观点的人认为：税务机构分设的根本原因取决于一个国家的财政体制；分设的一般原因是基于管理竞争和

专业化分工深化的需要。并进一步认为：分设能够解决地方政府的激励不足问题；分设能够实现组织之间的管理竞争；分设能够深化专业化分工。因此，只需要对目前的分设中存在的问题进行进一步的改善，而不需要合并。而对国税和地税机构合并持赞同观点的人认为：国税局与地税局合并能够降低征收成本，提高管理效率；同时，也能够降低企业等纳税人的纳税成本，并可以降低税务机关之间的行政协调成本。从提高税务部门征管效率的角度看，有必要实行机构合并。[①] 例如，目前上海和西藏等部分地区在 1994 年后国地税就并没有分设。

应该说，从经济学角度来看，机构如何设置在根本上是决定于如何高效率地保证税收管理和税收目标的实现。鉴于目前分设所造成的征管成本巨大，资源浪费严重，机构臃肿和人员庞大的状况，从减轻税务机关和纳税人的负担，降低税收征纳成本、提高税收征管效率的等目标出发，我国国税与地税之间应该实行合并。但实践证明，涉及政府之间利益关系的国地税机构改革从来都不仅仅是经济问题。罗伊·鲍尔在其《中国的财政政策：税制与中央及地方的财政关系》一书中就认为："在中央与地方政府都不愿意放弃其征税权的情况下，在可以看得见的未来，两个税务局合并的前景是不存在的。"[②] 从国家治理的两级分权角度来看，地方对其税收征管权限的要求是国地税合并的最大障碍。同时，尽管"营改增"后地税部门税务的征收范围有所缩小，但地税局在房产税、环境税等地方税种的未来改革上也可以发挥其作用，且在非税收入上的征收范围却在扩大，如代征社会保险费等。此外，目前实行国税和地税的合并还涉及税务人员的安置、纳税人的适应等多方面问题。因此，虽然从经济学分析上可以得出应该实行国税与地税合并的结论，但是否合并仍涉及多方面的因素考虑。

2018 年 3 月，中共中央在《深化党和国家机构改革方案》中明确了省级和省级以下国税地税机构合并，并具体承担所辖区域内各项税收、非税收入征管等职责。此项税务机构的改革表明了中央改革国税地税征管体制的决心，其

---

① 中国社会科学院财政与贸易经济研究所：《中国：启动新一轮税制改革》（中国财政政策报告 2003－2004），中国财政经济出版社 2003 年版，第 160－163 页。

② 罗伊·鲍尔著，许善达等译：《中国的财政政策：税制与中央及地方的财政关系》，中国税务出版社 2000 年版。

将有利于进一步降低征纳成本，提高征管效率，为纳税人提供更加优质高效便利服务。

9.3.3　加快推进税收征管改革，增强征管能力

国地税的机构合并，解决了原有国地税机构分设下带来的众多问题，但仍有必要进一步加快税收征管改革，增强征管能力。

1. 优化税收征管运行模式

税收征管的运行模式，应该在总体上按照国家税务总局提出的要求进行改革。即"构建税收征管新格局。以实行分类分级管理为基础，以加强税收风险管理为导向，以实施信息管税为依托，以核查申报纳税真实性、合法性为重点，以规范税收征管程序和完善运行机制为保障，大力推进税源专业化管理，完善创新税收征管模式"。

但同样考虑到国内各地区经济社会发展不平衡和差别过大的问题，在具体的税收征管模式上不建议实行"一刀切"，而应针对地方的不同特点，允许各地积极探索和建立适合本地区实际情况的征管模式，实行灵活多样的税收征管模式。

2. 完善税收征管制度和机制

按照所确定的税收征管模式，在管理方式、征管程序、纳税评估、税务稽查、税源管理运行机制和征管质量控制等方面加大改革力度。

（1）推进分类分级管理和税收风险管理。

一是根据纳税人的类型特点，按照纳税人规模、行业，兼顾特定业务，对税源进行科学分类，优化管理资源配置，采取相应的管理措施。根据税收征管程序和风险管理流程，将税源管理职责在各层级、各部门、各岗位之间进行分解，逐步使各级税务机关都成为税收管理的实体。抓好重点税源管理，制定大企业和中小企业分行业税收管理指南，强化税源监控和评估；探索集约化、社会化的个体工商户税源管理方式，因地制宜做好中小微企业、个体工商业户和自然人纳税人等的税收征管；加强免税组织、政府机构以及电子商务税收管理。

二是将风险管理理念贯穿于税收征管全过程，根据税源分布和结构特点，制定税收风险管理战略规划，建立风险预警指标体系、评估模型和风险特征

库，建立"统一分析、分类应对"的税收风险管理体系，根据不同风险，优化税收征管流程，采取有针对性的应对措施。对低风险、中高风险和涉嫌偷逃骗税纳税人分别采取服务提醒、纳税评估和税务稽查的方法实施应对。

（2）规范税收征管程序，强化纳税评估和税务稽查。

一是依法完善纳税人自主申报纳税、代扣（收）代缴以及税务机关核定纳税制度，进一步减少涉税审批事项和受理申报前的调查、认定等制度安排，使纳税人成为自主遵从税法的主体。在明晰征纳双方权利义务的基础上，按照申报纳税、纳税评估、税务稽查、强制征收、法律救济等环节，规范税收征管基本程序。

二是进一步强化各级纳税评估部门工作职责，对纳税人纳税申报情况的真实性、准确性进行审核评价，帮助纳税人降低税收风险、提高税法遵从度。改进纳税评估方法，规范纳税评估流程，强化监督制约，防范执法风险。深入研究各税种的关联关系，推行各税种综合联评，不断提高评估质量和效率。

三是优化稽查资源配置，依法严格规范税务稽查选案、检查、审理、执行四环节。在改革试点的基础上推行市（地）税务局一级稽查模式，充实省、市税务局两级稽查力量，实施分级分类稽查。提高稽查信息化应用水平和稽查执法保障水平。按照服务与执法并重理念进一步改善稽查法治环境，以查处税收违法案件为重点，积极开展税收专项检查、税收区域专项整治、重点税源企业检查和打击发票违法犯罪活动工作，不断强化稽查打击税收违法行为的职能，增强稽查威慑力。

（3）完善税源管理运行机制和完善征管质量评价体系。

一是加强统筹协调，建立健全各级税务机关之间、税务机关内部各部门之间、税务机关与外部门之间纵横结合、内外协作的税源管理运行机制。完善纵向互动机制，合理划分各层级间税源管理职责，强化纵向配合。完善横向联动机制，加强税收分析、纳税评估、税务稽查等环节以及国税局、地税局之间的合作。建立外部协作机制，加强与相关部门和社会组织的沟通，推进信息共享和协税护税。

二是建立包含税法遵从度和纳税人满意度、税收流失率和征纳成本在内的、可量化的征管绩效评价指标体系，客观评价税务机关税收征管的主观努力程度和实际效果。对涉税信息采集与加工、风险分析监控、纳税评估等工作情况，实行计算机过程留痕管理，进行综合评价。根据发现的税法遵从新动向、风险管理规律和征管薄弱环节，不断完善风险管理指标体系和风险监控管理平台，形成持续改进的运行机制。

9.3.4 加强税收征管信息化建设，完善税收征管法律制度体系

1. 加强税收征管信息化建设，推进信息管税

（1）加快推进金税三期工程建设。

进一步完善金税三期工程建设，加强信息体系建设。目前，国内结合"营改增"试点改革，正在开展金税三期工程优化版试点，打造全新的增值税发票管理系统。在国家金税三期的基础上，加快地方税收征管信息系统的建设；完善信息化管理体系，创新信息技术应用方式，合理组织和调配资源，支撑税制改革、征管改革、纳税服务和行政管理；全面加强对基础设施、应用系统、数据处理的管理，完善运行维护体系，提升信息安全意识和水平，保障信息系统持续安全稳定运行。

（2）不断深化信息管税。

一是加强涉税信息的采集和获取。以解决征纳双方信息不对称问题为重点，以涉税信息采集、分析、应用为主线，以现代信息技术为依托，加强业务与技术的融合，推动业务、制度、技术创新，优化资源配置。

二是推进与其他政府部门之间的信息共享。拓展数据采集渠道，及时、完整、准确地采集纳税人申报信息和第三方信息。做好跨地区经营汇总纳税企业信息交换工作。严格数据录入审核，提高数据质量。

三是深化涉税信息分析应用。建设数据分析应用系统，完善税源监控体系和收入核算管理平台。加强业务与技术的融合，做好纳税人申报信息、生产经营信息以及第三方信息的比对。强税收数据信息的社会化综合开发利用，充分发挥其基础信息资源作用。

2. 建立健全税收征管法规体系

（1）加快进行税收征管法修订。

借鉴国际通行税收征管法律，结合我国税收征管实际，加快推动法律修订工作。具体修订内容包括：完善纳税人识别号制度、纳税人自行申报制度、强化自然人税收征管措施和税收优先受偿权制度等自然人税收征管制度，完善纳

税人权利体系、减轻纳税人负担、取消先缴税后复议的规定、引进预约裁定制度等纳税人权益保护体系，规范税收征管基本程序、时效和获取涉税信息的能力等行为，与行政强制法、刑法修正案与预算法等相关法律的衔接，以及税收争议实行复议前置鼓励和通过和解、调解解决争议的争议解决机制等。目前，国内正在实施税收征管法修订，已进行了《中华人民共和国税收征收管理法修订草案》的征求意见。

（2）完善其他税收征管法规制度。

结合税收征管法的修订，推动《税收征管法实施细则》的修订，对税收征管法律实施作出细化和补充。对现行征管制度进行调整，健全和完善包括纳税人权益保护、税收风险管理、纳税评估、数据管理、网络发票、电子商务、涉税信息共享在内的配套制度。适应所得税、财产税等直接税改革发展趋势，完善税务登记制度，逐步建立自然人纳税识别号登记制度，构建自然人税收征管工作机制，作为对自然人进行税收征管和社会管理的重要依托，发挥税收征管对税制体系完善和重构的支撑与保障作用。

专栏 9-1　《中华人民共和国税收征收管理法修订草案》的修订内容

一、增加对自然人纳税人的税收征管规定

一是明确纳税人识别号制度的法律地位。纳税人识别号是税务部门按照国家标准为企业、公民等纳税人编制的唯一且终身不变的确认其身份的数字代码标识。税务部门通过纳税人识别号进行税务管理，实现社会全覆盖。纳税人签订合同、协议，缴纳社会保险费，不动产登记以及办理其他涉税事项时，应当使用纳税人识别号。

二是明确纳税人自行申报制度的基础性地位。征求意见稿规定，纳税人自行计税申报，并对其纳税申报的真实性和合法性承担责任。

三是强化自然人税收征管措施。征求意见稿规定，向自然人纳税人支付所得的单位和个人应当主动提供相关支付凭证，将税收保全和强制执行措施扩大适用于自然人，并且税务机关可以对自然人纳税人取得收入单位与纳税相关的账簿和资料进行税务检查，同时增加相关部门对未完税不动产不予登记的规定。

四是建立税收优先受偿权制度。纳税人因故意或者过失，不能履行纳税义务时，税务机关可以对纳税人的不动产设置税收优先受偿权，在纳税人处置时优先受偿。

二、进一步完善纳税人权益保护体系

一是完善纳税人权利体系。征求意见稿规定，税务机关按照法定程序实施税收征管，不得侵害纳税人合法权益；同时完善延期、分期缴税制度，将延期缴纳税款审批权放到县以上税务机关，对补缴税款能力不足的纳税人引入分期缴税制度，新增修正申报制度。

二是减轻纳税人负担。征求意见稿增加税收利息中止加收、不予加收的规定。对主动纠正税收违法行为或者配合税务机关查处税收违法行为的，减免税收利息。降低对纳税人的处罚标准，减小行政处罚裁量权，将多数涉及罚款的条款由"百分之五十以上五倍以下"改为"百分之五十以上三倍以下"，并视情节从轻、减轻或者免予处罚。

三是取消先缴税后复议的规定。发挥行政复议的主渠道作用，对在纳税上发生的争议，取消先缴税后复议的规定。同时，复议机关维持原处理决定的，纳税人须支付税收利息。

四是引进预约裁定制度。纳税人可以就其预期未来发生、有重要经济利益关系的特定复杂事项向税务机关申请预约裁定。纳税人遵从预约裁定而出现未缴或少缴税款的，免除缴纳责任。

三、进一步规范税收征管行为

一是规范税收征管的基本程序。征求意见稿规定，税收征管基本程序以纳税人自行计税申报为基础，由申报纳税、税额确认、税款追征、争议处理等环节构成。把税额确认作为税收征管的中心环节，专设一章，对税额确认的程序规则、确认规则、举证责任分配等作出规定。

二是规范税收征管的时效。一般情况下税务机关应在 5 年内对纳税人的税收义务进行确认。对未登记、未申报或者需立案查处情形的追征时效由无限期改为 15 年。对欠税追征时效，由原来的无限期改为 20 年。

三是增强税务机关获取涉税信息的能力。专设"信息披露"一章，对税务机关获取涉税信息予以规定。明确第三方向税务机关提交涉税信息的义务，明确银行和其他金融机构的信息报送义务，强化政府职能部门的信息提交协作制度，规定税务机关对涉税信息的保密义务。

四、实现与相关法律的衔接

一是与行政强制法相衔接。将"滞纳金"更名为"税收利息"，利率由国务院结合人民币贷款基准利率和市场借贷利率的合理水平综合确定，以与行政强制法中的滞纳金相区别。完善税收行政强制执行程序，税务机关临时采取扣押等税收保全措施时，应在 24 小时内报告并补办批准手续。

二是与刑法修正案（七）相衔接。将"偷税"改为"逃避缴纳税款"，同时规定因过失造成少缴或者未缴税款的，承担比逃避缴纳税款较轻的法律责任，减轻纳税人负担。

三是与预算法相衔接。征求意见稿规定，除法律、行政法规和国务院规定外，任何单位不得突破国家统一税收制度规定税收优惠政策。违反法律、行政法规规定，擅自下达的税收收入指标无效，税务机关不得执行。

五、健全争议解决机制的内容

一是涉及税款的税收争议实行复议前置。在直接涉及税款的行政处罚上发生争议的，将复议作为税收争议解决的必经程序，以体现"穷尽行政救济而后诉讼"的原则。

二是鼓励通过和解、调解解决争议。和解、调解是税收行政争议双方在各自利益均得到照顾的情况下达成的折中结果，具有其他纠纷解决方式所不具有的优势。经过多年实践，效果良好，将其上升为法律。

资料来源：国务院法制办：关于《中华人民共和国税收征收管理法修订草案（征求意见稿)》的说明，2015 年 1 月 5 日。

第 *10* 章

协同推进完善地方税体系的相关改革

按照"积极稳妥推进健全地方税体系改革。调整税制结构，培育地方税源，加强地方税权，理顺税费关系，逐步建立稳定、可持续的地方税体系"的改革要求，健全地方税体系需要统筹推进政府非税收入改革和完善中央与地方的财政关系。

10.1 非税收入改革与地方税体系完善

10.1.1 地方非税收入与地方税体系

1. 地方非税收入的现状

（1）国内非税收入概念及其形成。

非税收入与税收是对立的两个概念，从广义上来说，它是指政府由合法渠道获得的除税收以外的一切收入。国内的非税收入概念是在预算外资金管理过程中形成的，是对财政收入形式的一种新分类。非税收入的形成经历了以下几个阶段：

一是提出概念。我国最早出现"非税收入"一词是在《财政部、中国人民银行关于印发财政国库管理制度改革试点方案的通知》文件中，这是第一次提出并使用这个概念。其后，《关于 2002 年中央和地方预算执行情况及2003 年中央和地方预算草案的报告》也提出要"切实加强各种非税收入的征收管理"。

二是作出范围界定。2003 年 5 月财政部、国家发改委、监察部、审计署发布《关于加强中央部门和单位行政事业性收费等收入"收支两条线"管理的通知》，第一次对"非税收入"范围做了界定，即"中央部门和单位按照国家有关规定收取或取得的行政事业性收费、政府性基金、罚款和罚没收入、彩票公益金和发行费、国有资产经营收益、以政府名义接受的捐赠收入、主管部门集中收入等属于政府非税收入。"这表明对非税收入的认识开始从预算外资金转向财政收入形式。

三是以"非税收入"正式发文。2004年7月，财政部下发《关于加强政府非税收入管理的通知》，进一步明确政府非税收入管理包括行政事业性收费、政府性基金、国有资源有偿使用收入、国有资产有偿使用收入、国有资本经营收益、彩票公益金、罚没收入、以政府名义接受的捐赠收入、主管部门集中收入以及政府财政资金产生的利息收入等，并强调社会保障基金、住房公积金不纳入政府非税收入管理范围。这说明，非税收入作为一种财政收入形式正式登上我国的历史舞台。2016年3月，为了加强政府非税收入（以下简称非税收入）管理，规范政府收支行为，健全公共财政职能，保护公民、法人和其他组织的合法权益，财政部印发了《政府非税收入管理办法》，对非税收入的管理逐步规范化。

（2）地方非税收入的规模情况。

从全国非税收入的规模情况来看（见表10-1），根据公共财政收入中的非税收入口径，其收入规模由2000年的813.72亿元增长到2016年的29244.24亿元，非税收入占公共财政收入的比重也由2000年的6.07%提高到18.32%①（见图10-1）。如果进一步考虑政府性基金收入和社会保险基金收入，尤其是政府性基金收入的土地出让收入，国内的非税收入规模还将进一步增多。2016年的大口径非税收入规模达到了125999.55亿元（见表10-2）。

表10-1　　　　　　全国公共财政收入和非税收入的规模情况

年度	公共财政收入（亿元）	税收收入（亿元）	非税收入（亿元）	非税收入增速（%）	非税收入占公共财政收入的比重（%）
2000	13395.23	12581.51	813.72	6.86	6.07
2001	16386.04	15301.38	1084.66	33.30	6.62
2002	18903.64	17636.45	1267.19	16.83	6.70

---

① 非税收入规模和占比的提高有政府性基金等收入转列一般公共预算的原因。

续表

年度	公共财政收入 （亿元）	税收收入 （亿元）	非税收入 （亿元）	非税收入增速 （%）	非税收入占公共财政 收入的比重（%）
2003	21715.25	20017.31	1697.94	33.99	7.82
2004	26396.47	24165.68	2230.79	31.38	8.45
2005	31649.29	28778.54	2870.75	28.69	9.07
2006	38760.20	34804.35	3955.85	37.80	10.21
2007	51321.78	45621.97	5699.81	44.09	11.11
2008	61330.35	54223.79	7106.56	24.68	11.59
2009	68518.30	59521.59	8996.71	26.60	13.13
2010	83101.51	73210.79	9890.72	9.94	11.90
2011	103874.43	89738.39	14136.04	42.92	13.61
2012	117253.52	100614.28	16639.24	17.71	14.19
2013	129209.64	110530.70	18678.94	12.26	14.46
2014	140370.03	119175.31	21194.72	13.47	15.10
2015	152269.23	124922.20	27347.03	29.03	17.96
2016	159604.97	130360.73	29244.24	6.94	18.32
2017	172567.00	144369.87	28222.90	-3.49	16.35

注：公共财政收入口径为冲减出口退税的净收入数，不包括国内外债务收入。

资料来源：2000~2016 年数据来源于《中国统计年鉴》（2017）；2017 年一般公共财政收入、税收收入等数据来源于财政部《2017 年全国财政决算》。

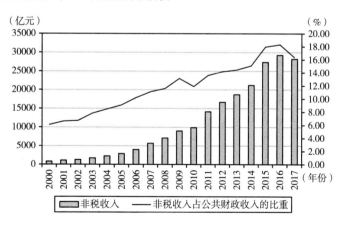

图 10-1　2000~2017 年非税收入规模及其占比情况

资料来源：2000~2016 年数据来源于《中国统计年鉴》（2017）；2017 年一般公共财政收入、税收收入等数据来源于财政部《2017 年全国财政决算》。

表 10 - 2 全国大口径非税收入规模情况 单位：亿元

年度	大口径非税收入	小口径非税收入	政府性基金收入	社会保险基金收入
2010	63746.74	9890.72	36785.02	17071.00
2011	81257.17	14136.04	41363.13	25758.00
2012	85585.14	16639.24	37534.90	31411.00
2013	106941.69	18678.94	52268.75	35994.00
2014	115747.37	21194.72	54113.65	40439.00
2015	116039.17	27347.03	42338.14	46354.00
2016	125999.55	29244.24	46643.31	50112.00

资料来源：政府性基金收入来源于财政部历年《全国政府性基金收入决算表》，社会保险基金收入来源于历年《全国社会保险基金收支决算》。

从地方的非税收入规模来看，2016 年地方公共财政收入为 87239.35 亿元，非税收入为 22547.66 亿元，所占比重为 25.85%（见图 10 - 2）。在非税收入的构成中，专项收入、行政事业性收费收入、罚没收入、国有资本经营收入、国有资源（资产）有偿使用收入、捐赠收入、政府住房基金收入和其他收入的占比分别为：27.44%、19.59%、8.21%、3.80%、29.50%、0.56%、3.32% 和 7.57%。同样道理，如果从大口径的地方非税收入规模来看，即考虑地方包括土地出让收入的政府性基金收入，地方非税收入的规模也会大幅度提高。2016 年地方包括国有土地使用权出让金收入在内的本级政府性基金收入为 42465.19 亿元，则合计的非税收入规模达到了65012.85 亿元。

2. 非税收入改革对完善地方税体系的作用

从国内外的财政历史和实践来看，非税收入作为政府收入的重要组成部分，有其存在的客观合理性。非税收入也是实现地方财政事权和支出责任与财力相匹配的重要收入来源，尤其是在基层政府的收入中，非税收入的重要性尤为突出，部分基层政府的非税收入甚至要超过税收收入。因此，理顺税收收入与非税收入之间的关系对于完善地方税体系有着重要的作用。

一方面，地方税的改革相对滞后，也是造成一些地方非税收入、体制外收入膨胀的重要原因之一，地方税体系的完善为税费改革创造了条件；另一方面，实施非税收入改革也为地方税体系的建立与完善奠定了基础，将部分收费改为地方税会使地方税体系不断强大。

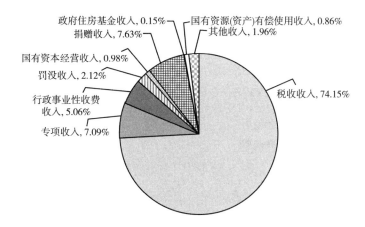

图 10 - 2　2016 年地方税收收入与非税收入的占比情况

资料来源：《中国统计年鉴》（2017）。

10.1.2　地方税与地方非税收入之间的协调

非税收入和税收收入作为财政收入的两种不同形式，其职能作用不同，不能相互替代。从世界各国的财政实践来看，税收与非税收入都存在，其比重高低依各国国情及政府级次的不同而不同。非税收入作为与国家权力结构有内在联系的重要公共收入种类，有其存在的客观合理性。非税收入存在的理论依据为：

1. 现代社会政府的双主体性

现代社会政府具有公共主体和经济主体双重性质。所谓公共主体，是指政府拥有公共权力，为防范和化解公共风险的需要，可以强制无偿地取得所需的收入，这主要表现为税收收入。这是任何社会共同体都具有的共同特征。出于规制目的收费，如罚款、排污收费、拥堵收费等，也是运用公共权力以经济方式防范和化解有害行为可能导致的公共风险。究其根源，公共风险是税收和行政性收费存在的深层原因。

而政府作为经济主体，是指其拥有经济权利，能将其拥有的资源资产通过市场交易获得收入，其目的是更公平而有效地配置公共资源。如土地出让、矿产资源勘探权和开采权出让、资产转让、股权红利、利息收入、经营收益等，还有针对特定公共服务的收费，如通行费、证照费等，这样就产生了非税收入。发债筹资也是广义的非税收入，但在狭义的非税收入中则不包含。将政府设定为经济主体是为了限制政府的公共权力，使其与其他经济主体平起平坐。任何国家的政府同时都是经济主体，是市场经济制度对国家权力加以约束的结果，也是防范化解公共风险的需要。无论是公有制为主体的国家，还是私有制为主体的国家，都是出于同样的目的，基于同样的原因，不同的只是历史条件的差异和实施方式。

2. 市场条件下的风险分担

政府的使命是防范和化解公共风险，市场是分散风险的一种机制，政府同样可以利用市场这种机制来分散风险。假如取消非税收入，则会扩大风险；而有了非税收入这种收入形式，则有利于化解以下风险。

一是公共服务的筹资风险。在公共化程度日益加大的社会，需要政府提供的公共服务规模在扩大。在历史上看来都是私人的事情，如养老、就业、看病、上学、住房以至于个人能力等，现代社会都变成了政府的公共服务。社会基础设施和城市公共设施的提供，也都是政府的责任。这都是共同体社会的公共化程度不断扩大的结果。公共化程度加大了公共风险，政府需要更多的财力。从世界史来看，国家的财政收入规模近一百年来都是扩大的，无一例外。为了化解公共风险，却引发了另一种风险：政府筹资风险。这种风险在有的国家变成了危机。加税，成为现代社会政府的巨大风险，有的甚至因此而垮台。从未来趋势来看，非税将成为政府未来筹资的另一种选择。使用者付费，将是市场经济条件下一个重要的筹资选择。对于拥有巨大公共资源的我国来说，扩大非税有很大的空间，这是许多国家化解筹资风险不具有的优势。

二是公共资源的效率损失风险。我国的基本经济制度决定了我国的大量生产要素属于国家所有。但只要走向市场经济，国有的生产要素也必须以市场方式来配置，也就是通过市场交易来完成转让、流动和重组。而在这个交易过程中，将会带来大量的非税收入。国有生产要素通过交易形成的价格，有利于优化配置资源。如果放弃这种非税收入，或非税收入不以市场交易方式形成，则会导致国有生产要素价格信号失真，势必带来巨大效率损失，而且会导致巨大资源环境风险。

三是公共资源的公平损害风险。全民所有的资源、资产，其产生的收益，即非税收入，应当通过预算安排实现全民共享。但实际的情况远非如此，被少数人占有和享用了，损害了社会公平。少数人的暴富，与国家非税收入的流失有密切的关系。在一定意义上，这是忽视非税收入所导致的后果。要扭转这种状况，不要强化既有非税收入的预算管理，更要重新认识非税收入的来源，从国家经济权利实现的高度来强化非税收入的源泉管理。

从上述三个方面来看，非税收入不仅是一种公共收入形式，而且也是一种化解公共风险的制度安排。

10.1.3　加强和改革非税收入管理的建议

非税收入存在的客观合理性并不意味着政府可以随意通过扩大非税收入来筹集收入，历史上的"乱收费"，非税收入制度不合理、收费项目过多以及收费负担过重，不仅加大了财政和国家治理的风险，也导致了国内社会舆论认为非税收入及收费存在不合理的倾向。因此，理顺地方税与非税收入之间的关系，对于健全地方税体系也有着重要的作用。

国内目前已经在完善非税收入制度、清理规范行政事业性收费和政府性基金、减轻企业负担等方面取得了不少进展，但非税收入制度和管理还存在着一些立法级次低、收费基金不合理、管理体制有待理顺、缺乏有效监督机制等问题，亟须统筹推进政府非税收入改革。

1. 加快非税收入立法进程，建立健全非税收入管理的法律体系

立法授权和确定是收费等非税收入的地位保障和得到认可的关键，也是强化非税收入管理的基本前提。我国非税收入目前的立法层次还较低，只有《非税收入管理办法》等部门规章，应提高立法级次，制定非税收入管理条例，以及在条件成熟时制定非税收入管理法。通过立法，使非税收入的征收依据、程序、标准以及资金管理和使用等都遵循法定原则。同时，在公布中央和省两级收费目录清单，打造全国政府性基金和行政事业性收费"一张网"的基础上，进一步提高收费等非税收入的透明度，实现从收费项目设立之初和实际运行的全过程、全方位的信息公开，接受多方面的监督。

2. 结合立法，进一步理顺现行非税收入管理体制

当前我国非税收入由各部门分散管理，虽然非税收入的收入、支出流程纳入了财政管理视野，但如何收、如何用的权限主要在政府的各个部门，财政主要在统计、票据、账户管理方面发挥作用。导致了财政职能割裂，也降低了国家治理的有效性。非税收入与税收一样，应统一由财政集中管理，在非税收入全面纳入预算管理的基础上，非税收入的项目、标准、程序等方面也应集中到财政部门，不宜分散。这样有利于统一政府收入管理政策，协调税收与非税收入的关系，增强政府调控能力。因此，在适当分权、分级分类管理的基础上，应逐步集中管理权，强化财政对非税收入征收与使用的决策与监督，使肢解的财政职能重新回归统一。政府非税收入与使用全部纳入预算管理，实现政府非税收入使用管理从"双规"变"单轨"。财政部门应通过收入预算监督非税收入征收，通过支出预算监控非税收入的使用，从而将政府非税收入的取得与资金使用完全纳入财政管理体系之中，彻底实现政府所有收支的集中统一管理。

3. 深化清理收费改革，继续推进费改税

在中国以往的税制改革中，曾片面地强调"费改税"，有违客观规律，以致"费改税"始终进展不大。但是，承认非税收入存在的客观必然性是一回事，任意扩大非税收入是另一回事，而后者显然是不正确的。基于非税收入所具有的针对特定领域、灵活性和时效性等特点，今后的税制改革应注意保持税与非税之间的合理配合，通过税收与非税收入之间的转换，实现税收收入的结构性增减。

国外强调税与费的差异，以及明确政府服务具有直接受益人方可设立收费等非税收入管理经验表明，针对国内部分收费和基金没有特定受益人和具有准税收性质的情况，一方面，需要进一步清理规范收费项目，废止已经实现预期目标的收费和基金；另一方面，对在性质上属于税收的收费和基金实施费改税。但值得注意的是，清理规范收费需要避免一种倾向，即不考虑政府提供服务的成本和政府支出负担实行所谓的"零收费"（涉企行政事业性收费项目为零）。这种改革只是阶段性的措施，是不可持续的。在清理收费做"减法"的同时，还需要重视政府的公共产权和财产权，针对市政公共资源、国有资本收益等国有资源（资产）有偿收入存在流失的情况，有必要加强管理做"加法"。

4. 明确非税收入归属，适当下放部分非税收入管理权限

结合国内中央与地方财政事权和支出责任的合理划分，有必要进一步明确中央与地方，以及省以下在税收和非税收入的划分，构建起各级政府间支出责任清晰，符合各级政府需要的非税收入制度。与地方税权的扩大类似，在规范管理、严格监督的前提下，也可以适当下放部分非税收入管理权限。

5. 防范非税收入的风险

风险最小化是非税收入管理应遵循的一条基本原则。管理在本质上是风险的管理。非税收入管理要从风险着眼，以风险思维来考虑非税收入管理制度的改革创新，以公共风险的大小来衡量非税收入管理的成效。非税收入管理到位，可以化解诸多风险，如前面提到的筹资风险、效率损失风险、公平损害风险，否则就会引发这些风险。因此，非税收入管理改革的设计就不能就事论事，仅从非税收入本身出发，而是应从相关联的各种公共风险来考虑。当前非税收入管理制度之所以残缺不全，一个重要原因是缺乏风险导向的思维，以致对非税收入大量流失所导致的风险视而不见。风险的防范和化解依赖于管理制度。而管理制度残缺，存在漏洞，显然就会释放风险，加大风险，并使风险产生变异。进行风险评估，是发现制度漏洞的有效方法。现在是对非税收入管理制度进行风险评估的时候了。只有这样，非税收入作为一种化解公共风险的制度安排才会发挥作用，才不会起相反作用——放大公共风险。

10.2　财政体制改革与地方税体系完善

在社会主义市场经济体制下，完善地方税体系的目的应该是提高资源配置效率、促进经济增长，实现中央与地方的双赢。而这种结果或者目标实现的关键问题是中央与地方之间财政关系的规范化和稳定化。分税制财政体制作为市场经济下处理中央与地方财政分配关系的重要制度，必须在整体上满足这个要求。分税制在税种的划分直接制约了地方税和地方税体系，因此，地方税体系的完善的重点是在财税体制改革的基础上考虑地方税体系的建设，而不是孤立地考虑地方税的建设。

10.2.1　规范中央地方间事权与支出责任划分

1. 地方事权、支出责任与地方税的关系

无论是财政体制的改革，还是地方税体系的完善，其问题最终都会归结到事权的划分上来。每一项完整事权包含四个基本要素：决策权、执行权、支出责任和监督权。我国政府间事权是按照事权的要素来划分的，因此，在国家层

面，就形成了"中央决策、地方执行"的整体格局，这与我国单一制的国家结构形式是相适应的。在地方层面，也形成了"上级决策，下面执行"的事权划分格局。与这种事权划分格局相适应，明晰中央与地方的支出责任就变得极其重要。

　　财政事权和支出责任划分与地方税之间存在着相互影响的关系。一方面，财政事权和支出责任的明确划分，从而有助于其与财力之间的匹配。支出责任是财力与事权之间不可或缺的桥梁，任何财力，只有指向具体的事权履行，才会转化为一级政府的支出责任，即花钱办事的责任。事权和支出责任相适应，更有利于中央与地方以及地方内部实现财力与事权相匹配。因此，可以说，事权和支出责任的合理划分是完善地方税体系的前提。财税体制改革中的逻辑方向，是划分财政事权和支出责任，进而在保持现有中央和地方财力格局总体稳定、结合税制改革、考虑税种属性的前提下，进一步理顺中央和地方收入划分。因而财政事权和支出责任划分是完善地方税的重要依据，在很大程度上对地方税形成制约。另一方面，现行地方税体系的状况、地方财力状况也反过来影响财政事权和支出责任的划分。在明确划分地方事权和支出责任的情况下，完善地方税体系和形成稳定的财力来源，也有助于满足地方支出责任的需要。因此，财政事权和支出责任的划分需要考虑地方财力状况。

　　总之，财政事权和支出责任划分是完善地方税的重要依据。财政事权和支出责任的划分，尤其是适度加强中央的财政事权等改革，必然会对国内的地方税规模等产生影响，地方税的完善需要考虑财政事权和支出责任划分上的改革变化。

2. 现行中央、地方间事权与支出责任划分的改革进展

　　党的十八大以来，特别是党的十八届三中全会以来，中央对于事权和支出责任提出了许多要求，地方税的完善需要考虑财政事权和支出责任划分上的改革变化。2013年11月，党的十八届三中全会在《中共中央关于全面深化改革若干重大问题的决定》将"建立事权与支出责任相适应的制度"作为"构建现代财政制度"三大任务之一，并对建立事权与支出责任相适应的制度提出了具体要求。2014年6月，中共中央政治局审议通过了《深化财税体制改革总体方案》。作为财税改革纲领性指导性的总体框架，在调整中央和地方政府间财政关系方面，该方案明确提出，"在保持中央和地方收入格局大体稳定的前提下，进一步理顺中央和地方收入划分，合理划分政府间事权和支出责任，促进权力和责任、办事和花钱相统一，建立事权和支出责任相适应的制度"。2016 年 8 月，国务院发布了《关于推进中央与地方财政事权和支出责任划分改革的指导意见》，就中央与地方财政事权和支出责任划分改革作了一系列的部署。例如，适度加强中央的财政事权，要逐步将国防、外交、国家安全、出入境管理、国防公路、国界河湖治理、全国性重大传染病防治、全国性大通道、全国性战略性自然资源使用和保护等基本公共服务确定或上划为中央的财政事权；保障地方履行财政事权，逐步将社会治安、市政交通、农村公路、城乡社区事务等受益范围地域性强、信息较为复杂且主要与当地居民密切相关的基本公共服务确定为地方的财政事权。

2017 年 10 月，党的十九大提出："加快建立现代财政制度，建立权责清晰、财力协调、区域均衡的中央和地方财政关系。"2017 年财政部肖捷部长在解读十九大报告——《加快建立现代财政制度》一文中提出，"权责清晰，就是要形成中央领导、合理授权、依法规范、运转高效的财政事权和支出责任划分模式"。"财力协调，就是要形成中央与地方合理的财力格局，为各级政府履行财政事权和支出责任提供有力保障"。"区域均衡，就是要着力增加财政困难地区兜底能力，稳步提升区域间基本公共服务均等化水平"。

2018 年 1 月 27 日，根据《关于推进中央与地方财政事权和支出责任划分改革的指导意见》的要求，国务院办公厅印发了《基本公共服务领域中央与地方共同财政事权和支出责任划分改革方案》，明确了基本公共服务领域中央与地方共同财政事权范围，制定了基本公共服务保障国家基础标准，规范了基本公共服务领域中央与地方共同财政事权的支出责任分担方式，调整完善转移支付制度和推动省以下支出责任划分改革。

3. 合理划分地方事权与支出责任的建议

在合理划分地方事权与支持责任方面，应尽快贯彻落实《国务院关于推进中央与地方财政事权和支出责任划分改革的指导意见》的要求，加快推进中央与地方财政事权和支出责任划分，明确地方财政事权和支出责任的具体范围和内容。同时，地方也需要结合当地实际，按照财政事权划分原则合理确定省以下政府间财政事权，从而为地方税体系改革提供前提条件。

专栏10-1　国务院关于推进中央与地方财政事权和支出责任划分改革的指导意见

根据党的十八大和十八届三中、四中、五中全会提出的建立事权和支出责任相适应的制度、适度加强中央事权和支出责任、推进各级政府事权规范化法律化的要求，国务院明确了关于推进中央与地方财政事权和支出责任划分改革的指导意见，主要改革内容为：

（一）推进中央与地方财政事权划分

1. 适度加强中央的财政事权。坚持基本公共服务的普惠性、保基本、均等化方向，加强中央在保障国家安全、维护全国统一市场、体现社会公平正义、推动区域协调发展等方面的财政事权。强化中央的财政事权履行责任，中央的财政事权原则上由中央直接行使。中央的财政事权确需委托地方行使的，报经党中央、国务院批准后，由有关职能部门委托地方行使，并制定相应的法律法规予以明确。对中央委托地方行使的财政事权，受委托地方在委托范围内，以委托单位的名义行使职权，承担相应的法律责任，并接受委托单位的监督。

要逐步将国防、外交、国家安全、出入境管理、国防公路、国界河湖治理、全国性重大传染病防治、全国性大通道、全国性战略性自然资源使用和保护等基本公共服务确定或上划为中央的财政事权。

2. 保障地方履行财政事权。加强地方政府公共服务、社会管理等职责。将直接面向基层、量大面广、与当地居民密切相关、由地方提供更方便有效的基本公共服务确定为地方的财政事权，赋予地方政府充分自主权，依法保障地方的财政事权履行，更好地满足地方基本公共服务需求。地方的财政事权由地方行使，中央对地方的财政事权履行提出规范性要求，并通过法律法规的形式予以明确。

要逐步将社会治安、市政交通、农村公路、城乡社区事务等受益范围地域性强、信息较为复杂且主要与当地居民密切相关的基本公共服务确定为地方的财政事权。

3. 减少并规范中央与地方共同财政事权。考虑到我国人口和民族众多、幅员辽阔、发展不平衡的国情和经济社会发展的阶段性要求，需要更多发挥中央在保障公民基本权利、提供基本公共服务方面的作用，因此应保有比成熟市场经济国家相对多一些的中央与地方共同财政事权。但在现阶段，针对中央与地方共同财政事权过多且不规范的情况，必须逐步减少并规范中央与地方共同财政事权，并根据基本公共服务的受益范围、影响程度，按事权构成要素、实施环节，分解细化各级政府承担的职责，避免由于职责不清造成互相推诿。

要逐步将义务教育、高等教育、科技研发、公共文化、基本养老保险、基本医疗和公共卫生、城乡居民基本医疗保险、就业、粮食安全、跨省（区、市）重大基础设施项目建设和环境保护与治理等体现中央战略意图、跨省（区、市）且具有地域管理信息优势的基本公共服务确定为中央与地方共同财政事权，并明确各承担主体的职责。

4. 建立财政事权划分动态调整机制。财政事权划分要根据客观条件变化进行动态调整。在条件成熟时，将全国范围内环境质量监测和对全国生态具有基础性、战略性作用的生态环境保护等基本公共服务，逐步上划为中央的财政事权。对新增及尚未明确划分的基本公共服务，要根据社会主义市场经济体制改革进展、经济社会发展需求以及各级政府财力增长情况，将应由市场或社会承担的事务交由市场主体或社会力量承担，将应由政府提供的基本公共服务统筹研究划分为中央财政事权、地方财政事权或中央与地方共同财政事权。

（二）完善中央与地方支出责任划分

1. 中央的财政事权由中央承担支出责任。属于中央的财政事权，应当由中央财政安排经费，中央各职能部门和直属机构不得要求地方安排配套资金。中央的财政事权如委托地方行使，要通过中央专项转移支付安排相应经费。

2. 地方的财政事权由地方承担支出责任。属于地方的财政事权原则上由地方通过自有财力安排。对地方政府履行财政事权、落实支出责任存在的收支缺口，除部分资本性支出通过依法发行政府性债券等方式安排外，主要通过上级政府给予的一般性转移支付弥补。地方的财政事权如委托中央机构行使，地方政府应负担相应经费。

3. 中央与地方共同财政事权区分情况划分支出责任。根据基本公共服务的属性，体现国民待遇和公民权利、涉及全国统一市场和要素自由流动的财政事权，如基本养老保险、基本公共卫生服务、义务教育等，可以研究制定全国统一标准，并由中央与地方按比例或以中央为主承担支出责任；对受益范围较广、信息相对复杂的财政事权，如跨省（区、市）重大基础设施项目建设、环境保护与治理、公共文化等，根据财政事权外溢程度，由中央和地方按比例或中央给予适当补助方式承担支出责任；对中央和地方有各自机构承担相应职责的财政事权，如科技研发、高等教育等，中央和地方各自承担相应支出责任；对中央承担监督管理、出台规划、制定标准等职责，地方承担具体执行等职责的财政事权，中央与地方各自承担相应支出责任。

（三）加快省以下财政事权和支出责任划分

省级政府要参照中央做法，结合当地实际，按照财政事权划分原则合理确定省以下政府间财政事权。将部分适宜由更高一级政府承担的基本公共服务职能上移，明确省级政府在保持区域内经济社会稳定、促进经济协调发展、推进区域内基本公共服务均等化等方面的职责。将有关居民生活、社会治安、城乡建设、公共设施管理等适宜由基层政府发挥信息、管理优势的基本公共服务职能下移，强化基层政府贯彻执行国家政策和上级政府政策的责任。

省级政府要根据省以下财政事权划分、财政体制及基层政府财力状况，合理确定省以下各级政府的支出责任，避免将过多支出责任交给基层政府承担。

资料来源：《国务院关于推进中央与地方财政事权和支出责任划分改革的指导意见》。

专栏 10-2　基本公共服务领域中央与地方共同财政事权和支出责任划分改革方案

一、主要目标。通过基本公共服务领域中央与地方共同财政事权和支出责任划分改革，力争到 2020 年，逐步建立起权责清晰、财力协调、标准合理、保障有力的基本公共服务制度体系和保障机制。

二、主要内容

（一）明确基本公共服务领域中央与地方共同财政事权范围

根据《国务院关于推进中央与地方财政事权和支出责任划分改革的指导意见》（以下简称《指导意见》），结合《国务院关于印发"十三五"推进基本公共服务均等化规划的通知》（以下简称《通知》），将涉及人民群众基本生活和发展需要、现有管理体制和政策比较清晰、由中央与地方共同承担支出责任、以人员或家庭为补助对象或分配依据、需要优先和重点保障的主要基本公共服务事项，首先纳入中央与地方共同财政事权范围，目前暂定为八大类 18 项：一是义务教育，包括公用经费保障、免费提供教科书、家庭经济困难学生生活补助、贫困地区学生营养膳食补助 4 项；二是学生资助，包括中等职业教育国家助学金、中等职业教育免学费补助、普通高中教育国家助学金、普通高中教育免学杂费补助 4 项；三是基本就业服务，包括基本公共就业服务 1 项；四是基本养老保险，包括城乡居民基本养老保险补助 1 项；五是基本医疗保障，包括城乡居民基本医疗保险补助、医疗救助 2 项；六是基本卫生计生，包括基本公共卫生服务、计划生育扶助保障 2 项；七是基本生活救助，包括困难群众救助、受灾人员救助、残疾人服务 3 项；八是基本住房保障，包括城乡保障性安居工程 1 项。

已在《指导意见》和《通知》中明确但暂未纳入上述范围的基本公共文化服务等事项，在分领域中央与地方财政事权和支出责任划分改革中，根据事权属性分别明确为中央财政事权、地方财政事权或中央与地方共同财政事权。基本公共服务领域共同财政事权范围，随着经济社会发展和相关领域管理体制改革相应进行调整。

（二）制定基本公共服务保障国家基础标准

国家基础标准由中央制定和调整，要保障人民群众基本生活和发展需要，兼顾财力可能，并根据经济社会发展逐步提高，所需资金按中央确定的支出责任分担方式负担。参照现行财政保障或中央补助标准，制定义务教育公用经费保障、免费提供教科书、家庭经济困难学生生活补助、贫困地区学生营养膳食补助、中等职业教育国家助学金、城乡居民基本养老保险补助、城乡居民基本医疗保险补助、基本公共卫生服务、计划生育扶助保障9项基本公共服务保障的国家基础标准。地方在确保国家基础标准落实到位的前提下，因地制宜制定高于国家基础标准的地区标准，应事先按程序报上级备案后执行，高出部分所需资金自行负担。对困难群众救助等其余9项不易或暂不具备条件制定国家基础标准的事项，地方可结合实际制定地区标准，待具备条件后，由中央制定国家基础标准。法律法规或党中央、国务院另有规定的，从其规定。

（三）规范基本公共服务领域中央与地方共同财政事权的支出责任分担方式

根据地区经济社会发展总体格局、各项基本公共服务的不同属性以及财力实际状况，基本公共服务领域中央与地方共同财政事权的支出责任主要实行中央与地方按比例分担，并保持基本稳定。具体明确和规范如下：

一是中等职业教育国家助学金、中等职业教育免学费补助、普通高中教育国家助学金、普通高中教育免学杂费补助、城乡居民基本医疗保险补助、基本公共卫生服务、计划生育扶助保障7个事项，实行中央分档分担办法：第一档包括内蒙古、广西、重庆、四川、贵州、云南、西藏、陕西、甘肃、青海、宁夏、新疆12个省（区、市），中央分担80%；第二档包括河北、山西、吉林、黑龙江、安徽、江西、河南、湖北、湖南、海南10个省，中央分担60%；第三档包括辽宁、福建、山东3个省，中央分担50%；第四档包括天津、江苏、浙江、广东4个省（市）和大连、宁波、厦门、青岛、深圳5个计划单列市，中央分担30%；第五档包括北京、上海2个直辖市，中央分担10%。按照保持现有中央与地方财力格局总体稳定的原则，上述分担比例调整涉及的中央与地方支出基数划转，按预算管理有关规定办理。

二是义务教育公用经费保障等6个按比例分担、按项目分担或按标准定额补助的事项，暂按现行政策执行，具体如下：义务教育公用经费保障，中央与地方按比例分担支出责任，第一档为8:2，第二档为6:4，其他为5:5。家庭经济困难学生生活补助，中央与地方按比例分担支出责任，各地区均为5:5，对人口较少民族寄宿生增加安排生活补助所需经费，由中央财政承担。城乡居民基本养老保险补助，中央确定的基础养老金标准部分，中央与地方按比例分担支出责任，中央对第一档和第二档承担全部支出责任，其他为5:5。免费提供教科书，免费提供国家规定课程教科书和免费为小学一年级新生提供正版学生字典所需经费，由中央财政承担；免费提供地方课程教科书所需经费，由地方财政承担。贫困地区学生营养膳食补助，国家试点所需经费，由中央财政承担；地方试点所需经费，由地方财政统筹安排，中央财政给予生均定额奖补。受灾人员救助，对遭受重特大自然灾害的省份，中央财政按规定的补助标准给予适当补助，灾害救助所需其余资金由地方财政承担。

三是基本公共就业服务、医疗救助、困难群众救助、残疾人服务、城乡保障性安居工程5个事项，中央分担比例主要依据地方财力状况、保障对象数量等因素确定。

对上述共同财政事权支出责任地方承担部分，由地方通过自有财力和中央转移支付统筹安排。中央加大均衡性转移支付力度，促进地区间财力均衡。党中央、国务院明确规定比照享受相关区域政策的地区继续按相关规定执行。中央与新疆生产建设兵团财政事权和支出责任划分，参照中央与地方划分原则执行；财政支持政策原则上参照新疆维吾尔自治区执行，并适当考虑兵团的特殊因素。

（四）调整完善转移支付制度

在一般性转移支付下设立共同财政事权分类分档转移支付，原则上将改革前一般性转移支付和专项转移支付安排的基本公共服务领域共同财政事权事项，统一纳入共同财政事权分类分档转移支付，完整反映和切实履行中央承担的基本公共服务领域共同财政事权的支出责任。

（五）推进省以下支出责任划分改革

中央财政要加强对省以下共同财政事权和支出责任划分改革的指导。对地方承担的基本公共服务领域共同财政事权的支出责任，省级政府要考虑本地区实际，根据各项基本公共服务事项的重要性、受益范围和均等化程度等因素，结合省以下财政体制，合理划分省以下各级政府的支出责任，

加强省级统筹，适当增加和上移省级支出责任。县级政府要将自有财力和
上级转移支付优先用于基本公共服务，承担提供基本公共服务的组织落实
责任；上级政府要通过调整收入划分、加大转移支付力度，增强县级政府
基本公共服务保障能力。

　　资料来源：国务院办公厅关于印发基本公共服务领域中央与地方共同财政事权和
支出责任划分改革方案的通知。

10.2.2　完善转移支付制度

1. 完善转移支付制度与地方税体系之间的关系

规范和完善财政转移支付制度与建设地方税体系，同属财政体制改革的重
要内容，二者互为补充，互为前提。

完善的转移支付制度是构建规范地方税体系的前提和保障。转移支付改革
实质上是中央各部门和地方政府之间权利的重新配置，通过转移支付等手段调
节上下级政府、不同地区之间的财力分配，补足地方政府履行事权存在的财力
缺口，对于提高地方政府可用财力具有重要意义。因此，转移支付制度是实现
中央宏观调整的重要手段，同时也是保证地方政府事权和支出责任相适应，事
权与财权、财力相匹配的重要因素。也就是说，只要有相应的规范的转移支付
形式，足够的转移支付总额作为保证，在中央政府拥有绝大多数税收收入时，
各级政府照样可以获得相应的财力，能够履行其事权。因此，地方税并不是保
障地方政府稳定收入的唯一来源，规范的转移支付制度同样可以保障地方政府
获得稳定的收入。

规范完善的地方税体系也是转移支出制度的基础，因为地方税收收入规模
的大小决定了地方政府的可支配财力的主要部分，其收入规模的大小相应直接
决定着转移支付的规模和方向。

2. 现行转移支付制度的改革进展

为了平衡地区间财力差距，我国在 1994 年分税制实行以后逐步建立了政
府间转移支付制度。中央对地方的转移支付，尤其是对中西部地区的转移支
付，促进了地区间基本公共服务的均等化，保障和改善了民生，支持了经济社
会持续健康发展。但现行中央对地方转移支付制度存在的问题和不足也日益凸

显，主要为受中央和地方事权和支出责任划分不清晰的影响，转移支付结构不够合理；一般性转移支付项目种类多、目标多元，均等化功能弱化；专项转移支付涉及领域过宽，分配使用不够科学；一些项目行政审批色彩较重，与简政放权改革的要求不符；地方配套压力较大，财政统筹能力较弱；转移支付管理漏洞较多、信息不够公开透明等，与现代财政制度规范化和均等化的目标和要求还有一定的差距。

按照党的十八大和十八届三中全会精神，中央财政分步推进转移支付制度改革，采取了完善一般性转移支付增长机制、从严控制专项转移支付项目、强化转移支付预算管理、推进地方整合专项资金、推进转移支付依法管理等改革措施。

2015 年 2 月，国务院发布了《关于改革和完善中央对地方转移支付制度的意见》，针对中央和地方转移支付制度存在的问题和不足，进一步明确了改革和完善转移支付制度的总体目标、基本原则和主要措施。包括从清理整合一般性转移支付。要建立一般性转移支付稳定增长机制，加强一般性转移支付管理三个方面完善一般性转移支付制度；从清理整合已有专项、严格控制新设专项、杜绝变相增设专项三个方面控制专项转移支付项目的增加，以及规范专项转移支付的分配使用、调整优化中央基建投资专项和完善省以下转移支付制度等。

根据上述要求，2015 年 12 月财政部印发了《中央对地方专项转移支付管理办法》，具体对中央对地方的专项转移支付制定了管理办法，以进一步加强中央对地方专项转移支付管理，提高财政资金使用的规范性、安全性和有效性。2017 年 8 月，财政部又印发了《中央对地方重点生态功能区转移支付办法》，规范中央对地方重点生态功能区转移支付分配、使用和管理，提高国家重点生态功能区等生态功能重要地区所在地政府的基本公共服务保障能力，发挥财政资金在维护国家生态安全、推进生态文明建设中的重要作用。

2018 年 1 月 27 日，国务院办公厅印发了《基本公共服务领域中央与地方共同财政事权和支出责任划分改革方案》，其中进一步明确：在一般性转移支付下设立共同财政事权分类分档转移支付，原则上将改革前一般性转移支付和专项转移支付安排的基本公共服务领域共同财政事权事项，统一纳入共同财政事权分类分档转移支付，完整反映和切实履行中央承担的基本公共服务领域共同财政事权的支出责任。

3. 完善转移支付制度的建议

国内转移支付制度的完善，需要在中央与地方事权与支出责任合理划分的基础上，针对所存在的问题，继续按照《国务院关于改革和完善中央对地方转移支付制度的意见》的要求，通过加快转移支付立法和制度建设，进一步推进在一般性转移支付、专项转移支付方面的改革，强化转移支付的预算管理等，尽快建立符合现代财政制度要求的转移支付制度，推进地区间基本公共服务均等化。

同时，地方也需要按照中央对地方转移支付制度的改革要求，完善省以下转移支付制度建设，为地方税体系的构建和健全提供配套条件。

专栏10－3　国务院关于改革和完善中央对地方转移支付制度的意见

根据党的十八届三中全会精神和《国务院关于深化预算管理制度改革的决定》要求，国务院明确了中央对地方转移支付制度的改革总体要求，主要内容为：

指导思想：全面贯彻落实党的十八大和十八届二中、三中、四中全会精神，按照党中央、国务院的决策部署和新修订的预算法有关规定，围绕建立现代财政制度，以推进地区间基本公共服务均等化为主要目标，以一般性转移支付为主体，完善一般性转移支付增长机制，清理、整合、规范专项转移支付，严肃财经纪律，加强转移支付管理，充分发挥中央和地方两个积极性，促进经济社会持续健康发展。

基本原则：加强顶层设计，做好分步实施；合理划分事权，明确支出责任；清理整合规范，增强统筹能力；市场调节为主，促进公平竞争；规范资金管理，提高资金效率。

主要改革内容：

1. 优化转移支付结构。合理划分中央和地方事权与支出责任，逐步推进转移支付制度改革，形成以均衡地区间基本财力、由地方政府统筹安排使用的一般性转移支付为主体，一般性转移支付和专项转移支付相结合的转移支付制度。

2. 完善一般性转移支付制度。包括清理整合一般性转移支付；建立一般性转移支付稳定增长机制；加强一般性转移支付管理。

3. 从严控制专项转移支付。包括清理整合专项转移支付；逐步改变以收定支专项管理办法；严格控制新设专项；规范专项资金管理办法。

4. 规范专项转移支付分配和使用。包括规范资金分配；取消地方资金配套要求；严格资金使用。

5. 逐步取消竞争性领域专项转移支付。包括取消部分竞争性领域专项；研究用税收优惠政策替代部分竞争性领域专项；探索实行基金管理等市场化运作模式。

6. 强化转移支付预算管理。包括及时下达预算；推进信息公开；做好绩效评价；加强政府性基金预算和一般公共预算的统筹力度；将一般性转移支付纳入重点支出统计范围。

7. 调整优化中央基建投资专项。在保持中央基建投资合理规模的基础上，划清中央基建投资专项和其他财政专项转移支付的边界，合理划定主管部门职责权限，优化中央基建投资专项支出结构。

8. 完善省以下转移支付制度。省以下各级政府要比照中央对地方转移支付制度，改革和完善省以下转移支付制度。

9. 加快转移支付立法和制度建设。加快转移支付立法，尽快研究制定转移支付条例，条件成熟时推动上升为法律。

资料来源：《国务院关于改革和完善中央对地方转移支付制度的意见》。

参考文献

1. 陈龙：《预算的建构力：突破中国发展困境与陷阱》，经济科学出版社2015年版。

2. 梁季：《我国国民收入分配割据的评价与优化研究》，中国海关出版社2013年版。

3. 刘尚希：《公共风险视角下的公共财政》，经济科学出版社2010年版。

4. 刘尚希等：《培育和发展社会组织财税政策研究》，当代中国出版社2013年版。

5. 张学诞：《中国房地产税：问题与探索》，中国财政经济出版社2013年版。

6. 中国财政科学研究院：《中国税收政策报告2010：税收与民生》，中国财政经济出版社2010年版。

7. 中国财政科学研究院：《中国税收政策报告2012：税收与消费》，中国财政经济出版社2012年版。

8. 中国财政科学研究院：《中国税收政策报告2013——营改增：牵一发而动全身的改革》，中国财政经济出版社2013年版。

9. 陈龙：《国家治理现代化中的财政改革》，载于《地方财政研究》2014年第6期。

10. 杜恂诚：《民国时期的中央与地方财政划分》，载于《中国社会科学》1998年第3期。

11. 樊丽明、李文：《论确立我国地方税主体税种》，载于《税务研究》2007年第7期。

12. 高培勇：《尽快健全公共财政体制》，载于《经济》2003年第11期。

13. 谷成、蒋守建：《基于国家治理现代化的中国政府间税收划分》，载于

《华中师范大学学报》（人文社会科学版）2017 年第 1 期。

14. 谷成：《分税制框架下的地方税体系构建》，载于《税务研究》2014 年第 10 期。

15. 谷成：《完善我国政府间税收划分的路径选择——基于对传统分税理论的考察》，载于《社会科学战线》2008 年第 11 期。

16. 郭庆旺、吕冰洋：《地方税系建设论纲：兼论零售税的开征》，载于《税务研究》2013 年第 11 期。

17. 黄建水：《中央与地方税权划分的宪法依据研究》，载于《华北水利水电大学学报》（社会科学版）2014 年第 2 期。

18. 贾康、白景明：《县乡财政解困与财政体制创新》，载于《经济研究》2002 年第 2 期。

19. 贾康、梁季：《配套改革取向下的全面审视——再议分税制》，载于《中共中央党校学报》2013 年第 5 期。

20. 贾康、梁季：《我国地方税体系的现实选择：一个总体架构》，载于《改革》2014 年第 7 期。

21. 课题组：《我国税收管理体制的改革研究》，载于《财政研究》2009 年第 1 期。

22. 匡小平、刘颖：《制度变迁、税权配置与地方税体系改革》，载于《财经问题研究》2013 年第 3 期。

23. 李萍：《我国政府间财政关系图解》，中国财政经济出版社 2010 年版。

24. 李升：《地方税体系：理论依据、现状分析、完善思路》，载于《财贸经济》2012 年第 6 期。

25. 刘慧宇：《论南京国民政府时期国地财政划分制度》，载于《中国经济史研究》2001 年第 12 期。

26. 刘尚希：《当前需要正确认识地方税》，载于《中国财经报》2013 年 8 月 20 日。

27. 刘尚希：《地方税改革关乎国家治理》，载于《经济体制改革》2015 年第 1 期。

28. 刘尚希：《分权治理贵在因地制宜》，载于《北京日报》2014 年 9 月 1 日。

29. 刘尚希：《论中国特色的积极财政政策》，载于《人民日报》2017年4月6日。

30. 刘尚希：《一个地方财政能力的分析框架》，载于《国家治理》2015年第12期。

31. 刘增合：《制度嫁接：西式税制与清季国地两税划分》，载于《中山大学学报》（社会科学版）2008年第3期。

32. 吕冰洋：《税收分权研究》，中国人民大学出版社2011年版。

33. 任军：《论中央与地方税权的合理划分——兼评税权划分研究的几个观点》，载于《当代经济研究》2002年第12期。

34. 沙安文、沈春丽：《地方政府与地方财政建设》，中信出版社2005年版。

35. 施文泼：《地方税的理想与现实》，载于《财政科学》2018年第4期。

36. 施文泼：《关于构建地方税制的探讨》，载于《税务研究》2011年第11期。

37. 施文泼：《近代对地方税制度的探索及启示》，载于《中国财经信息资料》2015年第15期。

38. 苏明：《我国地方税税权划分的理论分析和改革方向》，载于《福建论坛》（人文社会科学版）2005年第3期。

39. 孙翊刚：《中国地方税的发展和变革》，载于《中央财经大学学报》2002年第2期。

40. 唐向：《构建公共财政框架下的地方税体系》，载于《经济问题探索》2002年第11期。

41. 王诚尧：《合理划分中央、省和市县三级税种研究》，载于《财政研究》2008年第11期。

42. 王桂娟：《财政合理分权与我国地方税的发展》，载于《财政研究》1999年第8期。

43. 王乔、席卫群、张东升：《对我国地方税体系模式和构建的思考》，载于《税务研究》2016年第8期。

44. 吴俊培：《关于建立地方税体系的问题》，载于《涉外税务》2000年第9期。

45. 许建国：《重构我国地方税体系的几个理论问题》，载于《中南财经大学学报》1993 年第 6 期。

46. 许文：《正确认识现代财政制度下的地方税体系建设（上）》，载于《中国财经报》2017 年 11 月 28 日。

47. 许文：《正确认识现代财政制度下的地方税体系建设（下）》，载于《中国财经报》2017 年 12 月 5 日。

48. 许文：《资源税立法的若干问题和建议》，载于《国际税收》2018 年第 1 期。

49. 杨斌：《关于我国地方税体系存在依据的论辩》，载于《税务研究》2006 年第 5 期。

50. 杨之刚：《中国分税财政体制：问题成因与改革建议》，载于《财贸经济》2004 年第 10 期。

51. 杨志勇：《地方税体系构建的基本理论分析》，载于《税务研究》2000 年第 7 期。

52. 杨志勇：《中国"十二五"时期税收划分思路探讨》，载于《涉外税务》2011 年第 3 期。

53. 杨志勇：《中国地方税系的构建与完善问题探讨》，载于《涉外税务》2013 年第 6 期。

54. 张斌：《事权与支出责任视角下的地方税体系建设》，载于《税务研究》2016 年第 9 期。

55. 张成松：《共享税标准的反思与体系化建构》，载于《江西财经大学学报》2017 年第 5 期。

56. 张光：《中国政府间财政关系的演变（1949－2009）》，载于《公共行政评论》2009 年第 6 期。

57. 张学诞、梁季、施文泼：《完善分税制财政体制核心：政府间税收划分制度改革》，载于《财政部财政科学研究所研究报告》2013 年第 55 期。

58. 张学诞：《地方税：地方治理的重要基础》，载于《国际税收》2017 年第 11 期。

59. 张学诞：《房地产税定位：提升地方治理能力》，载于《中国财经报》2016 年 12 月 27 日。

60. 周飞舟：《分税制十年：制度及其影响》，载于《中国社会科学》2006年第 6 期。

61. 朱大旗：《"分税制"财政体制下中国地方税权问题的研究》，载于《安徽大学法律评论》2007 年第 2 辑。

62. 朱青：《完善我国地方税体系的构想》，载于《财贸经济》2014 年第 5 期。

63. Ahwar Shah. Local Governance in Industrial countries. World Bank，2006.

64. Bahl，R.（2008）"Opportunities and Risks of Fiscal Decentralization：A Developing Country Perspective" in G. K. Ingram and Y-H. Hong，eds.，Fiscal Decentralization and Land Policies（Cambridge MA：Lincoln Institute of Land Policy），17 – 38.

65. Bird，R. M. and E. Slack（2004）International Handbook of Land and Property Taxation（Cheltenham，UK and Northampton，MA：Edward Elgar）.

66. Brennan，G. and J. M. Buchanan（1980）The Power to Tax：Analytical Foundations of a Fiscal Constitution（Cambridge：Cambridge University Press）.

67. Hansjorg Blochliger，Oliver Petzold（2009），"Taxes and Grants：On the Revenue Mix of Sub-Central Governments"，OECD Working Paper.

68. Hettich，W. and S. Winer（1999）Democratic Choice and Taxation：a Theoretical and Empirical Analysis（New York：Cambridge University Press）.

69. M. Bird. Subnational Revenues：Realities and Prospects. Washington：World Bank. 2001. 3.

70. McLure，C. E.（1983）"Assignment of Corporate Income Taxes in a Federal System，" in C. E. McLure，ed.，Tax Assignment in Federal Countries（Canberra：Centre for Research in Federal Financial Relations）：101 – 124.

71. McLure，C. E. （1998）"The Revenue Assignment Problem：Ends，Means and Constraints"，Public Budgeting，Accounting Budgeting and Finance，18.

72. Mieszkowski，P.（1983）"Energy Policy，Taxation of Natural Resources，and Fiscal Federalism，" in C. E. McLure，ed. Tax Assignment in Federal Countries（Canberra：Centre for Research on Federal Financial Relations，Australian National University）.

73. Musgrave, R. A. (1959) The Theory of Public Finance (New York: McGraw-Hill).

74. Musgrave, R. A. (1983) "Who Should Tax, Where and What?" in C. McLure, ed., Tax Assignment in Federal Countries (Canberra: Centre for Research on Federal Financial Relations, Australian National University).

75. Norregaard, J. (1997) "Tax Assignment," in T. Ter-Minassian, ed. Fiscal Federalism in Theory and Practice (Washington, DC: International Monetary Fund): 49 - 72.

76. Oates, W. E. (1972) Fiscal Federalism (New York: Harcourt Brace Jovanovich).

77. Oates, W. E. (1996) "Taxation in a Federal State: the Tax-Assignment Problem," Public Economics Review (Taiwan, China), 1: 55 - 60.

78. Oates, W. E. (1998) "Federalism and Government Finance", in Wallace E. Oates, ed., The Economics of Fiscal Federalism and Local Finance (Cheltenham, UK: Elgar).

79. Richard M. Bird. Subnational Taxation in Developing Countries: A Review of the Literature. Policy Research Working Paper, World Bank. 2010.

80. Roy Bahl, Richard Bird. Subnational Taxes in Developing Countries: The Way Forward. Public Budgeting & Finance 09/2008: 28 (4).

81. Stegarescu, Dan (2009), "The Effects of Economic and Political Integration on fiscal Decentralization: Evidence from OECD Countries" Canadian Journal of Economics, 42: 694 - 718.

82. Tiebout, Charles (1956) "A Pure Theory of Local Expenditure", Journal of Political Economy, 64: 416 - 424.

83. Warren, N. (2006) "Benchmarking Australia's Intergovernmental Fiscal Arrangements: Final Report," available on www. treasury. nsw. gov. au.

图书在版编目（CIP）数据

地方税与地方治理/刘尚希等著．—北京：经济
科学出版社，2018.9
（财政与国家治理系列丛书）
ISBN 978 - 7 - 5141 - 9586 - 6

Ⅰ.①地…　Ⅱ.①刘…　Ⅲ.①地方税收 - 税收
管理 - 研究 - 中国 ②地方政府 - 行政管理 - 研究 -
中国　Ⅳ.①F812.7 ②D625

中国版本图书馆 CIP 数据核字（2018）第 175866 号

责任编辑：齐伟娜　刘　悦
责任校对：靳玉环
责任印制：李　鹏

地方税与地方治理
刘尚希　张学诞　等著
经济科学出版社出版、发行　新华书店经销
社址：北京市海淀区阜成路甲 28 号　邮编：100142
总编部电话：010 - 88191217　发行部电话：010 - 88191522
网址：www. esp. com. cn
电子邮件：esp@ esp. com. cn
天猫网店：经济科学出版社旗舰店
网址：http：//jjkxcbs. tmall. com
北京季蜂印刷有限公司印装
787×1092　16 开　14.75 印张　240000 字
2018 年 12 月第 1 版　2018 年 12 月第 1 次印刷
ISBN 978 - 7 - 5141 - 9586 - 6　定价：52.00 元
（图书出现印装问题，本社负责调换。电话：010 - 88191510）
（版权所有　侵权必究　打击盗版　举报热线：010 - 88191661
QQ：2242791300　营销中心电话：010 - 88191537
电子邮箱：dbts@ esp. com. cn）